조 병연의
대표작 모음

존 번연의 대표작 모음

1판 1쇄 인쇄 2006년 12월 20일
1판 1쇄 발행 2006년 12월 27일

지은이 존 번연
옮긴이 송용자
펴낸곳 (주)씨뿌리는 사람

등록번호 제2006-4호
주 소 경기도 이천시 부발읍 아미리 725
         (서울사무소) T. 741-5184~5 F. 744-1634

책값은 뒤표지에 있습니다.

ISBN 978-89-90342-16-4
ISBN 89-90342-16-3

"천국은 마치 사람이 자기 밭에 갖다 심은 겨자씨 한 알 같으니
이는 모든 씨보다 작은 것이로되 자란 후에는 나물보다 커서 나무가 되매
공중의 새들이 와서 그 가지에 깃들이느니라" (마 13:31-32).

공급처 기독교문사 도매부   T. 741-5181~3 F. 762-2234

존 번연의 대표작 모음

−성경의 가르침에 충실한 설교자 번연의
세련되고 인기 있는 대표 작품들−

존 번연 지음 | 송용자 옮김

씨뿌리는 사람

SELECTIONS FROM BUNYAN

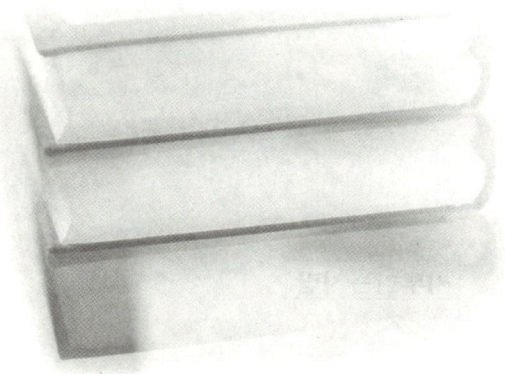

목 차 contents

편집자 서문	··· 006
들어가는 글	··· 008
죄인에게 넘치는 은혜	··· 041
천로역정 1부	··· 049
천로역정 2부	··· 137
거룩한 전쟁	··· 193
악인의 삶과 죽음	··· 259
하나님의 상징	··· 273

●● 편집자 서문

  이 책은 가능한 한 신학적 논쟁을 생략하고 번연이 원래 《천로역정》을 집필한 대로 1, 2부로 구성된 원작을 가장 잘 표현하기 위해 해설부와 대화부 형식으로 요약하려고 노력했다. 시와 산문으로 된 다른 책들의 발췌 부분은 모두 그 작품의 특징적인 문체와 고유의 흥미로움 때문에 선택했다. 그 작품들에서는 《천로역정》에 나오는 불멸의 꿈꾸는 자만큼 번연 자신의 모습을 직접적으로 볼 수는 없다. 요약과 선별 과정에서 일부 순서와 내용을 변경했으나 원문을 함부로 변경하는 일은 하지 않았다. 번연의 특징적인 방주(傍註)를 생략한 것은 아쉽지만, 몇 구절을 우리 책의 표제로 사용함으로써 손실을 만회하려고 노력했다.

이 책을 편집하면서 우리가 나누었던 기쁨을, 이 책을 읽는 독자들에게 전달할 수 있기를 바랄 뿐이다. 만일 사과가 필요하다면 번연에게 해야 할 것이다. 그가 작품을 쓴 이유이자 목적인 신학을 제거함으로써 그의 작품을 독자들에게 인기 있는 작품으로 만들려 했다는 의문을 던질지 모르기 때문이다. 그러나 우리는 그가 직접 자신의 가장 위대한 작품 앞에 "널리 알림"이라는 문구를 붙여 놓은 것에 우리의 정당함을 호소한다.

편집자
1927년 9월

•• 들어가는 글

번연의 생애

어린 시절의 번연

번연의 생애는 그의 성품만큼이나 단순하고 솔직하다. 그는 국왕과 의회의 오랜 투쟁이 시작된 1628년에 베드퍼드셔(Bedfordshire) 근처의 엘스토우(Elstow)에서 태어났다. 그의 아버지는 양철공 혹은 놋갓장이라고 불리는 사람이었다. 가족에 대한 아버지의 정직한 보살핌으로 소년 번연은 베드퍼드셔에 있는 학교에 갈 수 있었다. 그곳에서 그는 읽고 쓰는 단순한 교육을 받았다. 그러나 학교를 졸업하자마자 그는 아버지의 일을 도왔고 어린 시절을 자신이 태어난 고향 마을에서 보냈다. 번연은 자신의 어린 시절을 《죄인에게 넘치는 은혜》(*Grace Abounding*)에서 잘 보여 주고 있다.

또한 어린 시절부터 죄인의 괴수였던 악인(Mr. Badman)의 무절제하고 안타까운 어린 시절을 생생하게 들려주는 현인(Mr. Wiseman)의 이야기에서 간접적으로 자신의 어린 시절을 보여 준다. 그러나 우리는 번연이 토로하는 후회를 보며 예전의 은혜 없던 시절에 지었던 죄를 과장되게 표현하고 있는 것을 알 수 있다. 엘스토우에서 보낸 그의 청년기는 혈기로 충만한 시절이었다. 그 시절은 남에게 해를 끼치지 않는 시골 소년의 어리석은 행동과 소년 악인(Mr. Badman)으로 하여금 '욕설하고 저주하는 것을 명예스럽게 여기게 했던' 내면의 악이 주는 강한 쾌락으로 점철된 시기였다. 후에 그가 선과 진리를 추구하며 보여 주었던 완전한 열정을 통해 우리는 그가 젊은날의 사악함에도 얼마나 깊이 빠져 있었는지를 쉽게 상상할 수 있다. 그러나 그가 악인의 대화를 중단시킬 만큼 소름 끼치는 악행을 저지른 늙고 교활한 사람(old Tod)이나 다른 사람들처럼 깊은 죄악에 빠져 있었다고 생각할 필요는 없다.

군대 생활

번연이 17세가 되는 해이자 네이즈비 전투가 내란(찰스 1세와 국회와의 싸움)을 위기로 몰고 간 해인 1645년에 그는 군에 입대하기 위해 아버지의 일을 그만두었다. 그가 어느 편에서 군 복무를 했는지는 알 수 없다. 그는 밀턴처럼 정치적 입장을 분명히 밝힌 적이 없었다. 그러나 말년에 그가 한 유일한 투쟁이 하나님의 나라를 위한 것이었다는 것을 볼 때 그가 군대에서 잠시 복무한 동안 크롬웰보다는 국왕 편에 속해 있었다는 추측이 더 신빙성이 있다.

군대 생활이 매우 짧았던 것만은 분명하다. 그 해가 끝나기 전에 엘스토우에 돌아왔기 때문이다. 그는 《죄인에게 넘치는 은혜》에서 자신의 군대 생활에 대해 한두 마디 짧은 언급을 한다. 그리고 그 시절에 대한 기억은 틀림없이 《천로역정》(The Pilgrim's Progress)에 나오는 전투 장면과 《거룩한 전쟁》(The Holy War)의 전쟁 장면을 더 생생하고 다채롭게 그리는 데 도움을 주었을 것이다.

신앙에 대한 첫 번째 사색

전쟁에서 돌아온 직후 그는 어느 가난한 고아 소녀와 결혼했다. 그녀는 깊은 믿음을 지닌 여성이었으며 혼수로 두 권의 책만을 가지고 왔다. 그 책은 《경건의 실천》(The Practice of Piety)과 《보통 사람이 천국에 가는 길》(The Plain Man's Pathway to Heaven)이었다. 특별히 두 번째 책을 번연은 흥미롭게 읽었다. 그리고 그 책이 《악인의 삶과 죽음》(The Life and Death of Mr. Badman)의 형식에 많은 영향을 끼친 것으로 보인다.

결혼 후부터 그의 삶 속에 새로운 진지함이 들어온 것 같다. 그가 교회에 다니기 시작했던 것이다. 그가 다닌 교회는 여러 가지 정치적, 신앙적 혼란과 변화 속에서도 여전히 예전 예배 방식을 고수하는 교회였다. 그러나 그의 내면에는 더 깊은 요동이 꿈틀거리고 있었다.

어느 날 마을을 산책하던 그는 내면의 목소리를 듣기 시작했다. 후에 그는 자신의 작품에서 그것을 악이 접근했을 때 맨소울(Mansoul)에게 들려온 경고의 소리로 표현했다. 한동안 번연은 마음의 혼란과 고통 속에 빠져 있었다. 그는 자신이 그동안 살면서 지은 모든 죄를 미워하기 시작했다. 그러나 마음 한편에는 반항적인 절망감 속에서 그것을 붙잡고 있었다. 여전히 그는 주일 오후만 되면 들판에 나가 유희를 즐겼다. 그러나 저항하기에는 너무 강한 자신의 사악함 때문에 자신이 받게 될 하나님의 심판을 두려워했다. 그리고 가끔 설교가 그의 마음 깊은 곳을 건드렸다.

어느 날 깊은 의심과 두려움 속에 빠져 있던 그는 베드퍼드셔의 두 가난한 여인이 나누는 대화를 듣게 되었다. 그들은 하나님의 신령한 복에 대해 이야기를 나누고 있었다. 그들의 이야기를 들은 후 그는 새로운 마음을 가질 수 있었다. 그러나 죄의 어두움으로 인한 고통과 구원의 불확실성에 대한 두려움이 여전히 그를 괴롭히고 있었다.

그 여인들은 그에게 기퍼드(Gifford) 목사를 소개해 주었다. 그는 베드퍼드셔의 침례교회 목사였다. 기퍼드 역시 놀랄 만한 회심을 경험한 자였다. 그는 전에 반역 행위로 사형선고까지 받은 왕당파 대위였다. 그러나 간신히 교수형을 면한 후에도 예전의 타락한 삶을 살던 그는 한 신앙서적을 읽은 후 자신의 죄를 깨닫게 되었다. 그리고 그 책을 통해 회심하게 되었고 침례교 공동체에 합류했다. 그러나 그의 타협할 줄 모르는 교리는 처음에는 번연을 괴롭게 한 정신적 고통을 더 가중시키기만 했다. 그래서 그의 영혼은 악마와 임마누엘의 전쟁터가 되고 말았다. 그 싸움에 대해 그는 《죄인에게 넘치는 은혜》에서 지극한 믿음과 순전한 믿음을 가지고 표현했다. 그리고 마침내 죄의 깨달음이 그를 찾아왔다. 이제 번연은 마음과 의지의 황홀한 항복 속에서 하나님께 돌아올 수 있었다.

회심

그때부터 번연은 순례자의 길을 걸어가야 했다. 악의 가장 약한 건드림에도 민감해진 영혼에게 뜻하지 않은 함정과 위기, 곁길로 빠지고 싶은 유혹은 늘 존재했다. 그는 그 길을 걸어가며 넘어지고 쓰러지지 않도록 늘 깨어 경계해야 한다고 생각했다.

회심한 직후 그는 사역에 '부르심'을 받았다. 그리고 죄와 구원의 진리에 대한 경험을 통해 알게 된 것을 이웃에게 설교하기 위해 당시 번창하고 있던 양철공 일도 내려놓았다. 후에 그가 쓴 작품들처럼 그의 설교 방식은 직접적이고 단순하며 호소력이 있었다. 그래서 설교자로서의 그의 명성은 몇 년 동안 기퍼드 목사 밑에서 집사로 섬겼던 베드퍼드서교회를 넘어 곧 멀리까지 알려지게 되었다.

설교자가 된 번연

1657년부터 공화정이 끝날 때까지 번연은 베드퍼드서 인근 지역을 돌아다니며 설교하고 가르쳤다. 그리고 혼란스러운 믿음 때문에 괴로워하는 사람들의 마음속에 자신의 순전하고 열정적인 믿음을 전하려고 애썼다. 그러나 그가 사역을 시작하던 초기에 그만 그의 아내가 네 명의 아이를 남겨 놓은 채 세상을 떠나고 말았다. 더욱이 그 아이들 가운데 한 명은 앞을 보지 못했다. 그러나 그는 1660년 찰스 2세가 왕위에 복위되기 얼마 전에 재혼을 했다. 당시는 청교도의 짧은 집권기가 끝나고 영국 국교회가 다시 권력을 잡은 시기였다. 찰스와 그의 제1 고문인 클라렌든(Clarendon)은 국민을 종교적으로 통일시켜야 할 정치적 필요를 느꼈다. 그리고 비국교도들에 대한 엄격한 법률과 함께 엘리자베스의 옛 반청교도 법률을 즉시 강화했다. 그동안 설교 사역을 계속하던 번연은 1660년 11월 체포되었고 치안판사 앞에 서게 되었다. 이 경험에 대한 기억은 맨소울에서 믿음(Faithful)과 디아볼러스 추종자들(Diabolonians)의 재판을 다룬 부분에 생생히 담겨 있다. 그러나 그를 미워하거나 악의가 있어서 기소한 것은 아니었기 때문에 치안판사나 배심원단은 그가 혹독한 법으로 고통 받는 것을 원치 않았다. 그들은 그에게 설교를 그만두거나 최소한 사람들을 모아 비밀집회를 열지 않겠다는 약속을 하도록 권유했다. 어떤 상황에서도 신념을 굽히지 않는 번연은 그런 권유 안에 악마의 치밀한 유혹이 있다는 것을 알았다. 그는 삶의 방식을 타협하기를 거부했고 결국 법정은 그를 투옥시켰다.

투 옥

1666년 일시적 사면으로 잠시 석방된 때를 제외하고는 줄곧 베드퍼드셔 감옥에 감금되어 있던 번연은 1672년 최종적인 사면 선언으로 드디어 자유를 얻게 되었다. 그때부터 그는 1675년 비밀집회법을 어겼다는 이유로 다시 투옥된 6개월을 제외하고는 비교적 평온한 삶을 살았다. 투옥되어 있는 동안 아내와 아이들과 헤어져야 하는 슬픔을 감당하는 것 외에 그는 단 한 순간도 힘들거나 어렵다고 느낀 적이 없었다. 투옥은 그에게 마음껏 책을 읽고 사색할 수 있는 시간을 주었다. 성경은 항상 그의 곁을 지켜 준 가장 좋은 동반자였다. 그러나 그는 또한 폭스(Fox)의 《순교자들의 책》(Book of Martyrs)과 다른 신앙서적도 한두 권 더 읽었다.

번연의 작품들

(감옥에 갇혔던 바울처럼) 더 이상 설교로 사람들에게 호소할 수 없었던 번연은 하나님을 경험한 자신의 이야기를 글로 쓰기로 마음먹었다. 초기 투옥 시절에 쓴 《죄인에게 넘치는 은혜》는 두드러진 자서전적 작품이다. 그 작품은 그가 악과 대면한 개인적인 싸움의 기록이며 그에게 승리를 안겨 준 넘치는 은혜의 기록이다. 《천로역정》 1부를 시작하는 첫 문장에서 그는 자신의 입장을 적고 있다.

"이 세상의 광야를 통과해 걸어가던 나는 한 장소에 이르게 되었다. 그곳에는 동굴 하나가 있었다. 나는 그곳에 누워 잠이 들었고 곧 깊은 잠 속에서 꿈을 꾸었다."

그는 남은 세월을 조용하면서도 승리에 찬 행복을 누리며 살았다. 어려움과 절망, 시련과 투옥의 시간을 통과한 그는 그리스도의 대사로서 여전히 자신에게 남아 있는 사명을 감당하기 위해 베드퍼드셔에 정착했다. 그리고 그곳에서 설교하고 가르치며 호소력 짙은 글들을 썼다. 《악인의 삶과 죽음》(The Life and Death of Mr. Badman), 《거룩한 전쟁》(The Holy War), 《천로역정》 2부가 말년인 이 시기에 나온 위대한 작품들이다. 이 무렵 그는 설교자와 작가로서 명성을 날렸다. 그리고 그가 마지막으로 보여 준 행동은 용감한 마음과 두려워하지 않는 정신으로 순례 여정의 위기와 유혹을 극복한 순례자다운 행동이었다.

번연의 죽음

번연은 어느 날 화해 조정의 임무를 띠고 베드퍼드셔에서 레딩으로 말을 타고 갔다. 그러나 돌아오는 길에 그만 심한 폭우를 만나고 말았다. 그는 오한을 느꼈지만 말을 몰아 런던의 친구인 스트러드윅(Strudwick)의 집에 간신히 도착할 수 있었다. 그러나 결국 며칠 후인 1688년 8월 말 그곳에서 번연은 눈을 감았다. 그는 번힐 필즈에 있는 비국교도의 묘지에 묻혔다.

그의 순례 여정은 영국의 비참한 투쟁의 세월과 함께했다. 그는 천성 문 앞에 이르러서야 그 순례의 길에서 비로소 자유를 얻을 수 있었다. 이 중대한 시대를 평가하면서 우리는 정치나 권력과는 무관한 베드퍼드셔의 소박한 목사 번연을 햄던(Hampden)과 크롬웰(Cromwell), 밀턴(Milton)과 함께 놓아야 한다. 그는 자신의 표현대로 '거칠게 베어 낸 사람' 이었다. 그들처럼 '위험한 일을 감행하기에 적합한' 이 사람은 영국을 필요한 시기에 구해 낸 엄격하면서도 강력한 청교도 정신을 그들과 함께 공유하고 있다.

(밀턴과 번연을 통해서 본) 청교도

청교도가 국가 발전에 기여한 점에 대해서는 인색한 찬사를 보내면서 그 단점에 대해서는 강력하게 비난하는 것이 우리 시대의 모습이었다. 온 나라에서 교회는 크롬웰의 총포의 과녁이 되었다. 그뿐만 아니라 크롬웰은 교회에 군마들을 밧줄로 매어 두고 자신의 기병을 주둔시키기까지 했다. 역사의 모순을 잘 보여 주듯이 혹한 속에서 눈이 내린 1649년 1월 30일 파렴치한 왕은 자신의 왕궁을 떠나 생을 마쳤다. 훗날 그날은 성인이자 순교자로 추앙받은 찰스의 날이 되었다. 인간을 숭상하는 마음은 곧잘 미신적인 우상 숭배가 된다. 그러나 그런 우상 숭배는 잘 다듬어진 금과 화려한 기둥 뒤에서 하나님의 임재를 찾으려고 노력하다가 오히려 지성소를 파괴한 자신의 내면을 보며 당황해한다.

17세기 청교도 정신에 대해 혹독한 편견이 있는 것이 사실이다. 물론 그 자체에도 불일치와 모순이 있었다. 세상의 헛된 허영과 영광을 가볍게 버릴 수 있는 그들이었지만 그들이 주장하는 천국은 금과 보석들로 빛나고 있었다. 그들이 발견한 하나님은 영이 아니라 진노 가운데서 모든 인류를 심판하시며 높은 곳에 앉아 계시는 구약의 하나님이었다. 그들의 지옥은 불이 활활 타고 있는 실재이며 악마는 온 땅을 마구 돌아다닌다. 그런 개념은 밀턴과 번연의 작품에서 빼놓을 수 없는 것들이다. 그것은 번연이 자신의 체험을 기록한 글에 잘 나타나 있다.

그는 어느 날 엘스토우와 베드퍼드셔 사이를 걸어가고 있을 때 한 가지 기적을 행하려 하고 있었다. 그는 다음과 같이 썼다.

"나는 말안장에 묻어 있는 흙탕물에 대고 '마르거라'라고 말하려고 했다. 그리고 마른 곳에는 '흙탕물이 되어라'라고 말하려고 했다. 그러나 내가 막 그렇게 하려고 할 때 '먼저 저 울타리 아래로 가서 그 일을 할 수 있게 해 달라고 하나님께 기도하라'는 생각이 마음속에 떠올랐다. 그러나 내가 기도하기로 마음먹었을 때 또 다른 생각이 문득 떠올랐다. 즉 기도하고 다시 와서 시도했는데 아무 일도 일어나지 않는다면 나는 결국 믿음이 없는 버림받은 자임이 틀림없다는 생각이었다. 그래서 나는 '그래, 만일 그렇게 된다면 차라리 시도하지 않는 편이 나아. 좀 더 있다 해야겠어.'라고 생각했다. 그렇게 나는 악마와 나 자신의 무지함 사이에서 갈팡질팡했다. 결국 나는 너무 혼란스러워 어떻게 해야 할지 몰랐다."

이런 믿음을 주장하는 사람들이 자비와 긍휼이 전혀 없이 열정적인 목표로만 가득 차 있는 것이 당연할지 모른다. 스스로를 가혹하다고 여기면서도 그들은 끊임없이 상상의 지옥을 가지고 분노보다는 다가오는 진노에 대한 절망적인 경고로 다른 사람들을 판단하고 정죄한다. 우리는 밀턴이 엄격한 풍미를 가지고 《실낙원》(*Paradise Lost*)을 썼다고 느낀다. 그는 〈리시다스〉(*Lycidas*, 밀턴이 학우 에드워드 킹을 추도해서 지은 애가) 같은 우정의 전원시보다 다음과 같은 자들에 대한 분노를 발할 때 더 탁월함을 드러냈다.

"그들의 배를 채우기 위해 기어 다니고 억지로 밀고 들어가며 우리 안으로 기어 올라가는 자들"

그래서 번연의 작품에서 '현인'(Mr. Wiseman)과 '주의 깊은 자'(Mr. Attentive)가 '악인'(Mr. Badman)에 대해 나누는 대화는 비난과 정죄로 가득하다. 요람에서 무덤에 이를 때까지 그에게서는 의로운 점을 전혀 찾을 수 없기 때문이다. 《천로역정》을 읽으면서 우리는 '이기적 동기'(By-ends)와 '수다쟁이'(Talkative), '무지'(Ignorance)와 다른 많은 인물이 소망도, 회개도 없이 지옥으로 향하는 넓은 길을 가는 모습을 보며 놀란다. 방황을 극복하는 사람은 극소수에 불과하다. 강도들에게 습격당한 '연약한 믿음'(Little-faith)은 간신히 자리에서 일어나 "자신의 길을 간다." 만일 문학과 별도로 신앙적인 관점에서 청교도에 대해, 특별히 밀턴과 번연에 대해 생각한다면, 그들의 하나님이 나사렛 예수보다는 시내 산의 여호와 하나님에 가깝다는 것을 알아야 한다. 자신의 연약함과 싸운 그들의 투쟁은 번연도 즐겨 사용하는 용어로 구체화했지만 오히려 다른 사람의 연약함에 공감하지 못하게 만들었다. 그들은 대부분 산상수훈에서 예수님이 가르치신 팔복의 행복하고 긍정적인 부분은 잊어버리고, 십계의 두렵고 부정적인 부분에 대해서만 자신들의 신조를 세웠다.

그러나 우리가 이 모든 것을 인정한다면 청교도의 정신 가운데 최악의 것만을 인정하는 것이다. 그럼에도 불구하고 청교도는 여전히 강력하고 고결한 힘을 갖고 있기 때문이다. 물론 번연과 밀턴에서도 온화함과 아름다움뿐만 아니라 곳곳에서 단점을 발견할지 모른다.

인본주의자 밀턴

밀턴이 말년에 더 엄격한 청교도인이 되기 전에 쓴 초기 작품으로 《쾌활한 사람》(L'Allegro)과 《침사(沈思)의 사람》(Il Penseroso)이 있다. 그 작품들은 젊은 번연에게도 유혹거리였던 음악과 춤, 종소리와 놀이로 가득하다. 물론 그러면서도 엄숙하고 아름다운 의식들이 넘쳐난다.

밀턴은 청교도가 극장과 연극에 대해 엄격한 태도를 취하고 있을 때 가면극(Masque)과 〈코머스〉(Comus, 음주, 향연을 주관하는 젊은 신), 극시인 〈투사 삼손〉(*Samson Agonistes*, 사사기 16장에서 소재를 얻어 그리스 비극의 형식으로 만든 시극)을 썼다. 《실낙원》에서도 인간에게 이르는 하나님의 길을 정당화하면서 심미적인 기쁨을 그려 내고 있다. 그러면서도 때로 밀턴은 사무치는 슬픔으로 비틀거린다.

"그렇게 해와 함께 계절이 돌아온다.
그러나 내게는 낮이나 저녁,
아침의 달콤함이 돌아오지 않는다.
봄꽃이나 여름의 장미,
양들, 소떼, 신 같은 인간의 얼굴도
내게는 돌아오지 않는다."

그러나 우리는 밀턴의 청교도에 이교도적인 면이 있음을 기억해야 한다. 존슨(Johnson)은 〈리시다스〉에 대한 비평에서 그 점을 강조한다. 밀턴의 작품에는 고전학자와 청교도 시인의 면모가 어느 정도 균형을 이루고 있다는 것이다. 그러나 번연에게는 그런 면이 없다. 우리는 침례교 설교자의 열정적이지만 딱딱한 신학에 반하는 오직 소박한 촌부의 인간적인 감정만을 그의 작품에서 찾으려고 한다. 그러나 놀랍게도 그런 면은 그의 작품에서는 거의 드러나지 않는다. 그의 작품에 나타난 열정에는 관대함이 없는 듯 보인다. 그는 심지어는 《천로역정》에서 사용한 비유가 신비적인 것으로 보이지 않도록, 위대한 주제가 하찮고 무가치하게 보이지 않도록 그것이

취한 형식에 대해 사과할 필요가 있다고 생각한다. 그는 자신에게 엄격하기 때문에 다른 사람에게도 관대한 태도를 기대하지 않는다. 다만 《천로역정》 2부에서 우리는 더 부드러운 영혼을 만나게 된다. 그 책에는 순례의 길을 가며 위기에 처하는 연약한 자를 보호하는 강한 존재가 등장하기 때문이다. 물론 그때도 연약함보다 강함이 더 강조되는 것은 사실이다. 그 작품에서 비애감은 거의 찾아볼 수 없다. 따라서 진정한 해학도 거의 찾을 수 없다. 우리가 종종 그에게서 해학이라고 생각하는 것은 예스럽고 진기한 구절이나 예상 밖의 솔직함, 혹은 소박한 풍자다. 밀턴의 작품에 진하게 배어 있는 세상 학문을 번연의 작품에서는 거의 찾을 수 없는 것이다.

더 부드러워진 번연

그러나 그것이 번연 작품에 대한 평가의 전부는 아니다. 그리고 그에 대한 증거도 빈약한 것이 현실이다. 번연의 작품에서 볼 수 있는 문학적 영향력과 암시의 소재가 주로 성경과 《순교자들의 책》에 나온 것은 분명하다. 그는 영적인 우화로 사용할 수 있는 것을 제외하고 물질적인 것에서 심미적인 기쁨을 거의 느끼지 않았다. '아름다운 궁전'(the Palace Beautiful)과 '기쁨의 산맥'(the Delectable Mountains), '겸손의 골짜기'(the Valley of Humiliation)는 천국에 있는 장소와 풍경이다. 《천로역정》 1, 2부 모두에서, 특별히 마지막 부분에서 번연이 천성의 음악에 거의 밀턴만큼이나 민감하게 귀 기울이는 것을 볼 수 있다. 또한 강 건너의 정금 길과 보석으로 된 문에 대해 그는 어린아이 같은 기쁨을 드러낸다. 그러나 이 땅의 기쁨을 표현하는 대목은 간혹 나오는 문장에서 찾을 수 있을 뿐이다.

번연의 작품은 확고한 결심과 영적 환상 아래 더 소박한 기쁨이 암시되어 있다. 번연은 전쟁의 비유를 즐겨 사용했다. 그의 전사들은 하나님의 갑주를 입고 싸우러 나간다. 그에게 삶은 덧없는 기쁨과 슬픔으로 방해받지 않는 가차 없는 전쟁이며 힘겨운 순례의 길이다. 그러나 때로 청교도의 준엄함이 우리를 괴롭힐 때 맨소울을 위해 싸운 맹렬하고 용맹한 군인들 속에 '자선 장군'(Captain Charity)과 '순결함 장군'(Captain Innocent), '인내 장군'(Captain Patience)이 있었다는 것을 기억해야 한다. 또한 그들의 깃발은 '긍휼'(Mr. Pitiful)과 '무해함'(Mr. Harmless), '오래 참음'(Mr. Sufferlong)이 들어 있었다는 점도 잊지 말아야 한다.

번연 작품의 평가

번연의 친숙한 문체

영국의 모든 작가 가운데서도 번연은 가장 자연스럽고 거침이 없으며 유려한 문장력을 갖고 있는 작가다. 그는 자신의 작품에 나오는 불멸의 꿈꾸는 자로서뿐만 아니라 매일의 삶 속에서 큰마음(Great-heart)을 가진 자로서 삶을 살았다. 그는 "강한 골격과 불그스레한 얼굴, 반짝이는 눈빛을 갖고 있었다." 이렇게 강인한 외모를 지닌 그는 점잔빼는 용어를 사용하지도, 현학적인 표현을 사용하지도 않았다. 그는 그런 용어를 알지도 못했다. 그는 힘 있는 글을 썼다. 그의 설교는 옛 베드로처럼 그의 면모를 잘 보여 준다. 그의 언어는 작은 시골 도시에 사는 사람들이 사용하는 언어 그대로 솔직하며 친숙하다. 그들이 매일 사용하는 일상 언어가 그가 대화체에서 사용한 언어였다. "좋은 아침입니다. 선한 이웃 주의 깊은 자여, 이렇게 이른 아침에 어디를 가고 있나요? 평상시와는 달리 무언가 걱정이 있는 것 같아 보이는데 혹 소라도 잃어버렸나요? 아니면 다른 문제가 있나요?"라고 현인이 말을 건넨다. 독자들은 산같이 무거운 죄를 안고 회개하지 않은 채 악인이 세상을 떠난 뒷날 베드퍼드셔 거리에서 벌어지는 대화에 잠잠히 귀를 기울이게 된다. 집으로 돌아가는 길에 천로 역정의 여행자들은 함께 이야기를 나눈다. 그들이 나누는 대화는 그들의 이름, 친구, 사는 곳, 순례의 길에서 만난 위험 등 매우 구체적이다.

　해설부에서도 극적이면서도 성실한 그의 능력을 잘 엿볼 수 있다. 또한 그의 해설부에는 사고와 표현 사이에 기교적 세련됨이 필요 없는 직접성이 있다. 다음은 거듭나기 전 그가 엘스토우에 살고 있을 때 어느 기념할 만한 주일 오후의 이야기를 가장 단순하고 소박하게 기록한 것이다.

　"그런 이유로……. 나는 마음속에서 그 설교를 떨쳐 버렸다. 그리고 내 오랜 습관인 스포츠와 놀이로 돌아가 마음껏 즐겼다. 그러나 그날 내가 한창 놀이에 빠져 있을 때 갑자기 하늘에서 한 음성이 내 영혼 깊은 곳으로 들려왔다. 그 음성은 내게 이렇게 물었다. '네가 네 죄를 버리고 천국으로 가겠느냐? 아니면 네 죄를 안고 지옥으로 가겠느냐?"

위 이야기에서 우리는 누가가 기록한 다메섹 도상의 이야기를 떠올리게 된다. 성경은 번연이 쓴 모든 글의 원천이었다. 성경의 단순하고 소박한 아름다움은 그의 문체를 형성하는 데 많은 영향을 끼쳤다. 그의 작품을 어린이와 어른이 모두 좋아하는 것을 보면 그것을 알 수 있다. 그 작품들은 강하고 생생한 구약의 표현들을 적절히 사용하고 있다. 물론 그의 작품에는 놋갓장이의 마음과 어휘가 담겨 있다. 그러나 보통 사람의 언어를 사용한 그의 작품은 그의 영혼의 지도자이자 마음의 형성자인 성경을 통해 탁월한 위엄과 능력을 지니게 되었다.

그러나 우리가 《죄인에게 넘치는 은혜》나 《천로역정》, 《거룩한 전쟁》을 읽을 때 놀라움 속에서 감탄하는 이유가 직접적이고 함축적인 대화와 해설의 탁월함이라면, 우리는 여전히 번연의 문체가 단순함 속에서도 융통성과 다양성을 지니고 있음을 기억해야 한다. 그것은 번연의 글이 지식이 아니라 마음을 표현한 것이기 때문이다. 그의 천재성은 셰익스피어와 비길 만하다. 셰익스피어처럼 그도 특별한 교육을 받지 않았고 즉흥적으로 글을 썼다. 그래서 그의 문체는 글을 쓸 때의 감정이나 느낌에 따라 더 쉽게 변할 수 있었다. 그가 주변 현실을 통해 내면의 환상을 해석할 수 있는 영감을 받았다고 인정하지 않는다면 우리는 그의 작품을 보며 깜짝 깜짝 놀라게 될 것이다. 그가 살았던 당시의 영국의 혼란은 그의 책 속에서 생생하게 다시 살아났다. 그는 이웃을 세밀히 관찰하고 그것을 자신의 인물들 속에서 다시 살아나게 만들었다. 그러나 때로 그의 사실

주의는 '멸망의 도시'라는 어두운 감옥에서 천성 문을 바라보는 자의 시적 감수성과 만난다. 그는 '아름다운 궁전'에 있는 크리스천의 방을 묘사하는 장면처럼 작품 곳곳에 시적인 가락을 삽입한다.

"그들은 순례자를 위층에 있는 큰 방으로 안내했다. 그 방은 창문이 해가 떠오르는 쪽을 향해 나 있었다. 그 방의 이름은 평안이었다. 그곳에서 크리스천은 동이 틀 때까지 편안하게 잠을 잤다."

또 다른 곳에서 그의 해설은 마지막 부분에서 목가로 변한다.

"그들이 이야기를 나누며 길을 가고 있을 때 한 소년이 아버지의 양 떼를 먹이고 있는 모습이 보였다. 그 소년은 아주 남루한 옷을 입고 있었지만 혈색도 좋고 표정도 밝았다. 그는 자리에 앉아 노래를 부르기 시작했다.
큰마음이 말했다. '목동이 부르는 노래를 잘 들어 보세요.' 그들은 귀를 기울이고 들었다. 그 노래는 다음과 같았다.

'아래에 있는 자는 떨어질 것을 두려워할 필요가 없네.
낮은 데 있는 자는 교만하지 않다네.
겸손한 자는 영원히
하나님이 그의 인도자가 되어 주신다네.'"

꿈꾸는 자가 승리를 거두는 위대한 장면에서 베드퍼드셔의 설교자는 상상 속에서 새 예루살렘의 거리를 거닌다. 그리고 동료 청교도인 밀턴처럼 그곳의 영광스러운 모습을 바라본다.

"빛나는 세라핌이 열을 지어 서 있고
그들의 우렁찬 나팔 소리가 울려 퍼진다."

순례자들이 들어가는 문이 서서히 닫히는 가운데 문이 닫히기 직전 그는 갈망 어린 시선으로 정금으로 된 천국의 모습을 엿본다.

"그들이 들어갈 수 있도록 문이 활짝 열리자 나는 그들을 따라 안을 들여다보았다. 문 안의 성은 해처럼 빛나고 있었다. 성의 길은 맑은 유리 같은 정금으로 덮여 있었다. 그 길을 머리에는 면류관을 쓰고 손에는 종려 가지를 들고 손에는 금으로 된 수금을 든 많은 사람이 찬양하며 걷고 있었다.

그들은 또한 날개를 달고 있었는데, 서로 밤낮 쉬지 않고 이르기를 '거룩하다, 거룩하다, 거룩하다 주 하나님!' 이라고 화답하고 있었다. 그 후 그들은 문을 닫았다. 그 광경을 보자 나도 그들을 따라 그 문 안에 들어가고 싶은 마음이 간절했다."

성경의 영향

사실 그의 글에 끼친 성경의 영향력은 절대적이었다. 이미 보았듯이 시골 양철공의 거친 언어가 아름다운 위엄을 지닐 수 있게 한 것이 바로 성경의 권위였다.

그는 작품 속에 성경 구절과 장면을 많이 인용했다. 그러나 그는 그것을 자신의 아름다운 문장으로 다시 창조해 내었다. 성경의 풍부한 이야기와 인물 묘사는 번연에게 많은 영감을 불어넣어 주었다. 그는 천국의 모습을 묘사하는 장면에서 성경의 운율과 가락을 가장 아름답게 사용한다. 그리고 빼어난 수사학적 표현으로 유명한 임마누엘의 설교에서도 그는 성경의 대구법과 운율을 사용했다.

"죄 외에는 아무것도 너희를 해칠 수 없다. 죄 외에는 아무것도 나를 근심케 할 수 없다. 오직 죄 외에는 아무것도 너희를 적 앞에서 엎드리게 할 수 없다. 죄를 주의하라. 나의 맨소울이여!"

번연의 주제

그러나 우리는 번연의 작품을 칭송하면서도 한번도 그의 작품을 읽지 않은 사람을 많이 보았다. 성경이 처한 운명이 곧 번연의 작품이 처한 운명이기도 한 것이다. 그의 작품은 입으로는 많은 칭찬을 받지만 종종 먼지가 쌓인 채 구석에 묻혀 있는 경우가 많다. 사람들은 문체와 관련해 그의 작품을 이야기한다. 그리고 쉽게 그의 작품의 문체를 성경과 연결시키며 말한다. 그러나 사람들의 관심은 거기에서 멈추고 만다. 그의 작품이 위대한 작품이라는 것을 인정하면서도 그의 주제는 오래되고 낡은 것이라고 일축해 버리고 마는 것이다. 그러나 번연 자신은 그렇지 않았다. 그의 유일한 관심사는 그것을 표현한 방식이 아니라 자신이 말하려고 한 주제였기 때문이다. 자신과 다른 사람들의 내면에서 벌어지는 선과 악의 싸움에 대해 글을 썼을 때 그는 새로운 문학 양식을 창조하려는 욕구 때문이 아니라 사람들의 영혼을 일깨우려는 뜨거운 갈망 때문에 그 일을 한 것이었다. 그의 안에는 청교도의 강력한 불이 있었다. 그것은 크롬웰과 밀턴의 안에서 타고 있는 불처럼 《죄인에게 넘치는 은혜》와 《천로역정》에서 불타고 있었다. 그의 주제는 문체와 맥락을 같이하고 있다. 이 낮은 신분의 사람이 이웃에게 그들이 사용하는 언어로 생명과 죽음이라는 깊은 주제를 이야기해야 했기 때문이다. 오랜 세월 속에서 우리에게 낯설고 때로는 무의미하게 변해 버린 신학적 주제를 다루지 않을 때에도 우리는 그의 가장 위대한 책 세 권에서 '사람들의 일과 가슴속에 파고드는' 문제와 직면하게 된다. 순례와 전쟁은 우리 모두에게 본질적인 요소다. 그것은 우리 모두와 아주 밀접하게 연결되어 있다. 여기에 신앙과 신조의 문제는 없다. 다만 아무도 피해 갈 수 없는 단순한 진리만 있을 뿐이다.

번연의 작품을 대할 때 우리는 모든 신학적 편견을 버려야 한다. 그는 추상적 개념이 아닌 삶 자체와 자신의 경험을 썼다. 그가 주로 상징을 사용해 쓴 것은 그의 가장 위대한 스승이 종종 비유와 상징으로 말했기 때문이다.

인간의 마음에 대한 호소

그는 비유를 통해 글을 썼다. 단순하고 소박한 나사렛 사람들이 씨 뿌리는 사람이나 여리고로 가는 길에 강도를 만난 사람, 탕자라는 그림을 통해 천국을 이해할 수 있었던 것처럼, 베드퍼드셔 사람들도 천국으로 가는 길을 그들에게 친숙한 영국 땅의 진흙 구덩이와 강물, 샛길을 통해 언덕과 계곡 위로 나 있는 길로 묘사했을 때 높은 곳을 향한 영혼의 갈망과 투쟁을 이해할 수 있었다. 그래서 번연이 《천로역정》에서 삶과 매우 밀접한 비유를 사용하고 있는 것이다. 만일 《거룩한 전쟁》에 나오는 상징이 우리에게 덜 친숙한 것이나 사실성이 떨어지는 것이라면 그 주제를 깨닫기란 쉽지 않았을 것이다. 그러나 두 권 모두에서 사용된 상징은 자연스럽고 거침이 없다. 문학적 효과를 위한 것이 아니라 설명과 이해를 위해 사용한 것이기 때문이다. 번연은 자신이 우화의 방법을 쓰는 것을 내켜하지는 않았다. 아마도 그의 회중 가운데 일부가, 그리고 아마도 번연 자신도 그런 방식이 다소 악마적인 냄새를 풍긴다고 느꼈던 것 같다. 분명히 번연은 문학적 심미를 위해 '비유로' 글을 쓴다는 생각을 하지 않았다. 그의 비유는 스펜서의 정교하고 화려한 비유나 상징과는 전혀 달랐다. 스펜서의 비유는 단지 시의 아름다운 배경 속에서 사용한 의인화였다. 《천로역정》과 〈페어리 퀸〉(The Faerie Queen, 스펜서의 우의적 서사시)의 단순한 비교는 번연의 꿈이 갖고 있는 핵심적인 사실주의를 간과한 것이다.

스펜서의 상징

번연의 사실주의는 《죄인에게 넘치는 은혜》에서 가장 잘 나타난다. 그 책은 비유나 상징이 전혀 없는 소박한 자서전적 글이다. 그 책에서 번연은 자신의 영혼의 순례를 보여 준다. 자신이 주인공으로 등장하는 그 이야기 속에는 그가 살고 있는 작은 세상의 일과 즐거움, 소란스러움, 고요함이 생생히 살아 있다. 그가 함께 어울리며 "저주하고 욕했던 친구들", 주일이면 놀이를 하며 노는 거친 친구들이 등장한다. 또한 엘스토우 초원에서 벌어지는 춤, 때로는 남을 험담하면서 또 때로는 "하나님의 신령한 것에 대해 이야기하는" 여인들, "기퍼드 목사의 거룩한 사역" 등이 등장한다. 악인(Badman)의 이야기는 더 생생한 사실주의를 담고 있다.

우리는 그 책에서 17세기 시골 도시의 거칠면서도 때로는 극적인 삶의 모습을 엿볼 수 있다. 그래서 우리는 악인이 사는 곳이 베드퍼드셔라는 것을 쉽게 알 수 있다. 욕하고 거짓말하며 과수원의 과일을 훔치는 것은 번연 자신뿐만 아니라 그의 이웃들에게도 흔한 일이었다. "주일을 지키지 않거나" "설교가 끝날 때까지 속삭이고 킬킬거리며 장난치는" 사람은 그뿐만이 아니었다. 물건을 파는 '행상인', 전당포 주인같이 비열하고 악한 사람들이 악인이 관계를 맺는 대표적인 사람들이었다. 남편과 아내, 스승과 견습생, 채무자와 채권자, 악인의 버림받은 친구들과 그를 헛되이 회심시키려고 애쓴 선한 사람들, 이 모든 사람은 현인과 주의 깊은 자 사이의 대화에서 생생한 인물로 살아난다. 《천로역정》의 상징 속에서도 사실주의는 결코 희미해지지 않는다. 《죄인에게 넘치는 은혜》의 베드퍼드셔와 악인이 사는 곳, 멸망의 도시는 모두 같은 곳이다. 크리스천을 조롱하는 이웃들은 모두 번연의 초기 시절에 알던 동료들이었다. 물론 그들은 악인의 가장 가까운 친구들로 등장한다.

번연의 사실주의

《천로역정》에서 천성으로 가는 길은 영국의 지도를 보는 듯한 착각을 불러일으킨다. "그들은 앞에 있는 한 마을을 보았다. 그 마을의 이름은 허영(Vanity)이었다. 그곳에는 허영 시장(Vanity Fair)이 열리고 있었다." 그곳은 번연에게는 매우 친숙한 마을이었다. 그는 늘 그곳의 거리를 거닐었고 그곳에서 펼쳐지는 '요술, 사기, 놀이, 연극, 악당, 사기꾼들'을 보았다. 마을 밖에는 담을 두른 초원이 펼쳐져 있었는데, 그 한가운데에는 의심의 성(Doubting Castle)이 서 있었다. "그 성의 주인은 거인 절망(Giant Despair)이었다." 대로와 보도, 산과 계곡은 단순한 상징도, 비유의 단순한 그림자도 아니다. '큰마음'(Great-heart)은 '망각의 초원'(Forgetful Green)에 있는 위험에 대해 크리스티아나(Christiana)에게 경고한다. 얼마나 자주 번연은 주일 오후마다 그곳에서 방황했는가! 크리스티아나의 아이들은 '바알세불(악마)의 과수원 열매'인 사과의 유혹을 받는다. '악인'은 (그리고 아마도 번연은) 여러 번 그 과수원에서 사과를 훔쳤다. 또한《거룩한 전쟁》에서 그 마을은 울타리로 둘러싸인 도시로 나온다. 나팔을 부는 자들은 정문에 서고 군대는 마을을 포위하기 위해 인근에 주둔하며 장군들은 성벽을 건너 서로 대치한다. 우리는 '맨소울'(Mansoul)을 위한 전쟁이 내란의 격렬한 전투에서 영감을 얻었다고 추측한다. 크롬웰과 찰스의 싸움을《실낙원》에서 사탄과 하나님의 전투에서 볼 수 있듯이 임마누엘과 악마와의 싸움에서도 볼 수 있다. 시대의 정치적 혼란과 거리가 먼 삶을 산 번연조차 천국의 전쟁을 쓸 때 세상의 싸움을 염두에 두었던 것 같다.

번연의 인물 묘사

그러나 번연의 상징적 인물들을 300년 이상 살아 있게 만든 것은 바로 그의 정확하고 상세한 인물 묘사다. 특별히 그것은《천로역정》에서 두드러진다. 그것은 주인공들의 이름에서부터 나타난다. 때로 그는 이름을 통해 매우 효과적으로 하나님을 찬양한다. '미식가'(Taste-that-which-is-good), '그리스도에 대한 잘못된 생각'(Wrong-thoughts-of-Christ) 등이 그것이다. 또한 그는 이름을 통해 선과 악을 직접적이고 단순하게 보여 준다. '믿음'(Faithful), '소망'(Hopeful), '정직 노인'(Old Honest), '선을 미워함 경'(Lord Hate-good), '비진리'(Mr. No-truth), '무신론'(Atheist), '거인 절망'(Giant Despair)이 그것이다.

그는 특별히《천로역정》2부와《거룩한 전쟁》에서 아름다운 힘을 가진 이름들을 등장시킨다. '큰마음'(Mr. Great-heart)과 '진리의 용사'(Mr. Valiant-for-Truth), '견고함'(Mr. Stand-fast), '저항 장군'(Captain Resistance), '심판 장군'(Captain Judgment)이 그것이다.

그러나 무엇보다도 인물에 대한 예리한 관찰과 이해 속에서 그는 우리 모두의 비겁함을 드러내는 솔직한 이름을 만들어 냈다. '이기적 동기'(Mr. By-ends), '두 마음'(Mr. Facing-both-ways), '잘 흔들림'(Pliable)과 '고집쟁이'(Obstinate, 크리스천의 여정 첫 부분을 함께한 꼭 닮은 두 동반자), '거품 부인'(Madam Bubble), '의지 경'(My Lord Will-be-will), '잘 엿봄'(Mr. Pry-well), '우쭐댐'(Mr. Puff-up), '수다쟁이'(Talkative) 등이 그것이다.

우리는 이 이름들 속에서 자신의 모습을 보는 것은 주저하면서도 이웃의 모습을 보는 것은 전혀 난처해하지 않는다. 그들은 번연이 베드퍼드셔 거리에서 함께 이야기를 나누며 주의 깊게 관찰하고 빈

틈없이 평가한 사람들의 모습이다. 따라서 그들은 그가 창조한 인물이라기보다는 뛰어난 관찰력으로 재창조한 인물들이라고 할 수 있다. 그리고 그가 이런 인물들을 그려 내는 것은 성경이 다음의 인물들을 함축적이고 창의력이 풍부한 어휘로 묘사할 때 보여 주는 것과 같은 효과가 있다.

아람의 군대장관 나아만을 "저는 큰 용사나 문둥병자더라"(왕하 5:1), 목동 다윗을 "이는 그가 젊고 붉고 용모가 아름다움이라"(삼상 17:42)라고 한 것이 그 예다. 그것은 특별히 《천로역정》 1부에서 잘 나타나는데, 우리의 마음을 사로잡는 축약된 초상화라고 할 수 있다. 적어도 이 점에서는 《천로역정》 2부가 한층 발전된 모습이다. 여기에 등장하는 '큰마음'이라는 인물이 크리스천이 갖고 있던 평범하고 무미건조한 면을 극복한 중심인물로 등장하기 때문이다. 그러나 인물들에 대한 짧지만 날카로운 묘사에서 언제나 감칠맛 나고 미묘함을 잘 살리는 번연의 세밀한 판단력이 돋보인다. 그리고 그가 용기와 힘에 대해 묘사할 때는 청교도인의 자긍심이 엿보인다. "'큰마음'은 강한 사람이었다. 그는 결코 사자를 두려워하지 않았다." 순례자들은 "검을 뽑아 들고 얼굴이 온통 피투성이인 채로" 서 있는 '진리를 위한 용사'를 만난다. 임마누엘의 장군들은 '맨소울'을 위한 전쟁에서 손이 피곤할 때까지 싸운 "다윗과 함께한 세 용사"(삼하 23:9) 같은 사람들이었다.

또한 우리는 그의 작품에서 연약함과 믿음의 부족에 대한 청교도인의 정죄를 볼 수 있다. 한동안 낙담의 늪(Slough of Despond)에 빠져 몸부림치던 '잘 흔들림'(Pliable)은 결국 '자신의 집을 향해 나 있는 늪의 다른 면'을 통해 빠져 나온다. 크리스천도 사자들을 두려워하며 바라보지만 그들을 묶고 있는 결박은 보지 못한다. '소망'도 '연약한 믿음'이 처한 비참한 상황을 생각하며 으스댄다. 번연의 평가와 판단에는 무자비한 진실이 있다. '세상의 현인'(Mr. Worldly Wiseman)은 최고의 무지함 속에서 자신의 지혜를 자랑하며 우쭐댄다. 경건함으로 치장한 '무지함'(Ignorance)은 크리스천과 소망과 함께 말다툼을 하다 자신의 잘못된 소망의 근거를 누설하고 만다. 아내인 '의기소침'(Diffidence)에게 지배당하던 늙은 '거인 절망'은 어느 햇살이 눈부신 화창한 날 발작을 일으킨다.

번연은 자주 우리 안에 숨어 있는 탐욕과 연약함, 사악함을 날카로운 비판과 엄격하고 빈정대는 비웃음으로 정죄한다. '이기적 동기'는 '달변'(Fair-speech)이라는 마을에서 왔다. 그 마을의 목사는 '두 입'(Mr. Two-tongues)으로 '이기적 동기'가 "내 어머니의 동생"이라고 말하는 사람이다. 가엾은 '연약한 믿음'은 '죽은 자의 골목길'이라고 불리는 길에서 잠이 들고 만다. 그리고 그곳에서 '겁쟁이'(Faint-heart), '불신'(Mistrust), '죄'(Guilt)라는 악당 3형제의 공격을 받는다. '수다쟁이'는 "가까이보다 멀리에서 보는 것이 더 낫다." '의지 경'은 자신만 노예가 아니라면 누가 '맨소울'을 지배하든 개의치 않는다.

그러나 《천로역정》 2부에서 이런 칭찬과 비난의 강도는 조금 부드러워진다. 그는 '망설임'(Ready to halt)과 '낙담'(Despondency), '연약한 마음'(Feeble-mind)이라는 나약한 여행자들을 다소 거칠지만 자애로움을 가지고 대한다. 그는 가끔 즐거움을 담아 글을 쓰기도 했다. '활발함'(Mr. Brisk)이 '자비'(Mercy)에게 구애하는 장면은 가장 아름다운 장면 가운데 하나일 것이다. 그는 결국 사랑하는 사람이 행한 선한 일을 알고는 다음과 같은 간결한 말을 남긴다. "자비는 어여쁜 아가씨입니다. 하지만 좋지 않은 상황 때문에 정신이 이상하게 된 것 같군요." 이런 표현과 분위기가 번연의 가장 위대한 작품들이 갖고 있는 본질이다. 그의 인물들은 전형적이지만 살아 있는 사람들의 생명력과 활기를 지니고 있다. 그들이 번연 자신의 친구들과 이웃에게서 끌어 낸 인물이기 때문이다.

매콜리(Macaulay)는 몇몇 사람을 묘사할 때 '네이즈비의 체격 좋고 나이든 큰마음'이라는 표현을 사용했다. 그리고 그 시대의 한 유명 인사의 모습을 '이기적 동기'에 비유하기도 했다. '변절자 경'(my Lord Turnabout)에게서 배교한 귀족의 모습을 보기도 하고 '두마음'(Mr. Facing-both-ways)에게서 웨스트민스터의 기회주의적인 평민 의원의 모습을 보기도 한다. 그러나 이들은 사실 번연의 주된 관찰과 관심에서 제외된 인물들이었다. 그의 관심은 더 친숙하고 소박한 세상과 그 속에서 사는 사람들이었다.

번연의 해학

'번연의 해학'은 주로 그의 세밀한 인물 묘사에서 찾을 수 있다. 그러나 이 해학은 언제나 자연스럽고 즉흥적이라는 점을 기억해야 한다. 그것은 풍자와 마찬가지로 관찰과 추론의 천진난만한 능력과 그의 모든 작품의 특징인 천재적인 단순한 표현력에서 나오는 것이다. 다음 글에서 볼 수 있는 '해학'과 '풍자'는 번연에게는 엄연한 사실에 대한 설명이다.

"그들의 이름은 '세상에 대한 집착'(Mr. Hold-the-world), '돈을 사랑함'(Mr. Money-love), '구두쇠'(Mr. Save-all)였다. 그들은 '이기적 동기'를 이전부터 아는 사람들이었다. 모두 학교 동창이었기 때문이다. 그들은 '이익 챙기기'(Love-gain)라는 곳의 교사인 '꼭 쥐는 사람'(Mr. Gripe-man)에게서 가르침을 받았다. 그곳은 북쪽에 있는 '탐욕'(Coveting)이라는 군에 있는 시장이 서는 읍이었다. 이 교사는 그들에게 폭력, 사기, 아첨, 거짓을 사용하든 아니면 종교로 위장을 하든, 어떤 방법으로든 이익을 챙기는 기술을 가르쳐 주었다. 이 네 신사는 스스로 학교를 운영할 수 있을 정도로 스승에게서 많은 기술을 배웠다."

그는 이 '네 신사'의 삶에서 도덕적이고 교훈적인 비극만을 보았다. 그러나 우리는 그들의 삶에서 즐겁고 해학적인 풍자를 본다. 오랜 세월 속에서 그의 언어와 주제에 대한 평가는 변덕스럽게 변하고 말았다. 그가 엄숙하고 냉정하게, 때로는 필사적이고 간절한 마음으로 쓴 것을 오늘날의 우리는 웃으면서 보는 것이다. 《천로역정》과 《악인의 삶과 죽음》에 나오는 방주(傍註)는 오늘날의 독자에게 기묘한 기쁨을 준다. 그러나 그 방주는 그의 높은 신학적 논쟁의 골자이자 요약이었다. 300년이 넘는 세월은 번연의 신앙적 열정과 피프스(Pepys)의 가정사를 모두 해학적인 관점으로 바라보게 했다. 그 작품이 지닌 솔직함과 사실주의로 인해 작가들조차 알지 못한 해학을 갖게 된 것이다. 그러나 그것은 시대적으로 멀리 떨어진 오늘날의 독자가 오히려 쉽게 감상할 수 있는 해학이다. 영국 문학사에서 우리가 번연을 디포(Defoe)나 스위프트(Swift)처럼 삶과 관심이 전혀 다른 사람들과 연결시키는 것이 이상할지 모른다. 그러나 그의 영적 통찰력과 디포의 세속적인 지혜, 스위프트의 신랄한 지성은 사실주의라는 공통된 요소를 갖고 있다. 《천로역정》,《로빈슨 크루소》(Robinson Crusoe),《걸리버 여행기》(Gulliver's Travels)라는 위대한 세 권의 책은 놀라운 낭만적 진실을 가지고 "아이들의 마음까지 사로잡았다." 사람들은 그 책들을 단순한 공상이나 꿈이 아닌 일상의 삶을 다룬 사실로 읽는다. 이 세 권의 책이 영국 소설의 주요 선구자가 된 것은 바로 이 때문이다. 그 책들에 나오는 직접적인 해설과 묘사력, 대화, 상세한 관찰과 인물에 대한 묘사는 새로운 문학 양식의 발달을 가져왔다. 그 영향력에 대한 번연의 공헌은 결코 작지 않다. 스위프트의 정신적 탁월함과 디포의 지식은 부족하지만, 번연은 인물을 사실적으로 그려내는 마음과 눈을 갖고 있었다. 번연의 소설에서 가장 돋보이는 부분은 그의 탁월한 인물 묘사력이다. 키플링(Kipling)은 그를 〈거룩한 전쟁〉(The Holy War, 1917)이라는 짧은 시에서 다음과 같이 칭했다.

"소설의 아버지
구원의 첫 번째 디포(Defoe)"

청교도는 희곡을 인정하지 않고 오랫동안 소설의 유용성을 부인해 왔지만 결국 문학에 커다란 선물을 주었다. 17세기 청교도 작가 가운데 밀턴과 번연이라는 두 명의 위대한 작가가 탄생했기 때문이다. 밀턴은 희곡의 전통을 되살렸고 번연은 영국 소설의 탄생을 도왔다.

번연의 작품 요약

《죄인에게 넘치는 은혜》(1666), 《천로역정》 1부(1678), 《악인의 삶과 죽음》(1680), 《거룩한 전쟁》(1682), 《천로역정》 2부(1684).

덜 알려진 작품으로는 《하나님의 상징》(Divine Emblems), 《천국의 도보 여행자》(The Heavenly Footman), 《지옥에서 나오는 한숨》(A Few Sighs from Hell), 《솔로몬의 영적 성전》(Solomon's Temple Spiritualized)이 있는데, 산문과 시로 된 많은 소책자, 설교, 묵상집과 함께 그의 출간된 작품은 모두 60편에 이른다.

《죄인에게 넘치는 은혜》는 번연의 첫 번째 주요 작품이다. 그는 그 책에 자신의 어린 시절의 주요 사건들과 자신 안에서 일어나는 선과 악의 싸움, 그리고 결국 그것이 어떻게 자신을 회심에 이르게 했는지에 대해 적고 있다. 그 책은 영적 자서전이라고 할 만한 책이다. 솔직한 고백과 소박한 문체는 그 책에 진솔한 인간적 호소력을 불어넣어 주었다. 그뿐만 아니라 그 책은 번연의 후기 작품에서 볼 수 있는 위대한 단순함을 엿볼 수 있게 해 주었다.

《천로역정》 1부는 크리스천의 순례의 길을 상징적으로 보여 준 작품이다. '크리스천'(Christian, 이 책의 주인공)은 오랫동안 살았던 '멸망의 도시'를 도망쳐 나온다. 그리고 길에서 만난 모든 위험과 유혹을 지나 천성에 도달한다. 여기에서 놀라운 상상력과 사실주의를 다루는 탁월한 능력이 상징을 뒷받침한다. 또한 이 책의 언어는 영어 성경의 언어와 대단히 유사하다. 이 책은 영국 문학사에서 산문으로 된 가장 위대한 작품 가운데 하나다. 2부는 크리스천의 아내인 크리스티아나와 그녀의 네 아들의 순례의 여정을 기록하고 있는데, 프루드(Froude, 영국의 역사가)는 이 책을 "1부의 약한 여진"이라고 불렀다. 그러나 그것은 '큰마음'과 '진리를 위한 용사' '늙은 정직'과 같은 인물들을 탁월하게 그려 내고 스스로의 힘을 의지하는 인간의 연약함을 뛰어나게 묘사한 이 책에 대해 공정한 평가라고 할 수 없다. 물론 그 책은 전체적으로 평가했을 때 1부에 뒤지는 것이 사실이다. 그러나 부분적인 장면의 아름다움은 1부와 비교했을 때 우열을 가릴 수 없거나 때로 앞서기도 한다.

  《악인의 삶과 죽음》은 많은 도덕적, 신학적 여담을 담고 있으며 전형적인 17세기 타락자의 삶을 다룬 대화체 양식의 이야기다. 악인의 묘사에서 번연은 인간 성품에 대한 깊은 통찰력을 보여 준다. 그러나 그가 죄인에게 전혀 인간성을 부여하지 않는다는 것은 주목할 만하다. 그는 《천로역정》의 속편으로 그 책을 썼다. 그 책의 대화 부분은 《평범한 사람이 천국으로 가는 길》이라는 오래된 책을 연상시킨다. 그 책은 그의 아내가 혼수로 가져온 것으로 그는 초기 시절 뜨거운 열정과 흥미 속에서 그 책을 읽었다.

매콜리(Macaulay, 영국의 문호, 정치가)는 만일 《천로역정》이 존재하지 않았다면 《거룩한 전쟁》이 영어로 된 가장 위대한 상징서가 되었을 것이라고 말했다. 그럼에도 불구하고 그 책은 번연의 작품 가운데 제대로 평가받지 못한 작품이다. 인물 묘사는 분명 덜 분명하지만 그 책에 사용된 상징은 《천로역정》의 상징만큼 설득력이 있다. 이 책에서 번연은 '맨소울'이라는 도시를 놓고 벌이는 임마누엘과 악마의 전쟁을 다루고 있다.

번연의 시에 대해서는 거의 말할 필요가 없다. 그는 산문에서 보여 준 위엄 있고 아름다운 단순함을 시에서도 표현하려고 했다. 그의 시는 분명히 그의 산문처럼 풍미로 가득 차 있다. "아래에 있는 자는 떨어질 것을 두려워할 필요가 없다" "누가 진정한 용기를 보겠는가?"와 같이 그는 운율의 부드러운 매력을 보여 주고 있다.

SELECTIONS FROM BUNYAN

죄인에게 넘치는 은혜

보잘것없는 종 존 번연에게 임하신 하나님의
넘치는 자비에 대한 간략하고 믿을 만한 이야기

　내 영혼에 임한 하나님의 자비로운 역사하심을 이야기하며 우선 나의 가정사와 성장 배경에 대해 간략히 언급하는 것이 옳을 것이다. 우리 집은 낮은 신분의 가난한 집안이었다. 내 아버지는 가장 비천하고 멸시받는 집안에서 태어나셨다. 그러나 비록 내 부모님이 가난하셨지만 하나님은 그분들의 마음속에 나를 학교로 보내려는 마음을 넣어 주셨다. 그런 까닭에 나는 다른 가난한 집안의 아이들처럼 학교에서 읽고 쓰는 것을 배울 수 있었다. 물론 부끄럽게도 내가 배운 간단한 것조차 곧 잊어버렸지만 말이다.

　내 삶에 대해 이야기하면, 하나님 없이 세상에서 살았을 때 세상의 흐름에 따라 사는 모든 불의로 가득한 삶이었다. 그 모든 불의가 내 마음과 삶 모두를 너무 강력하게 지배했기 때문에 나는 저주하고 욕설하며 거짓말하고 하나님의 이름을 모독하는 삶을 살았다.

　그러나 하나님은 결코 나를 떠나지 않으셨다. 당시 그분은 죄의 확신이 아닌 자비와 결합된 심판으로 나를 여전히 따라오고 계셨다. 한번은 내가 바다의 작은 만으로 떨어졌을 때 물에 빠져 거의 죽을 뻔한 일이 있었다. 또 다른 때는 배에서 떨어져 베드퍼드셔 강물 속에 빠진 적도 있었다. 그러나 하나님의 자비는 그때마다 나를 건져 주셨다.

　다음의 일도 나는 깊은 감사함으로 기억하고 있었다. 군인 시절 나는 다른 병사들과 함께 포위 공격을 하라는 명령을 받았다. 그러나 내가 막 나가려고 준비하고 있을 때 동료 병사 가운데 한 명이 대신 자기가 나가게 해 달라고 간곡하게 청했다. 나는 할 수 없이 승낙했고 그는 내 대신 그 자리에 나갔다. 그리고 포위 공격을 하러 갔을 때 그는 보초를 서고 있었는데 그만 머리에 총상을 입고 그 자리에서 숨졌다.

군대에서 제대한 직후 나는 결혼을 했다. 그리고 하나님은 아내를 통해 내게 은혜를 베풀어 주셨다. 장인은 매우 경건한 사람으로 알려져 있었다. 아내와 나는 말할 수 없이 가난한 상태로(접시나 숟가락 같은 가재도구도 없을 만큼) 결혼 생활을 시작했다. 아내는 혼수로 《평범한 사람이 천국으로 가는 길》과 《경건의 훈련》이라는 책 두 권을 가지고 왔다. 그 책은 아내가 친정아버지에게서 유산으로 받은 책이었다. 이 두 권의 책을 나는 아내와 함께 자주 읽곤 했다. 그리고 그 책을 읽으며 나는 기쁨을 느꼈다. 아내는 자신의 아버지가 얼마나 경건한 사람이었는지, 그리고 생전에 얼마나 엄격하고 거룩한 삶을 사셨는지를 종종 내게 말하곤 했다.

그 책들은 죄에 빠진 내 슬픈 상황을 일깨울 정도로 내 마음에 깊이 도달하지는 않았지만 내 안에 신앙에 대한 갈망을 낳게 했다. 무지한 나는 당시 종교에 깊이 빠져 들었다. 즉 하루에 두 번 교회에 갔으며 교회에 가는 것을 가장 중요하게 여겼다. 그리고 그곳에서 다른 사람들처럼 매우 헌신적으로 말하고 찬양했다. 그러나 나는 여전히 죄로 물든 생활을 계속하고 있었다. 게다가 나는 내가 숭상했던 미신의 영에 사로잡혔고 열렬한 헌신으로 교회에 속한 모든 것(높은 설교단, 사제, 교회 서기관, 예복, 예배, 그 밖의 것들)을 거룩하다고 여기게 되었다.

그러던 어느 날 목사님이 안식일을 지키는 것에 대해 설교를 하셨다. 목사님은 게으름이나 스포츠 등으로 안식일을 어기는 것이 죄라고 했다. 당시 나는 열렬한 종교심에도 불구하고 이전의 모든 악의 방식에서 커다란 즐거움을 누리고 있었다. 그것은 내게 큰 위안거리였다. 그 설교로 나는 양심에 깊은 찔림을 받았고 내가 하고 있는 일이 악한 죄라는 것을 일깨워 주기 위해 목사님이 그 설교를 일부러 전한 것이라고 믿었다. 나는 설교가 끝나자 영혼에 무거운 짐을 안고 집으로 돌아갔다.

그날의 설교는 내 최고의 기쁨을 마비시켜 버렸다. 그리고 내게 전에는 즐거움이었던 것을 쓰라린 고통으로 만들었다. 그러나 그런 마음은 그리 오래 가지 않았다. 맛있는 식사를 하고 나자 내 마음의 고통은 씻은 듯 사라져 버렸다. 내 마음은 다시 예전의 길로 돌아갔다. 그렇게 맛있는 음식으로 본성의 갈급함을 충족시키고 나자 나는 그토록 고통을 주었던 설교를 내 마음에서 떨쳐 버릴 수 있었다. 그리고 내 오랜 습관인 스포츠와 놀이로 돌아가 마음껏 즐겼다.

그러나 그날 내가 한창 놀이에 빠져 있을 때, 갑자기 하늘에서 한 음성이 내 영혼 깊은 곳으로 들려왔다. 그 음성은 내게 이렇게 물었다. "네가 네 죄를 버리고 천국으로 가겠느냐? 아니면 네 죄를 안고 지옥으로 가겠느냐?" 그 음성에 나는 말할 수 없는 충격에 빠져 그 자리에 서 있었다. 나는 놀이도 그만두고 하늘을 올려다보았다. 그리고 마치 나를 내려다보고 계시는 주 예수님을 본 것처럼, 내 모든 불경건한 습관들로 인해 그분이 가혹한 심판으로 나를 벌하실 것처럼 느껴졌다.

　마음속에 그런 생각을 품자 갑자기 다음과 같은 생각이 내 영혼을 사로잡았다. 바로 내가 극악무도한 죄인이라는 생각이었다. 그리고 그런 내가 천국을 구하기에는 너무 늦었다는 생각도 들었다. 그리스도께서 나를 용서하지도, 내 죄를 사하지도 않으실 것이기 때문이었다. 때가 너무 늦어 버렸다고 생각하자 나는 깊은 절망감 속에 침몰하고 말았다. 그래서 나는 차라리 죄 속에 계속 거하기로 마음먹었다.

　모든 사람이 지켜보는 가운데 놀이를 그만두고 제자리에 서 있었기 때문에 사람들은 의아한 눈으로 나를 쳐다보았다. 그러나 나는 그들에게 아무 말도 하지 않았다. 그리고 다시 절망적인 마음으로 하던 놀이를 계속했다. 깊은 절망에 빠진 나는 오직 죄만이 내게 위로를 줄 수 있다고 믿었다. 천국이 이미 내게서 멀어졌기 때문에 그것을 생각하는 것만으로도 고통스러웠던 것이다.

　그래서 나는 전처럼 만족감을 느낄 수는 없었지만 탐욕과 죄로 다시 돌아갔다. 그러던 어느 날 한 이웃의 가게 진열창 앞에서 늘 하던 대로 저주하고 욕하며 서 있을 때 집 안에 있던 한 부인이 내가 하는 말을 들었다. 그녀는 품행이 나쁘고 경건치 않은 사람이었지만 내 말을 듣고는 전율을 금할 수 없었다며 화를 냈다. 그녀는 내게 자신이 지금까지 살면서 한 번도 들어 보지 못한 가장 심한 욕을 하는 것을 보니 내가 분명 가장 불량하고 불경건한 사람일 거라고 말했다. 그리고 내가 나와 어울리는 마을의 모든 젊은이를 망쳐 놓고 있다고 비난했다.

그러나 어떤 이유인지는 모르지만 그때부터 나는 욕하는 것을 그만두었다. 나도 그런 내 변화가 신기할 정도였다. 그러나 전에는 다른 사람 앞에서나 뒤에서 욕을 하지 않고는 무슨 말을 해야 할지 몰라 당황했던 내가 이제는 욕을 하지 않고도 오히려 더 멋지고 유쾌한 말을 할 수 있게 되었다.

이 일이 있은 직후 나는 한 가난한 사람과 사귀게 되었다. 그는 신앙을 고백한 사람이었다. 그의 말을 따라 나는 성경을 읽었고, 그 속에서 커다란 즐거움을 느끼기 시작했다. 그렇게 조금씩 말과 삶에서 외적인 변화가 이루어지는 듯 보였다. 나는 천국으로 가기 위해 내 앞에 십계명을 세워 놓았다.

1년 가까이 나는 계속 그런 삶을 살았다. 그러자 이웃 사람들은 나를 매우 경건한 사람으로 여기게 되었고 내 삶과 태도에 나타난 놀라운 변화를 보며 신기해했다. 그들은 내 앞에서뿐만 아니라 내가 없을 때에도 나를 칭찬하기 시작했다. 이제 나는 그들이 말한 대로 경건해졌다. 그리고 의롭고 정직한 사람이 되었다. 오, 나에 대한 그들의 생각을 알게 되었을 때 내가 얼마나 기뻐했던지! 나는 아직은 보잘것없는 위선자에 불과했지만 사람들에게 진짜로 경건한 사람이라는 말을 듣는 것을 몹시 좋아했던 것이다. 나는 내 경건함을 우쭐댔다. 사실 나는 사람들에게 그렇게 보이고 칭찬 받기 위해 할 수 있는 모든 일을 했다. 그리고 그렇게 1년 이상을 지냈다.

나는 전부터 교회 종 치는 일을 아주 좋아했다. 그러나 자꾸만 내 양심에서는 그런 훈련이 단지 헛된 것에 불과하기 때문에 당장 그만두어야 한다고 말하고 있었다. 물론 마음으로는 아직 그 일을 하고 싶었다. 그래서 나는 첨탑에 올라가 감히 종을 치지는 않았지만 그 안을 들여다보았다. 나는 이것은 종교적인 행위는 아니니 괜찮을 거라고 생각했다. 나는 머뭇거리며 계속 그 안을 들여다보았다. 그러다 문득 '저 종들 가운데 하나라도 떨어지면 어떻게 하지?' 라는 생각이 들었다. 그러자 나는 첨탑의 양 끝을 가로지르고 있는 가장 큰 대들보 아래 서 있기로 했다. 그곳이 가장 안전하다고 생각했기 때문이다. 그러나 그 순간 나는 다시 생각했다. '종이 흔들리며 떨어져서 먼저 벽을 치고 그 다음 다시 튀어 내게로 떨어지면 어떻게 하지? 그러면 난 틀림없이 죽게 될 거야.' 생각이 여기에 미치자 나는 첨탑 문 안에 서 있기로 했다. 그러고는 '이제 난 안전해. 종이 떨어지면 나는 이 두꺼운 벽 뒤로 빠져 나가면 되니까. 그러면 조금도 다치지 않을 거야.' 라고 생각했다.

그 후 나는 종이 울리는지를 보기 위해 자주 그곳에 가곤 했다. 그러나 첨탑의 문 밖으로 나가지는 않았다. 그러다 갑자기 한 가지 생각이 떠올랐다. '아예 첨탑 전체가 무너지면 어떻게 하지?' 그 생각은 계속해서 내 마음을 마구 흔들었고 나는 감히 첨탑 문 앞에 서 있는 것조차 할 수가 없었다. 그러고는 첨탑이 내 머리 위로 무너져 내릴까 봐 무서워 도망쳤다.

내가 그만둔 또 다른 일은 춤이었다. 그 일을 그만두는 데는 꼭 1년이라는 시간이 걸렸다. 그동안 나는 십계명을 지켰다고 생각했을 때나 말이나 행동으로 선한 일을 했다고 생각했을 때 양심의 평안을 느꼈다. 그리고 다음과 같이 생각했다. '하나님이 이제 나를 기뻐하지 않을 수 없을 거야.' 나는 영국에서 어떤 사람도 나보다

하나님을 더 기쁘시게 해 드리는 사람이 없을 거라고 생각했다.

그러나 나는 너무나 비참하고 가엾은 죄인이었다. 나는 그동안에도 예수 그리스도에 대해 전혀 알지 못했다. 그리고 내 자신의 의를 세우는 일에 분주했다. 만일 하나님이 자비하심으로 내가 처한 상태를 알려 주지 않으셨다면 나는 그 속에서 멸망했을 것이다.

그러나 어느 날 하나님의 선하신 섭리는 나를 베드퍼드셔로 보내셨다. 나는 그 도시의 한 거리에서 서너 명의 아낙네가 햇살을 받으며 문 앞에 앉아 있는 모습을 보았다. 그들은 하나님의 신령한 것에 대해 이야기를 나누고 있었다. 나는 그들이 나누는 이야기가 궁금해서 들으려고 가까이 다가갔다. 나도 신앙적인 문제에 대해 활발히 말하는 사람이기 때문이었다. 그러나 나는 그들이 말하는 내용을 듣기는 했지만 이해할 수가 없었다. 그들이 나누는 대화는 내가 이해하기에는 너무 높고 먼 이야기였다. 그들의 대화는 새로운 탄생과 그들의 마음속에서 행하시는 하나님의 역사하심에 대한 것이었다. 그들은 하나님이 어떻게 자신의 영혼을 사랑으로 찾아오셨는지, 어떤 약속과 말씀으로 그들이 사탄의 유혹을 물리칠 수 있는 새로운 힘과 위로를 얻게 되었는지 이야기를 나누었다.

나는 그들의 이야기를 다 듣고 난 후 그 자리를 떠났다. 그리고 다시 내 일로 돌아왔다. 그러나 그 기억이 좀처럼 내 마음에서 떠나지 않았다. 그들의 이야기가 내게 너무도 충격적으로 다가왔기 때문이다. 그들의 대화를 통해 나는 진짜 경건한 사람의 진정한 증거를 원하게 되었다. 그리고 나 또한 진정으로 그런 행복과 축복을 누리고 싶었다.

천로역정 1부

크리스천이 길을 떠나게 되는 과정과 그가 어떻게 여행의 위험을 극복하고 소망하던 나라에 안전하게 도착하게 되는지를 다루고 있다.

*천로 역정 : 꿈의 비유를 통해서 본,
　　　　　 구원을 얻은 자의 이 세상에서 다가올 세상으로의 여정

1부

　이 세상의 광야를 통과해 걸어가던 나는 한 장소에 이르게 되었다. 그곳에는 동굴 하나가 있었다. 나는 그곳에 누워 잠이 들었고 곧 깊은 잠 속에서 꿈을 꾸었다. 나는 꿈속에서 누더기를 걸친 한 남자를 보았다. 그는 어떤 곳에 서 있었는데 자신의 집을 등지고 손에는 책 한 권을 들고 등에는 매우 무거워 보이는 짐 꾸러미를 지고 있었다. 나는 계속해서 그를 보고 있었는데 그는 손에 들고 있던 책을 펴더니 그 속의 내용을 읽었다. 책을 읽던 그는 몸을 떨며 눈물을 흘렸다. 그리고 더 이상 참을 수 없었던지 다음과 같이 말하며 통한의 부르짖음을 토하고 말았다. "아, 나는 어떻게 하면 좋단 말인가?"

　깊은 절망에 빠진 채 그는 집으로 돌아갔다. 그리고 아내와 아이들에게 자신이 빠져 있는 절망을 눈치 채지 못하게 하려고 있는 힘을 다해 아무 일도 없다는 듯 기분을 밝게 하려고 애썼다. 그러나 그는 더 이상 자신의 절망스러운 마음을 숨길 수 없었다. 자신이 처한 어려움이 점점 더 커 가기 때문이었다. 그래서 결국 그는 아내와 아이들에게 자신의 심경을 토로했다. "오, 사랑하는 여보, 그리고 얘들아, 아버지는 지금 지고 있는 무거운 짐 때문에 파멸에 처해 있단다. 게다가 우리가 살고 있는 이 도시가 하늘에서 내려오는 불로 타 버릴 거라는 소식을 들었단다. (아직은 나도 모르지만) 도망칠 길을 찾지 않는다면 나와 당신, 그리고 아이들, 심지어 갓난아기까지 모두 비참하게 파멸되고 말 거야. 피할 길을 찾는 것만이 우리가 구원을 얻는 유일한 길이란다."

그의 말을 듣자 가족들은 모두 놀라 어쩔 줄을 몰랐다. 그것은 그들이 그가 한 말을 사실로 믿기 때문이 아니라 그가 정신이 이상하게 되었다고 생각하기 때문이었다. 그러나 밤이 깊어 가고 있었고 잠을 자고 나면 회복될 것이라고 생각했기 때문에 그들은 서둘러 그를 잠자리에 들게 했다. 그러나 밤에도 여전히 그는 괴로움에 시달려야 했다. 그는 잠을 자기는커녕 한숨과 눈물 속에서 밤을 꼬박 지새웠다. 아침이 되자 가족들은 그가 오히려 더 깊은 절망감과 괴로움에 시달리고 있는 것을 보았다. 그는 그들에게 말했다. "최악이야, 최악!" 그는 계속해서 그들에게 말했지만 그들은 마음이 굳게 닫혀 있었다. 그들은 가혹하고 퉁명스럽게 대하면 혹시 그의 정신병을 쫓아낼 수 있을지 모른다고 생각했다. 그래서 그를 조롱하기도 하고 비난하기도 하고 때로는 완전히 무시하기도 했다. 그러자 그는 점점 지쳐 가기 시작했다. 그는 자기 방에 혼자 들어가 그들을 불쌍히 여기며 기도했다. 그리고 자신의 비참한 상황을 슬퍼했다. 그리고 들판에 나가 때로 책을 읽기도 하고 때로 기도를 하며 홀로 거닐었다. 그렇게 며칠을 보냈다.

내가 꿈속에서 다시 본 장면은 얼마의 시간이 흐른 뒤였다. 그는 들판을 거닐며 늘 하던 대로 성경을 읽었다. 그러고는 깊은 절망으로 괴로워하고 있었다. 성경을 읽고 난 후 그는 전처럼 부르짖으며 울음을 터뜨렸다. "구원을 얻으려면 어찌해야 한단 말인가?" 나는 꿈속에서 그가 금방이라도 달려갈 것 같은 자세를 하고 이쪽저쪽을 보는 모습을 보았다. 그러나 그는 움직이지 않고 가만히 서 있었다.

어떤 길로 가야 할지 몰랐기 때문이다. 그때 전도자(Evangelist)라는 사람이 그에게 다가오는 모습이 보였다. 그는 "무엇 때문에 그렇게 울고 있나요?"라고 물었다.

그러자 그가 대답했다. "선생님, 나는 내 손에 들고 있는 이 책을 통해 내가 죽을 수밖에 없는 자라는 것을 알게 되었습니다. 그리고 그 후에는 심판이 기다리고 있다는 것도 알게 되었습니다. 그런데 나는 첫 번째 심판은 받고 싶지 않고 두 번째 심판은 감당할 수가 없습니다."

그러자 전도자가 말했다. "이 세상의 삶이 이토록 많은 악으로 가득 차 있는데 당신은 왜 죽고 싶지가 않습니까?" 그가 대답했다. "내가 등에 지고 있는 이 짐이 나를 무덤보다 더 깊은 곳으로 침몰시킬까 봐 두렵기 때문입니다. 나는 분명 도벳(지옥)으로 떨어지게 될 것입니다. 그리고 선생님, 내가 감옥살이도 감당할 수 없다면 심판도, 심판 후의 형 집행도 감당할 수 없을 것입니다. 이런 생각들을 하면 울지 않을 수가 없습니다."

그러자 전도자가 말했다. "그것이 당신이 처한 상황이라면 왜 가만히 서 있는 건가요?" "어느 쪽으로 가야 할지 모르기 때문입니다." 그러자 전도자는 그에게 양피지로 된 두루마리 하나를 주었다. 그 안에는 다음과 같은 글귀가 쓰여 있었다. "다가올 진노를 피하라!" 그것을 읽더니 그가 주의 깊게 전도자를 바라보며 물었다. "내가 어디로 피해야 합니까?" 그러자 손가락으로 드넓게 펼쳐진 들판을 가리키며 전도자가 말했다. "저기 있는 좁은 문이 보이지 않습니까?" "아뇨, 안 보입니다." 그러자 전도자가 말했다. "저기 저 눈부시게 빛나는 빛이 보이지 않습니까?" "보이는 것 같아요." 그러자 전도자가 말했다. "그 빛을 놓치지 말고 계속 바라보면서 곧바로 그곳을 향해 나가십시오. 그러면 문 하나를 보게 될 겁니다. 그 문을 두드리면 당신이 무엇을 해야 할지 듣게 될 것입니다."

나는 꿈속에서 그가 달리기 시작하는 것을 보았다. 그가 달리기 시작한 지 얼마 되지 않아 그의 아내와 아이들이 그에게 돌아오라고 부르짖기 시작했다. 그러나 그는 손가락으로 귀를 막고 "생명, 생명, 영원한 생명!"이라고 부르짖으며 계속 달렸다. 그는 뒤도 돌아보지 않은 채 들판의 한가운데를 향해 도망쳤다.

이웃들도 그가 달려가는 것을 보러 나왔다. 어떤 사람들은 그를 조롱하고 어떤 이들은 협박했으며 또 어떤 이들은 그에게 돌아오라고 소리 질렀다. 그 가운데 그를 강제로 데려오겠다고 마음먹은 두 사람이 있었다. 한 사람은 고집쟁이(Obstinate)였고 다른 한 사람은 잘 흔들림(Pliable)이었다. 이미 마을에서 멀어진 그를 그들은 곧 따라잡았다. 그러자 그가 말했다. "왜 여기에 왔나요?" "우리와 함께 돌아가자고 설득하러 왔소." 그러나 그는 "아무리 말해도 소용없어요. 당신들은 멸망의 도시에 살고 있습니다. 그곳은 내가 태어난 곳이기도 하지요. 그곳에서 계속 산다면 당신들은 조만간 무덤보다 더 깊은 곳으로 침몰하게 될 겁니다. 그곳은 불과 유황으로 활활 타는 곳입니다. 그러니 선한 이웃들이여, 나와 함께 갑시다." 하고 말했다.

고집쟁이가 말했다. "뭐라고요? 친구들뿐만 아니라 우리에게 위로를 주는 모든 것을 남겨 두고 떠나라는 말입니까?"

크리스천(Christian, 이것이 그의 이름이다)이 말했다. "네, 그렇습니다. 당신이 버려야 하는 것은 내가 지금 가려는 세상의 가장 작은 것과도 비교할 만한 값어치가 없는 것이기 때문입니다. 원한다면 내 책을 읽어 보십시오. 그러면 내 말이 무슨 뜻인지 알게 될 겁니다."

고집쟁이가 말했다. "쳇! 그 따위 책은 저리 치워요. 우리와 함께 돌아갈 겁니까? 말 겁니까?"

크리스천이 말했다. "난 돌아가지 않을 겁니다."

고집쟁이: "그렇다면 할 수 없지요. 잘 흔들림 씨, 그냥 우리끼리 돌아갑시다. 이렇게 끝까지 환상만을 붙잡는 정신 나간 사람은 현명한 충고를 해 주는 일곱 사람의 말보다 자신의 생각이 더 지혜롭다고 생각하는 법이니까요."

그러자 잘 흔들림이 말했다. "욕하지 마세요. 만일 선한 크리스천의 말이 사실이라면 그가 구하는 것은 우리가 가진 것보다 분명 더 좋을 거예요. 나는 이 선한 사람과 함께 가고 싶습니다. 그리고 내 운명을 그와 함께 가는 길에 걸고 싶습니다."

이제 그들은 함께 길을 가게 되었다.

고집쟁이가 말했다. "난 내가 원래 있던 곳으로 돌아가겠어요. 환상에 빠진 사람들과 함께 잘못된 길을 갈 수는 없습니다."

나는 꿈속에서 고집쟁이가 돌아가고 크리스천과 잘 흔들림이 들판을 함께 걸어가고 있는 것을 보았다. 그런데 그들은 들판의 한가운데에 있는 수렁 가까이에 이르게 되었다. 그리고 아무런 조심도 하지 않고 가던 그들은 갑자기 수렁에 빠지고 말았다. 그 수렁의 이름은 낙담(Despond)이었다. 그 수렁 속에서 그들은 한참 동안 진흙

범벅이 된 채 고통스럽게 몸부림치며 뒹굴었다. 그리고 크리스천은 등에 지고 있는 짐 때문에 진흙 속으로 빠져 들어가기 시작했다.

그러자 잘 흔들림이 말했다. "아! 크리스천, 지금 우리가 어디에 있는 거죠?"

크리스천이 말했다. "나도 잘 모르겠어요."

그 말에 잘 흔들림은 마음이 상하기 시작했다. 그러고는 잔뜩 화가 나서 동료에게 말했다. "이것이 당신이 내게 말했던 행복입니까? 우리가 잘못된 길을 떠난 거라면 이 여정이 끝날 때까지 얼마나 더 기가 막힌 일들이 우리를 기다리고 있겠소? 내가 여기에서 살아 나갈 수만 있다면 그 멋진 나라는 당신 혼자 차지하시오." 그러고는 필사적으로 몸부림을 치더니 그는 자신의 집 쪽으로 나 있는 수렁의 다른 면으로 진창을 빠져 나왔다. 그렇게 그는 크리스천을 떠나 버렸고 크리스천은 그를 더 이상 볼 수 없었다.

크리스천은 낙담의 늪에 홀로 남아 두려움으로 떨고 있었다. 그러나 여전히 그는 좁은 문을 향해 나 있는 수렁 쪽으로 빠져 나오려고 애썼다. 그러나 등에 지고 있는 짐 때문에 도무지 빠져 나올 수가 없었다. 나는 꿈속에서 한 사람이 그에게 다가오는 것을 보았다. 그의 이름은 도움(Help)이었다. 그는 크리스천에게 손을 내밀어 그를 끌어당겼고 그를 단단한 땅 위에 설 수 있게 했다. 그리고 그에게 가던 길을 계속 갈 수 있게 해 주었다.

나는 꿈속에서 잘 흔들림이 집에 돌아오자 이웃들이 그를 보러 집에 오는 것을 보았다. 어떤 사람은 다시 돌아온 그를 잘했다며 칭찬했다. 어떤 사람들은 그를 크리스천과 함께 길을 가려고 했기 때문에 스스로 위험을 자초한 것이라며 그를 어리석다고 비난했다. 또 다른 사람들은 "이왕 여행을 시작했으면 어떤 어려움이 있어도 계속 길을 갔어야지."라고 말하며 그의 비겁함을 조롱했다. 잘 흔들림은 그들 속에서 몸도 제대로 펴지 못한 채 앉아 있었다. 그러나 차츰 자신감을 되찾은 그는 이웃 사람들과 함께 가엾은 크리스천을 더 강하게 비난하고 조롱하기 시작했다. 그러나 사람들은 그런 잘 흔들림을 더 많이 조롱하고 비웃었다.

크리스천이 혼자 길을 가고 있을 때 그를 만나기 위해 들판을 가로질러 한 사람이 멀리서 다가오는 것이 보였다. 그들은 서로 길을 비켜 가며 우연히 마주치게 되었다. 그가 만난 신사의 이름은 세상의 현인(Mr. Worldly Wiseman)이었다. 그는 세상의 수법(Carnal Policy)이라는 도시에서 살았다. 그곳은 매우 큰 도시로, 크리스천이 살던 곳과 아주 가까이 있었다. 그는 크리스천에 대해 어렴풋이 알고 있었다. 크리스천이 멸망의 도시를 떠난 일은 이미 여러 곳에 알려져 있었다. 그가 살고 있는 도시뿐만 아니라 다른 지역에서도 화젯거리였던 것이다. 그래서 세상의 현인은 고단한 걸음걸이와 한숨, 신음을 보고 그가 크리스천이라고 짐작하고는 그와 이야기를 나누기 시작했다.

세상의 현인: "선한 친구여, 이렇게 무거운 짐을 지고 어디로 가고 있소?"

크리스천: "저기 앞에 있는 좁은 문으로 가는 길입니다. 그곳에 가면 내 무거운 짐을 덜어 버릴 수 있는 방법을 얻을 수 있다고 들었거든요."

세상의 현인: "당신의 짐을 벗어 버리기 위해 이 길을 가라고 누가 당신에게 말하던가요?"

크리스천: "이름이 '전도자'라는 분이었는데 매우 위대하고 존경스럽게 보였습니다."

세상의 현인: "나는 그런 조언을 한 그를 저주하오. 이 세상에 그가 당신에게 가르쳐 준 길보다 더 위험하고 고생스러운 길은 없기 때문이오. 당신이 그의 조언을 따른다면 당신도 곧 그것을 알게 될 거요. 이미 그런 상황을 만난 것 같아 보이는군요. 낙담의 늪에 있는 진흙이 당신 몸에 묻어 있는 것을 보면 알 수 있지요. 하지만 그 수렁은 이 길을 가는 사람들이 겪어야 할 수많은 어려움의 단지 시작에 불과할 뿐이라오. 그러니 내 말을 잘 들으시오. 나는 당신보다 세월을 더 오래 산 사람이오. 당신은 당신이 가는 길에서 지루함과 피곤함, 고통, 배고픔, 위험과 헐벗음, 검과 사자, 용, 어둠, 그리고 한 마디로 죽음을 만나게 될 것이오! 이것은 분명한 사실이오. 이미 많은 증거를 통해 확인된 사실이란 말이오. 단지 잘 모르는 사람이 하는 말이라고 해서 귀 기울여 듣지 않는다면 당신은 큰 실수를 하는 거요."

크리스천: "아, 선생님, 선생님이 말씀하신 그 모든 것보다 내 등에 지고 있는 이 짐이 내게는 더 끔찍합니다. 아, 나는 이 짐을 벗어 버릴 수만 있다면 이 길을 가며 어떤 것을 만나든 개의치 않습니다."

세상의 현인: "하지만 그렇게 많은 위험이 기다리고 있는 것을 알면서 왜 이 길을 고집하는 것이오? 당신이 원하는 것을 얻도록

내가 당신에게 이런 위험이 없는 다른 길을 가르쳐 주겠소. 그 길은 아주 가까이에 있소."

크리스천: "부디 선생님, 내게 그 비밀을 알려 주세요."

세상의 현인: "저쪽에 도덕(Morality)이라는 마을이 있소. 그곳에 율법주의(Legality)라는 신사가 살고 있지요. 그는 분별력이 뛰어난 사람이오. 그는 당신처럼 무거운 짐을 사람들의 어깨에서 벗어 버릴 수 있게 도와주는 기술을 갖고 있소. 그의 집은 이곳에서 채 1마일도 떨어지지 않은 곳에 있다오. 만약 그가 집에 없으면 준수하고 젊은 그의 아들이 있을 겁니다. 아들의 이름은 예의 바름(Civility)이지요. 그곳에서 당신은 그 무거운 짐을 벗어 버릴 수 있을 것이오."

크리스천: "선생님, 어느 쪽이 그의 집으로 가는 길입니까?"

세상의 현인: "저기 높은 언덕이 보입니까?"

크리스천: "네, 아주 잘 보입니다."

세상의 현인: "저 언덕을 따라 올라가 맨 처음 보이는 집이 그의 집이오."

그래서 크리스천은 가던 길에서 벗어나 도움을 구하러 '율법주의'의 집으로 향했다. 그러나 언덕을 어렵게 올라가고 있던 그는 그 언덕이 매우 높게 느껴졌다. 더구나 길에 접한 까마득한 절벽이 자기 머리 위에 무너져 내릴 것만 같아 앞으로 더 나갈 용기가 나질 않았다. 그는 어떻게 해야 할지 몰라 그곳에서 가만히 서 있을 뿐이었다. 그 사이 그가 등에 지고 있던 짐은 길을 걷고 있을 때보다 더 무겁게 느껴졌다. 게다가 언덕에서는 불이 활활 타고 있었는데, 크리스천은 그 불에 몸이 탈까 봐 몹시 두려웠다. 그는 땀을 뻘뻘 흘리며 두려움에 몸서리를 쳤다.

이제 그는 세상의 현인의 말을 들었던 것을 후회하기 시작했다. 그런데 그 순간 전도자가 자기 쪽으로 오고 있는 것이 보였다. 그를 보자 그는 부끄러워 얼굴이 발갛게 달아올랐다. 마침내 그에게 다가온 전도자는 엄하고 무서운 얼굴로 그를 올려다보았다. 그러더니 마침내 그가 입을 열었다.

"여기에서 뭘 하고 있는 겁니까, 크리스천?" 그 말에 크리스천은 뭐라고 답해야 할지 몰랐다. 그래서 한동안 그는 아무 말도 못하고 서 있었다. 그러자 전도자가 계속해서 말했다. "당신은 멸망의 도시 벽 밖에서 울부짖고 있던 사람이 아닙니까?"

크리스천: "네, 그렇습니다. 선생님, 내가 바로 그 사람입니다."

전도자: "그런데 어떻게 이렇게 금세 당신의 길을 벗어날 수가 있습니까?"

크리스천: "한 신사를 만났는데 그가 저 마을에 가면 내 짐을 벗게 해 줄 어떤 사람을 찾을 수 있을 거라고 했습니다."

전도자: "그가 누구입니까?"

크리스천: "그는 신사 같은 차림을 하고 있었습니다. 그가 하는 말이 어찌나 솔깃한지 결국 그의 말을 따르게 되었지요. 하지만 언덕을 올려다보고는 이렇게 걸음을 멈출 수밖에 없었습니다."

그러자 전도자가 말했다. "누가 당신을 속이는 거짓말쟁이인지 보여 주겠습니다. 그리고 그가 당신에게 만나라고 한 사람도 누구인지도 알려 주겠습니다. 당신이 만난 사람은 세상의 현인입니다.

그 이름은 그에게 아주 잘 어울리는 이름입니다. 당신에게 만나라고 한 사람은 율법주의라는 사람인데, 그는 결코 당신에게서 짐을 벗겨 줄 수가 없습니다. 그를 통해 짐을 벗은 사람은 단 한 사람도 없었습니다. 물론 앞으로도 그럴 가망성은 없지요. 율법적인 행위로 자신의 짐을 벗을 수 있는 사람은 아무도 없습니다. 따라서 세상의 현인은 아무것도 모르는 무지한 자이고 율법주의는 사기꾼에 불과합니다. 그의 아들 예의 바름도 늘 웃는 얼굴을 하고 있지만 사실은 위선자일 뿐이지요. 그러니 그들은 당신을 도와줄 수가 없습니다."

말을 마친 후 전도자는 자신의 말을 확인시키기 위해 하늘을 향해 큰 소리로 외쳤다. 그러자 산에서 말씀이 들리더니 불이 솟아 나왔다. 가엾은 크리스천은 그 산 아래 서 있었는데 그 광경을 보고 머리카락이 쭈뼛하고 곤두설 정도로 깜짝 놀랐다.

이제 크리스천은 오직 죽기만을 구했다. 그는 애통해하며 울부짖기 시작했다. "선생님, 이제 어찌해야 합니까? 내게 아직 소망이 있습니까? 제가 돌아가야 할까요? 아니면 좁은 문으로 계속 가야 할까요? 이번 일로 내가 버림받은 것은 아닌가요? 이제 내게 남은 것은 부끄러움 속에서 돌아가는 일뿐인가요? 그의 말을 들은 것을 몹시 후회합니다. 하지만 후회한다고 해서 내 죄가 용서를 받을 수 있을까요?"

그러자 전도자가 말했다. "당신의 죄는 아주 큽니다. 그것으로 당신은 두 가지 악을 범했습니다. 우선은 선한 길을 버렸고 그 다음엔 금지된 길을 갔습니다. 그러나 좁은 문에 있는 자는 당신을 받아 줄 것입니다. 그가 사람들을 향해 선의를 갖고 있기 때문입니다. 그러니 이제 두 번 다시 길을 벗어나지 않게 조심하십시오."

그러자 크리스천은 다시 길을 떠날 준비를 했다. 전도자는 그에게 입을 맞춘 후 웃음을 지어 보였다. 그리고 하나님의 도우심을 빌어 주었다. 크리스천은 서둘러 길을 갔다. 가는 길에 그는 어느 누구에게도 말을 걸지 않았다. 그리고 다른 사람이 그에게 말을 걸어와도 그들에게 아무 대답도 해 주지 않았다. 그는 세상의 현인의 말을 듣고 자신이 떠났던 길로 되돌아올 때까지 내내 금지된 땅을 걷는 사람처럼, 결코 안전하다고 생각하지 않는 사람처럼 경계를 늦추지 않고 길을 갔다.

이윽고 시간이 흘러 크리스천은 문 앞에 이르렀다. 문 위에는 다음과 같은 글귀가 쓰여 있었다. "문을 두드리라. 그러면 너희에게 열릴 것이니." 그래서 그는 여러 차례 문을 두드렸다. 선의(Good-Will)라는 사람이 문 안에서 밖에 온 사람이 누구며 어디에서 왔는지, 무엇을 갖고 싶은지를 물었다.

크리스천: "여기 무거운 짐을 진 가엾은 죄인이 있습니다. 나는 멸망의 도시에서 왔으며 다가올 진노에서 구원을 얻기 위해 시온 산으로 가려고 합니다. 선생님, 이 문 안으로 들어가면 시온 산으로 가는 길이 있다고 들었습니다. 그러니 부디 나를 들여보내 주십시오."

선의: "기꺼이 그렇게 하겠습니다." 그러고는 문을 열었다.

크리스천이 문 안으로 발을 들여놓았을 때 선의가 그를 와락 끌어당겼다. 그러면서 이렇게 말했다. "이 문에서 조금 떨어진 곳에 견고한 성 하나가 있습니다. 그 성의 주인은 바알세불(Beelzebub)이라는 자인데 그곳에서 그와 그를 수종드는 자들이 이 문으로 올라오는 사람들에게 화살을 마구 쏘아댑니다. 혹시라도 그들이 문 안으로 들어가기 전에 죽일 수 있을까 해서지요."

그러자 크리스천이 말했다. "그 말을 들으니 기쁘면서도 떨리는군요." 그가 안으로 들어갔을 때 문 앞에 있던 선의는 누가 이곳으로 오는 길을 가르쳐 주었느냐고 물었다.

크리스천: "전도자가 내게 이곳으로 가서 문을 두드리라고 가르쳐 주었습니다. 그리고 그는 당신이 내게 무엇을 해야 할지 가르쳐 줄 것이라고도 말했습니다."

선의: "그렇다면 선한 크리스천, 나와 함께 잠시 가 볼 데가 있습니다. 내가 당신이 가야 할 길을 가르쳐 주겠습니다. 자, 당신 앞을 보십시오. 이 좁은 길이 보입니까? 그것은 당신이 가야 할 길입니다. 그 길은 족장들과 선지자들, 그리스도, 그리고 그분의 사도들이 갔던 길입니다. 그 길은 곧게 뻗어 있습니다. 그 길이 바로 당신이 가야 할 길입니다."

크리스천이 말했다. "하지만 그 길에 혹 처음 길을 가는 나그네가 길을 잃을 수도 있는 샛길이나 굽은 길은 없나요?"

선의: "네, 많은 길이 이 길과 이어져 있습니다. 하지만 그 길들은 한결같이 구부러져 있고 넓습니다. 그렇기 때문에 당신은 옳은 길과 그른 길을 구별할 수 있을 겁니다. 오직 옳은 길만이 곧고 좁기 때문이지요."

그때 나는 꿈속에서 크리스천이 자신이 등에 지고 있는 짐을 벗게 도와줄 수는 없는지 묻는 것을 보았다. 그는 아직 짐을 벗어 버리지도 못했을 뿐만 아니라 다른 이의 도움이 없이는 그 짐을 벗어 버릴 수도 없었기 때문이다.

선의가 크리스천에게 말했다. "구원의 장소에 이를 때까지는 그것을 지고 갈 수밖에 없습니다. 그곳에서 그 짐은 당신의 등에서 떨어져 나갈 것입니다."

그러자 크리스천은 허리띠를 조이고 다시 여행 떠날 채비를 했다. 선의는 그에게 문에서 조금만 걸어가면 해석자(Interpreter)의 집에 이르게 될 텐데 꼭 문을 두드리라고 했다. 그러면 해석자가 그에게 놀라운 것들을 보여 줄 것이라고 했다. 그러자 크리스천은 친구에게 작별을 고했다. 선의도 그에게 하나님의 축복을 빌어 주었다.

계속 길을 가던 크리스천은 해석자의 집에 이르렀다. 그곳에서 계속 문을 두드리자 한 사람이 문으로 나와 밖에 누가 왔느냐고 물었다.

크리스천: "선생님, 저는 길을 가는 나그네인데 이 집의 선한 사람을 아는 분이 이 집에 들르면 많은 유익을 얻을 수 있을 거라고 말해 주었습니다. 그래서 이 집의 주인과 이야기를 나누고 싶어 이렇게 문을 두드렸습니다."

그러자 그는 집 주인을 부르러 갔다. 그리고 잠시 후 집 주인이 크리스천에게 나와 무슨 일로 이곳에 왔느냐고 물었다.

크리스천이 말했다. "선생님, 나는 멸망의 도시에서 온 사람으로 시온 산으로 가고 있습니다. 이 길 첫머리에 있는 문에 서 있는 사람이 나에게 이곳에 가면 당신이 내게 놀라운 것을 보여 줄 거라고 말했습니다. 그리고 그것이 내 여행에 큰 도움을 줄 것이라고 했습니다."

그러자 해석자가 말했다. "들어오시오. 내가 당신에게 유익한 도움을 줄 것들을 보여 주겠습니다." 그는 하인에게 촛불을 켜라고 명령하고는 크리스천에게 그를 따라가라고 했다. 주인은 크리스천을 한 은밀한 방으로 데리고 들어갔다. 그는 하인에게 문을 열라고 명령했다. 그 방으로 들어간 크리스천은 매우 근엄한 표정을 한 사람의 초상화가 벽에 걸려 있는 것을 보았다. 그림 속의 사람은 하늘을 향해 두 눈을 치켜뜨고 있었다. 그는 손에 가장 좋은 책을 들고 있었으며 그의 입술에는 진리의 법이 씌어 있었다. 그의 뒤로는 세상이 그려져 있었다. 그는 사람들에게 탄원하는 듯한 모습으로 서 있었고 머리에는 금 면류관을 쓰고 있었다.

그러자 크리스천이 말했다. "이것이 무슨 뜻입니까?"

해석자: "이 그림 속의 남자는 천 명에 한 명 있을까 말까 한 인물입니다. 그가 두 눈을 하늘을 향해 치켜뜨고 손에는 가장 좋은 책을 들고 있으며 진리의 법이 그의 입술에 새겨져 있는 모습을 하고 있는 것은, 그가 어둠의 일을 미리 알고 그것을 죄인들에게 보여 주는 일을 하기 때문입니다. 그가 사람들에게 탄원을 하고 있는 것처럼 보이는 것도 바로 그런 이유 때문입니다. 그의 뒤에 배경으로 세상이 보이지요? 그의 머리에 면류관을 쓰고 있는 모습도 보일 겁니다. 그것은 주님에 대한 사랑 때문에 그가 현재 세상에 있는 것들을 하찮게 여긴다는 것을 의미합니다. 그는 장차 올 세상에서 영광을 보상으로 받게 될 것을 확신하고 있습니다. 당신에게 이 그림을 맨 처음 보여 준 것은 그림 속의 남자가 당신이 가고 있는 곳의 주인께서 당신이 길을 가며 어려움을 만날 때

마다 당신을 이끌어 줄 자로 임명한 자이기 때문입니다. 그러니 내가 당신에게 보여 준 것을 깊이 마음속에 새기십시오. 여행길에 당신을 옳은 길로 인도하겠다고 거짓말하는 자들과 만났을 경우를 대비하기 위한 것입니다. 그들은 결국 당신을 죽음으로 인도하려고 하는 자들일 뿐이니까요."

그런 다음 그는 크리스천의 손을 잡고 매우 넓은 거실로 이끌고 갔다. 그 거실은 한 번도 청소를 하지 않은 것처럼 먼지가 수북이 쌓여 있었다. 크리스천이 잠시 둘러본 후 해석자는 그 방을 청소하라고 한 사람을 불렀다. 그가 청소를 시작하자 방 안은 온통 뿌연 먼지로 가득 차 올라 크리스천은 숨을 쉴 수조차 없었다. 그러자 해석자가 옆에 서 있는 아가씨에게 말했다. "물을 좀 길어 와 방에 뿌리세요." 그 말을 듣고 아가씨가 물을 뿌리자 방은 금세 먼지가 잦아들고 쾌적한 곳으로 변했다.

그러자 크리스천이 말했다. "이것은 무엇을 뜻합니까?"

해석자가 대답했다. "이 거실은 복음의 은혜로 한 번도 거룩하게 된 적이 없는 인간의 마음을 뜻합니다. 먼지는 그의 전체를 더럽힌 원죄이고 내면의 부패함입니다. 처음에 그 방을 쓸기 시작한 사람은 율법(Law)입니다. 그리고 물을 길어와 뿌린 아가씨는 복음(Gospel)이지요. 복음이 마음에 아름답고 귀중한 영향력으로 들어올 때 아가씨가 물을 바닥에 뿌려 먼지를 잦아들게 했듯이 죄는 정복당하게 됩니다. 그리고 영혼은 복음의 믿음을 통해 깨끗하게 되고 영광의 왕이 거하시기에 합당한 곳으로 변하지요."

나는 계속해서 꿈속에서 해석자가 그의 손을 잡고 한 작은 방으로 데리고 들어가는 것을 보았다. 그곳에는 꼬마 아이 둘이 각각 의자에 앉아 있었다. 큰 아이의 이름은 열정(Passion)이었고 작은 아이의 이름은 인내(Patience)였다. 열정은 몹시 불만족스럽게 보였지만 인내는 잠잠히 있었다.

크리스천이 물었다. "열정은 왜 저렇게 불만족스러운 얼굴을 하고 있나요?" 해석자가 대답했다. "그들의 통치자가 다음해 초에 가장 좋은 것을 줄 테니 그때까지 기다리라고 했기 때문입니다. 그때 모든 것을 받게 될 텐데도 열정은 저렇게 불만족해합니다. 하지만 인내는 기꺼이 기다리고 있답니다."

그러자 한 사람이 열정에게 다가와 그에게 한 바구니의 보물을 가져다주었다. 그는 그것을 발밑에 쏟아 부었다. 열정은 그 보물을 집어 들고 좋아서 어쩔 줄을 몰라 했다. 그리고 인내를 조롱하듯 바라보며 웃어 댔다. 그러나 나는 얼마 뒤 그가 가진 모든 것을 흥청망청 써 버려서 아무것도 남지 않게 된 것을 보았다.

그러자 크리스천이 해석자에게 말했다. "이 문제를 더 설명해 주세요."

"이 두 소년은 상징적인 인물입니다. 열정은 이 세상 사람들을 비유하고 인내는 앞으로 다가올 세상의 사람들을 비유합니다. 당신이 보았듯이 열정은 올해, 다시 말하면 이 세상에서 모든 것을 가지려고 합니다. 이 세상 사람들도 마찬가지로 이 세상에서 모든 좋은 것을 가지려고 합니다. 그들은 자기들이 받을 분깃을 위해 다음해, 즉 다음 세상까지 기다리지 못합니다. 속담에 '손안에 있는 한 마리 새가 덤불 속에 있는 두 마리 새보다 낫다'라는 말이 있습니다. 그들에게 그 속담은 다가올 세상에 대한 하나님의 모든 증거보다 더 권위가 있습니다. 그러나 당신이 보았듯이 정열은 금세 모든 것을 써 없애 버렸습니다. 이제 그에게 넝마 조각 외에 무엇이 남아 있습니까? 이 세상이 끝날 때 이 세상 사람들이 처할 모습이 바로 그렇습니다."

그때 나는 꿈속에서 해석자가 크리스천의 손을 잡고 그를 한 장소로 인도하는 것을 보았다. 그곳에는 벽에서 불길이 활활 타오르고 있었다. 한 사람이 그 옆에 서 있었는데 그 불을 끄려고 계속 물을 붓고 있었다. 그러나 그 불은 점점 더 강해지고 뜨거워지기만 했다.

그러자 크리스천이 물었다. "이것은 무슨 뜻입니까?"

해석자가 대답했다. "이 불은 마음속에서 일어나는 은혜의 역사입니다. 그 불을 끄려고 물을 붓고 있는 자는 악마입니다. 그러나 당신이 보듯이 그 불은 악마가 꺼뜨리려고 해도 오히려 더 강해지고 뜨거워질 뿐입니다. 이제 그 이유를 알게 될 것입니다."

그는 벽 뒤로 크리스천을 데리고 갔다. 그곳에는 기름병을 손에 든 한 남자가 있었다. 그는 그 기름병을 끊임없이(그러나 은밀하게) 불에 붓고 있었다.

그러자 크리스천이 말했다. "이것은 무슨 뜻입니까?"

해석자가 대답했다. "이분은 그리스도이십니다. 그분은 계속해서 은혜의 기름으로 이미 인간의 마음속에서 시작된 역사가 계속해서 일어나도록 유지하고 계십니다. 그 때문에 악마가 온갖 수단으로 불을 끄려고 해도 그분의 백성들의 영혼이 여전히 은혜를 유지할 수 있는 것입니다. 당신이 보았듯이 그분은 불이 계속 타오르게 하기 위해 벽 뒤에 서 계십니다. 그것은 시험 가운데 있는 자가 은혜의 역사가 영혼 안에서 어떻게 유지되는지를 깨닫기가 어렵다는 것을 가르쳐 주는 것입니다.

그리고 나는 해석자가 다시 그의 손을 잡고 한 유쾌한 장소로 인도해 가는 것을 보았다. 그곳에는 웅장하게 지어진 궁전이 있었다. 그것은 대단히 아름다운 건물이었다. 크리스천은 그 궁전을 보고 기뻐 어쩔 줄을 몰랐다. 그는 그 궁전 위에 어떤 사람들이 걸어가고 있는 것도 보았는데 그들은 모두 금으로 만든 옷을 입고 있었다.

그러자 크리스천이 말했다. "우리도 저곳으로 들어갈 수 있나요?"

그러자 해석자가 궁전의 문으로 그를 데려갔다. 문 앞에는 굉장히 많은 무리가 서 있었다. 그들은 궁전 안으로 몹시 들어가고 싶어 했지만 감히 용기를 내지 못하고 있었다. 또한 한 남자가 문에서 약간 떨어진 곳에 있는 탁자 앞에 앉아 있었는데, 그의 앞에는 책 한 권과 뿔로 만든 잉크 그릇이 놓여 있었다. 그는 그 문 안으로 들어갈 수 있는 사람의 이름을 적고 있었다. 크리스천은 무장한 병사들이 문을 지키고 있는 모습도 보았다. 그들은 허락 없이 안으로 들어가려는 자들을 위협하며 언제라도 해칠 준비를 하고 있었다. 그 모습을 보자 크리스천은 몹시 당황스러웠다. 사람들이 모두 무장한 병사들이 두려워 뒤로 물러나기 시작했을 때 매우 용감하고 단호하게 보이는 한 남자가 그곳에 앉아 이름을 적고 있는 사람에게 다가가 이렇게 말했다. "내 이름도 적어 주십시오." 이윽고 자신의 이름이 기록된 것을 보자 그 용감한 사람은 칼을 뽑아 들고 머리에 투구를 쓴 채 무장한 병사들을 향해 돌진하기 시작했다. 무장한 병사들은 그를 강력한 힘으로 내리눌렀다. 그러나 그 남자는 전혀 기세가 꺾이지 않았고 더욱 격렬하게 칼을 휘두르며 앞으로 나아갔다. 자신도 심하게 부상하고 병사들도 심하게 부상을 입는 격렬한 전투 끝에 그는 마침내 궁전 안으로 들어가는 데 성공했다. 그러자 안에 있는 사람들의 기쁨에 넘치는 환호성이 들려왔다. 궁전의 맨 꼭대기에서 걸어 다니는 사람들의 목소리도 들을 수 있었다. 그들은 이렇게 말하고 있었다.

"어서 들어오시오, 어서 들어오시오.
영원한 영광을 그대는 얻게 되리."

마침내 그는 안으로 들어갔다. 그리고 그들처럼 아름답고 멋진 옷을 입을 수 있었다. 그러자 크리스천이 웃음 지으며 말했다. "이 장면의 의미는 나도 알겠습니다. 나도 그곳에 들어가게 해 주세요."
　해석자: "내가 당신에게 한 가지를 더 보여 줄 때까지 기다리십시오. 그런 다음 당신은 당신의 길을 가게 될 겁니다."
　그는 크리스천의 손을 잡고 다른 방으로 안내했다. 그 방에는 침대에서 한 사람이 일어나 옷을 입고 있었다. 옷을 다 입은 그는 몸을 부르르 떨었다. 그러자 크리스천이 말했다. "왜 이 사람은 이렇게 떨고 있지요?" 해석자가 그에게 그렇게 몸을 떠는 이유를 말하라고 명했다.
　그는 다음과 같이 말했다. "나는 잠을 자다 꿈을 꾸었습니다. 그런데 꿈속에서 하늘이 점점 칠흑같이 검게 변했습니다. 천둥과 번개도 무섭게 내리쳤습니다. 그 광경을 보자 나는 큰 고통에 빠지고 말았습니다. 꿈속에서 위를 올려다본 나는 구름이 굉장히 빠른 속도로 흘러가는 것을 보았습니다. 그와 동시에 엄청나게 큰 나팔 소리도 들었습니다. 그리고 한 사람이 수천 명의 수종을 받으며 구름 위에 앉아 있는 광경을 보았습니다. 그들은 모두 활활 타오르는 불길 속에 있었습니다. 하늘도 활활 타오르는 불길 속에 있었습니다. 그때 엄청나게 큰 음성이 들려왔습니다. '일어나라! 너 죽은 자여, 그리고 심판대 앞으로 나오라!' 그 소리와 함께 바위들이 갈라지고 무덤이 열리더니 그 속에 있던 죽은 자들이 앞으로 나왔습니다. 그들 가운데 몇몇은 말할 수 없이 기뻐하며 위를 올려다보았습니다. 다른 이들은 산 아래 숨을 곳을 찾느라 정신이 없었습니다. 그때 나는 구름 위에 앉아 있던 인자가 책을 열고 세상에게 가까이 다가오라고 명령하는 것을 보았습니다. 그리고 구름 위에 앉아 있는 인자를 수종 들던 자들에게 다음과 같이 명령이 내려지는 것을 들었습니다. '독초와 가라지, 그루터기를 한데 모아 불 못에 던져 버리라.' 그 말과 함께 내가 서 있는 바로 가까이에서 무저갱이 열렸습니다. 그 무저갱의 입구에서 끔찍한 소리와 함께 연기와 숯불이 끝없이 나왔습니다. 나는 어디든 몸을 숨기려고 했지만 그럴 수가 없었습니다. 구름 위에 앉아 계신 인자가 계속 나를 지켜보고 계셨기 때문입니다. 내 죄가 마음속으로 들어왔고 양심이 나를 사방에서 공격해 왔습니다. 그리고 바로 그 순간에 잠에서 깨었습니다."

그러자 해석자가 크리스천에게 말했다. "이 모든 것을 신중하게 생각해 보았습니까?"

크리스천: "네, 그리고 그 생각을 하니 소망과 함께 두려움을 갖게 됩니다."

해석자: "자, 이 모든 것을 당신의 마음속에 깊이 새기십시오. 그것이 당신이 가야 할 길로 가게 해 주는 몰이 막대가 되어 줄 것입니다."

크리스천은 허리띠를 단단히 묶고 길을 떠날 채비를 했다. 그러자 해석자가 말했다. "위로자가 항상 당신과 함께할 것입니다. 선한 크리스천이여, 그가 성으로 가는 길로 당신을 인도해 줄 것입니다." 그러자 크리스천은 길을 떠났다.

나는 꿈속에서 크리스천이 가야 할 큰 길 좌우로 벽이 둘러쳐져 있는 것을 보았다. 그 벽은 구원이라고 했다. 그 길을 짐을 지고 달려가던 크리스천은 몹시 어려움을 느꼈다. 그의 등에 진 무거운 짐 때문이었다.

힘겹게 달려가던 그는 마침내 약간 언덕진 곳에 다다르게 되었다. 그곳에는 십자가가 서 있었고 그 바로 아래에 무덤이 있었다. 그리고 나는 꿈속에서 그의 짐이 어깨에서 스르르 벗겨지는 모습을 보았다. 그 짐은 등에서 떨어져 계속 굴러가더니 마침내 입구를 통해 무덤 속으로 들어가 버렸다. 그리고 크리스천은 그 짐을 다시 볼 수 없었다.

그러자 크리스천은 기쁨에 겨워 밝게 웃으며 말했다. "그분은 자신의 슬픔으로 내게 안식을 주셨도다. 자신의 죽음으로 내게 생명을 주셨도다." 그런 다음 그는 한동안 놀라움 속에서 잠잠히 서 있었다. 십자가를 본 것만으로 짐이 벗겨졌다는 사실이 그에게는 그

저 놀라울 따름이었다. 그리고 계속해서 십자가를 바라보던 그의 눈에서 눈물이 뺨을 타고 흘러내렸다. 그가 눈물을 흘리며 서 있을 때 눈부시게 빛나는 세 사람이 그에게 다가왔다. 그리고 "너에게 평안이 있을지어다." 하고 그에게 인사했다. 첫 번째 사람이 그에게 "너의 죄는 용서받았도다."라고 말했다. 두 번째 사람은 그의 누더기 옷을 벗기고는 아름다운 옷으로 갈아입혀 주었다. 세 번째 사람은 그의 이마에 인을 찍어 주고 인봉된 두루마리를 주었다. 그러면서 그에게 여행길을 걸어가며 그 책을 보고 천상의 문 앞에 이르렀을 때 그것을 보여 주라고 말했다. 말을 마치고 그들은 떠났다. 크리스천은 펄쩍펄쩍 뛰며 좋아하더니 여행을 계속했다.

나는 꿈속에서 길을 가던 크리스천이 언덕 아래 골짜기에 이르는 것을 보았다. 그곳에서 그는 길에서 조금 벗어난 곳에서 세 사람이 발목에 족쇄를 찬 채 깊이 잠이 들어 있는 것을 보았다. 한 사람의 이름은 단순함(Simple)이었고 다른 사람은 게으름(Sloth)이었다. 그리고 세 번째 사람은 뻔뻔스러움(Presumption)이었다.

크리스천은 누워 있는 그들을 보고는 가까이 다가가 깨우려는 생각으로 소리쳤다. "당신들은 마치 돛 꼭대기에서 잠을 자고 있는 것처럼 불안해 보입니다. 죽음의 바다가 바로 당신들 아래에서 넘실대고 있으니 말입니다. 그곳은 끝을 알 수 없는 깊은 바다입니다. 그러니 어서 일어나세요. 나와 함께 떠납시다. 당신들의 무거운 족쇄를 풀 수 있도록 내가 도와주겠습니다."

크리스천은 계속해서 말했다. "사자처럼 포효하며 돌아다니는 자가 가까이 온다면 당신들은 틀림없이 한 입에 그 사자의 먹이가 되고 말 겁니다." 그 말에 그들은 그를 올려다보았다. 그리고 이렇게 대답했다. 먼저 단순함이 말했다. "내 눈에는 아무 위험도 보이지 않는데요." 게으름이 말했다. "조금만 더 자고 일어날게요." 뻔뻔스러움이 말했다. "모든 큰 통은 바닥을 아래로 하고 서 있어야 합니다. 그 말 외에 당신에게 무슨 답을 더 해야 하겠소?" 그러고는 그 세 사람은 다시 누워 잠을 자기 시작했다. 크리스천은 할 수 없이 혼자 가던 길을 계속 가야 했다.

그러나 크리스천은 위험에 처한 자들이 아무 대가 없이 도움을 주겠다고 한 자신의 호의를 그렇게 하찮게 여겼다는 생각에 마음이 몹시 상했다. 자신은 그들을 깨워 주었을 뿐만 아니라 조언도 해 주고 그들의 족쇄까지 풀어 주겠다고 제안했는데 말이다.

그가 이렇게 언짢아하고 있을 때 두 사람이 좁은 길의 왼편 벽을 넘어 들어오는 것이 보였다. 그들은 크리스천을 향해 빠른 속도로 다가오고 있었다. 한 사람의 이름은 형식주의자(Formalist)였고 다른 사람의 이름은 위선자(Hypocrisy)였다. 그들은 크리스천에게 다가왔고 함께 이야기를 나누게 되었다.

크리스천: "신사 양반들, 당신들은 어디에서 왔으며 어디로 가는 길입니까?"

형식주의자와 위선자: "우리는 헛된 영광(Vain-glory)이라는 나라에서 태어났습니다. 그리고 시온 산으로 찬양하러 가는 길입니다."

크리스천: "왜 당신들은 이 길 첫머리에 있는 문으로 들어오지 않았습니까? 당신들은 '문으로 들어가지 아니하고 다른 데로 넘어가

는 자는 절도며 강도요' (요 10:1)라는 말씀을 모릅니까?"

그들은 자기들이 살았던 나라의 사람들은 모두 문으로 들어오는 것을 너무 멀다고 생각해서 보통 지름길을 통해 들어온다고 말했다. 그리고 그 지름길은 그들이 했듯이 벽을 넘어 들어오는 것이라고 했다.

크리스천: "하지만 우리가 가려고 하는 도시의 주인께서 보여 주신 뜻을 어긴다면 그분께 죄를 범하는 것이 아닐까요?"

그들은 자신들은 다만 관습을 따를 뿐이라고 말했다. 그 관습은 천 년도 더 넘게 지켜 온 것이기 때문에 공정한 재판관이라면 그것을 합법적인 것으로 인정할 수밖에 없을 것이라고 말했다. "게다가 일단 이 길로 들어오면 어떤 방법으로 들어왔느냐가 뭐가 문제가 된다는 거요? 당신도 이 길을 가고 있지요? 물론 당신은 문을 통해 들어온 것 같군요. 하지만 우리 역시 이 길을 가고 있습니다. 단지 우리와 당신은 벽을 넘어 들어왔다는 차이만 있을 뿐이오. 그런데 당신의 상황이 우리의 상황보다 더 낫다고 할 수 있습니까?"라고 그들은 오히려 따져 물었다.

크리스천: "나는 내 주님의 규칙을 따라 걷고 있습니다. 당신들은 당신들이 멋대로 만든 무례한 방법으로 이 길을 가고 있는 것입니다."

이 말에 그들은 아무 대답도 하지 않았다. 다만 그들은 그에게 자기 걱정이나 하라며 빈정거렸다.

나는 그들이 모두 길을 걸어가고 있는 것을 보았다. 다만 크리스천은 그들보다 조금 앞서 걷고 있었는데 혼잣말을 하며 때로 한숨을 짓기도 하고 때로 편안한 모습으로 길을 걷고 있었다. 그는 종종 빛을 발하던 사람들 가운데 한 사람이 준 두루마리를 읽곤 했다. 그것을 읽을 때마다 그는 새로운 힘을 얻곤 했다.

이윽고 나는 그들이 고생의 언덕(Hill Difficulty) 기슭에 도달하는 것을 보았다. 그 아래에는 샘 하나가 있었는데 그곳에서 문에서 곧게 뻗어 나온 길 외에 두 개의 길이 더 갈라져 있었다. 한쪽 길은 언덕 아래로 왼쪽을 향해 나 있었고 다른 길은 오른쪽을 향해 나 있었다. 그러나 곧고 좁은 길은 곧장 언덕을 향해 나 있었다. 언덕으로 올라가는 길의 이름은 고생(Difficulty)이라고 불렸다. 크리스천은 샘으로 갔다. 그리고 그곳에서 물을 마시자 새로운 힘을 얻을 수 있었다. 그런 다음 그는 언덕을 올라가기 시작했다.

다른 두 사람도 언덕 기슭에 이르렀다. 그러나 가파르고 높은 언덕을 보고 어찌할 바를 모르던 그들은 다른 길이 두 개나 더 나 있는 것을 보았다. 그 두 길이 크리스천이 올라간 길과 다시 만날 거라고 생각한 그들은 그 길로 가기로 했다. 그 길 가운데 하나는 위험(Danger)이었고 다른 하나는 파멸(Destruction)이었다. 위험이라는 길을 택한 사람은 깊은 숲 속으로 들어가게 되었다. 다른 사람은 곧장 절망으로 가는 길을 택했다. 그 길은 넓은 들판으로 이어진 길이었는데 그 들판은 곧 어두운 산들이 가득한 곳이었다. 그곳에서 그는 넘어지고 쓰러져 다시는 일어나지 못했다.

그런 다음 나는 크리스천을 보았는데 그는 언덕을 따라 힘겹게 올라가고 있었다. 그는 달리기도 하고 걷기도 하다가 가파른 언덕을 올라갈 때는 무릎을 꿇고 두 손으로 땅을 짚으며 기어 올라가기도

했다. 언덕을 중간쯤 올라갔을 때 지친 여행자들이 쉴 수 있도록 언덕의 주인이 만들어 놓은 아름다운 정자 하나가 보였다. 그곳에 도착한 크리스천은 잠시 휴식을 취하려고 자리에 앉았다. 그는 품 안에서 두루마리를 꺼내어 그 안에 있는 글을 읽으며 위로를 얻었다. 그리고 십자가 옆에 서 있을 때 받았던 외투를 다시 보기도 했다. 그렇게 잠시 휴식을 취하고 있던 그는 그만 깊이 잠이 들어 버렸다. 그리고 밤이 되도록 정자에 머물렀다. 게다가 잠을 자던 그는 손에서 두루마리를 놓치고 말았다. 그렇게 잠을 자고 있을 때 한 사람이 그에게 다가왔다. 그는 크리스천을 깨우며 말했다. "게으른 자여 개미에게로 가서 그 하는 것을 보고 지혜를 얻으라"(잠 6:6). 그 말에 크리스천은 자리에서 벌떡 일어나 황급히 길을 가기 시작했다. 그리고 얼마 안 있어 언덕 꼭대기에 거의 이르렀다.

언덕 꼭대기를 향해 막 올라가고 있을 때 두 사람이 그를 향해 달려 내려왔다. 한 사람은 겁쟁이(Timorous)였고 다른 사람은 불신(Mistrust)이었다. 그들에게 크리스천이 말했다. "선생님들, 이렇게 길을 거꾸로 내려오다니 무슨 일이 있습니까?" 겁쟁이는 자신들도 시온 성으로 가는 길이었는데 이 고생의 언덕에 이르게 되었다고 대답했다. "하지만 여기에서 앞으로 나가면 분명 더 큰 위험과 만나게 될 겁니다. 그래서 우리가 이렇게 되돌아오고 있는 것입니다."

불신이 말했다. "그래요, 우리가 가는 길 바로 앞에 사자 두 마리가 길을 막고 있었어요. 사자들이 잠을 자고 있었는지 깨어 있었는지는 모르겠지만 우리가 그곳을 무사히 지나갈 수 없다는 것만은 확실해요. 우리를 보는 순간 사자들이 즉시 우리를 갈기갈기 찢어 놓을 테니까요."

그러자 크리스천이 말했다. "당신들의 말을 들으니 두려운 생각이 드는군요. 내가 어디로 가야 안전할까요? 하지만 뒤돌아 가는 것은 오직 죽음이고 앞으로 나가는 것은 죽음에 대한 두려움일 뿐이에요. 영원한 생명은 그 너머에 있지요. 그러니 나는 계속 앞으로 나갈 겁니다."

불신과 겁쟁이는 언덕을 달려 내려갔고 크리스천은 가던 길을 계속 갔다. 그러나 그들에게서 들은 말을 생각하며 두려운 생각이 들자 그는 두루마리를 찾으려고 품 안을 뒤졌다. 그 속의 내용을 읽고 위로를 받고 싶었기 때문이다. 그러나 헛수고였다. 아무리 찾아도 두루마리는 나오지 않았다. 그러자 크리스천은 깊은 절망에 빠져 어찌해야 할지 몰랐다. 자신을 두려움과 불안에서 구해 주었던 두루마리, 천성으로 들어가는 데 통행권이 되어 줄 두루마리를 잃어버린 것이다. 그는 어찌해야 할 바를 몰랐다. 그러다 자신이 언덕 중간에 있던 정자에서 잠을 잔 생각이 났다. 그는 무릎을 꿇고 하나님께 자신의 어리석은 행동을 용서해 달라고 구했다. 그런 다음 두루마리를 찾으러 길을 뒤돌아 가기 시작했다. 그러나 돌아가는 길 내내 크리스천이 느꼈을 마음의 슬픔을 누가 표현할 수 있겠는가! 그는 한숨을 쉬기도 하고 눈물을 흘리기도 했다. 그리고 단지 지친 몸과 마음을 회복하라고 세워 놓은 곳에서 깊은 잠에 빠질 정도로 어리석었던 자신을 책망했다. 그렇게 그는 이쪽저쪽을 살피며 길을 뒤돌아 갔다. 돌아가는 길 내내 그는 여정 길에 그렇게도 여러 번 위로가 되어 주었던 두루마리를 찾을 수 있기를 간절히 바랐다. 계속해서 언덕을 내려가던 그의 눈에 마침내 자기가 잠을 잤던 정자가 보였다. 그러나 그곳을 보자 더 큰 슬픔이 되살아 왔다. 잠을 잤던 자신의 악한 행동이 다시 떠올랐기 때문이다. 자신의 어리석은 잠을 탄식하며 그가 말했다. "오, 나는 얼마나 비참한 사람이란 말인가! 한낮에 잠이 들어 버리다니! 고난의 한가운데서 잠이 들어 버리다니! 나는 한 번에 갈 수 있었던 길을 세 번이나 가게 되고 말았구나! 게다가 이제는 날이 저물고 말았구나! 오, 내가 잠을 자지 말았어야 했는데!"

이윽고 그는 다시 정자에 도달했다. 그곳에서 그는 한동안 눈물을 흘리며 앉아 있었다. 그러나 슬픔에 젖어 앉아 있던 곳 아래를 내려다보던 그의 눈에 두루마리가 눈에 띄었다. 그는 떨리는 손으로 급히 그것을 집어 들었다. 그리고 그것을 다시 품 안에 고이 넣으며 자기의 눈을 두루마리가 있는 곳으로 인도해 주신 하나님께 감사를 드렸다. 그리고 기쁨과 눈물 속에서 다시 여행길에 올랐다. 자신의 잘못된 행동을 책망하며 길을 가던 그의 앞에 웅장한 궁전이 보였다. 그 궁전의 이름은 아름다움(Beautiful)이었다. 그것은 곧은 길 바로 옆에 서 있었다.

나는 꿈속에서 그가 그곳에서 하룻밤을 묵기 위해 급히 달려가는 것을 보았다. 그가 얼마 가지 않아 그 길은 매우 좁은 통로로 이어졌다. 그곳은 문지기가 사는 집에서 얼마 떨어져 있지 않았다. 그는 그 길에 사자 두 마리가 웅크리고 있는 것을 보았다. 불신과 겁쟁이를 도망치게 한 위험이 바로 그것이라는 것을 금세 알 수 있었다(사자들은 족쇄에 채여 있었지만 그는 그 족쇄를 보지 못했다). 그러자 그는 갑자기 두려워졌다. 그리고 자신도 그들을 따라 돌아갈까 하는 생각도 했다. 자신을 기다리고 있는 것이 오직 죽음뿐이라고 생각했기 때문이다. 그러나 경계(Watchful)라는 이름을 가진 문지기가 크리스천이 돌아가려는 듯 잠시 주춤하고 서 있는 것을 보고는 그에게 외쳤다. "당신은 그렇게 용기가 없습니까? 사자들을 두려워하지 마십시오. 그것들은 족쇄를 차고 있습니다. 단지 믿음을 시험하기 위해 그곳에 있는 것뿐입니다. 그것들은 믿음이 없는 자만 찾아 해할 수 있습니다. 길 가운데로만 가면 아무 해도 받지 않을 겁니다."

나는 크리스천이 사자들이 두려워 몸을 떨며 조심조심 길을 가는 것을 보았다. 문지기가 가르쳐 준 대로 주의를 기울이며 걸어가던 그의 귀에 갑자기 사자들의 으르렁거리는 소리가 들려왔다. 그러나 사자들은 그에게 아무 해도 가하지 못했다. 그러자 그는 기뻐서 손뼉을 치며 달려서는 마침내 문지기가 있는 정문 앞에 이르렀다. 크리스천이 문지기에게 말했다. "이 집은 어떤 집입니까? 내가 오늘 밤 이곳에서 묵고 갈 수 있을까요?" "이 집은 언덕의 주인이 세운 집인데 그는 이 집을 순례자들의 휴식과 안전을 위해 지었습니다." 문지기가 종을 울리자 그 소리를 듣고 문에서 한 위엄 있고 아름다운 아가씨가 나왔다. 그녀의 이름은 신중함(Discretion)이었다. 그녀는 그에게 어디에서 살았으며 어디로 가고 있느냐고 물었다. 그가 대답하자 그녀는 또 그에게 어떻게 이 길에 오게 되었는지를 물었다. 그것도 대답하자 그녀는 도중에 어떤 것을 보았으며 누구를 만났는지를 물었다. 크리스천은 그것도 그녀에게 대답했다. 마지막으로 그녀는 그의 이름을 물었다. "내 이름은 크리스천인데 오늘 밤 이곳에서 묵고 싶습니다. 이곳이 순례자들의 휴식과 안전을 위해 언덕의 주인이 지은 곳이라고 들었기 때문입니다." 웃음 짓는 그녀의 눈에 눈물이 맺혀 있었다. 잠시 후 그녀가 말했다. "가족 가운데 두세 명을 더 불러 오겠어요." 그런 다음 문 안으로 달려가더니 사려 깊음(Prudence)과 경건함(Piety), 자선(Charity)을 데리고 나왔다. 그들은 그와 좀 더 이야기를 나눈 후 그를 가족에게로 데리고 들어갔다. 그는 머리를 숙여 인사하고 그들을 따라 집 안으로 들어갔다. 그가 안으로 들어가 앉자 그들은 그에게 마실 것을 가져다주었다. 그리고 저녁이 준비될 때까지 그들 중 몇몇이 크리스천과 이야기를 나누기로 했다. 그들은 크리스천과 이야기를 나눌 사람으로 경건함과 사려 깊음, 자선을 뽑았다.

나는 꿈속에서 저녁이 준비될 때까지 그들이 앉아서 이야기를 나누는 모습을 보았다. 그리고 저녁이 준비되자 그들은 함께 앉아 저녁 식사를 했다. 고급 포도주와 함께 차려진 식탁은 그야말로 진수성찬이었다. 그들이 저녁 식사를 하며 나누는 대화는 모두 언덕의 주인에 대한 것이었다. 그가 무슨 일을 했으며 왜 그 일을 했고 왜 그 집을 지었는지에 대한 것이었다.

그들은 밤이 깊도록 이야기를 나누었다. 그리고 그들의 주인에게 자신의 보호를 간구한 후 각기 자기 방으로 잠을 자러 갔다. 그들은 순례자를 위층에 있는 큰 방으로 안내했다. 그 방은 창문이 해가 떠오르는 쪽을 향해 나 있었다. 그 방의 이름은 평안이었다. 그곳에서 크리스천은 동이 틀 때까지 편안하게 잠을 잤다.

  날이 밝자 그들은 크리스천을 무기고로 데리고 갔다. 그곳에서 그들의 주인이 순례자들을 위해 마련해 놓은 도구들을 그에게 보여 주었다. 검, 방패, 투구, 흉배, 모든 기도문과 닳지 않는 신이 그것이었다. 무기들은 하늘의 무수한 별만큼이나 주님을 섬기는 많은 사람이 다 쓸 수 있을 만큼 충분히 많았다.

  그들은 그분의 종들이 놀라운 일을 할 때 사용한 도구도 일부 그에게 보여 주었다. 그들은 모세의 지팡이를 그에게 보여 주었다. 야엘이 시스라를 죽일 때 사용한 방망이와 말뚝, 기드온이 미디안 군대를 무찌를 때 사용한 항아리, 나팔, 횃불도 보여 주었다. 그들은 또 그에게 삼갈이 블레셋 사람 600명을 죽일 때 사용한 소 모는 막대기도 보여 주었고, 삼손이 강력한 힘으로 싸울 때 썼던 나귀의 턱뼈도 보여 주었다. 그리고 다윗이 가드 사람 골리앗을 물리칠 때 사용한 돌과 물매도 보여 주었다. 그들의 주인이 죄 지은 인간을 심판하실 때 사용할 검도 보여 주었다. 그들은 그 외에도 많은 놀랍고 진귀한 것을 그에게 보여 주었다. 크리스천은 그것들을 보며 기뻐서 어쩔 줄을 몰랐다.

  나는 꿈속에서 그가 내일 아침에 길을 떠나겠다고 말하는 것을 보았다. 그러나 그들은 그에게 하루만 더 묵고 가라고 청했다. 그러면서 날씨가 화창하면 그에게 *기쁨의 산맥*(Delectable Mountains)을 보여 주겠다고 했다. 그들은 그곳이 지금 그가 가려고 하는 안식처에 더 가깝기 때문에 그곳을 보면 또 다른 위로를 받을 수 있을 것이라고 말했다. 그 말에 그는 그들의 말을 수락하고 하루를 더 묵기로 했다.

아침이 되자 그들은 그를 지붕 위로 데리고 가더니 그에게 남쪽을 보라고 했다. 그가 남쪽을 바라보자 기쁨의 산맥이 있는 지역이 멀리 보였다. 그곳은 숲과 포도원, 각종 과실, 꽃, 샘과 우물이 가득한 보기 좋고 아름다운 곳이었다. 그가 그곳의 이름을 묻자 그들이 말했다. "그곳은 임마누엘의 나라입니다. 그곳은 이 언덕처럼 모든 순례자에게 열려 있습니다. 그곳에 가면 천성 문도 볼 수 있고 그곳에 사는 목자들도 만나게 될 것입니다."

이제 그는 길을 떠나야겠다고 생각했다. 그들도 그를 기꺼이 보내기로 했다. 그들이 말했다. "하지만 먼저 무기고로 다시 갑시다." 그래서 그들은 무기고로 갔다. 그리고 그곳에서 그들은 그를 머리에서부터 발끝까지 갑옷으로 무장시켜 주었다. 그것은 그가 길을 가다 마주칠지 모를 공격에서 그를 보호하기 위한 것이었다. 갑옷으로 무장한 크리스천은 문까지 친구들과 함께 나왔다. 그리고 그곳에서 문지기에게 다른 순례자들이 지나가는 것을 보지 못했느냐고 물었다. 그러자 문지기는 보았다고 대답했다.

크리스천: "그 사람이 누구인지 알고 있나요?"

문지기: "이름을 물어보았더니 자기 이름이 믿음(Faithful)이라고 했습니다."

크리스천: "오, 나도 그를 알아요. 그는 내가 살던 도시에서 살았어요. 내 이웃이었지요. 그가 얼마 정도나 앞서 갔을까요?"

문지기: "지금쯤 언덕을 다 내려갔을 겁니다."

그러자 크리스천은 바삐 길을 가기 시작했다. 신중함과 경건함, 자선과 사려 깊음은 그를 언덕 아래 기슭까지 동행해 주겠다고 했다. 그래서 그들은 함께 길을 갔고 언덕 아래에 도착할 때까지 전에 나누었던 대화를 계속 나누었다. 크리스천이 말했다. "언덕을 오르는 것이 어려웠던 만큼 내려가는 것도 역시 어렵군요." 신중함이 말했다. "네, 그렇습니다. 인간이 겸손의 골짜기(Valley of Humiliation)로 내려가는 것이 어려운 일이기 때문입니다. 그러니 도중에 미끄러지지 않게 조심하세요. 우리가 당신을 언덕 아래까지 동행하겠다고 한 것도 그 때문입니다." 그는 아래로 내려가기 시작했다. 조심조심 내려갔지만 결국 한두 번 미끄러지고 말았다.

나는 꿈속에서 이 선한 동행인들이 크리스천이 언덕 아래로 다 내려갔을 때 그에게 빵 한 덩이와 포도주 한 병, 건포도 한 송이를 주는 것을 보았다. 그런 다음 그는 가던 길을 계속 갔다.

그러나 이 겸손의 계곡에 이르자 가엾은 크리스천은 앞으로 나가기가 몹시 두려웠다. 얼마 가지 않아서 더럽고 비열한 악마가 자신을 만나러 다가오는 것을 보았기 때문이다. 그의 이름은 아볼루온(Apollyon)이었다. 그러자 크리스천의 마음속에 두려움이 밀려들기 시작했다. 그는 마음속으로 다시 돌아갈지 아니면 계속 길을 가야 할지 갈등했다. 그러나 그는 자신의 등에 갑옷을 입지 않은 것이 생각났다. 만일 적에게 등을 보이고 도망간다면 그에게 화살을 쏠 좋은 기회를 주는 것이라고 생각했다. 생각이 여기에 미치자 그는 용기를 내어 계속 길을 가기로 마음먹었다.

그래서 계속 길을 가던 그는 아볼루온과 마주치게 되었다. 그 괴물은 너무 끔찍해서 차마 눈을 뜨고 볼 수 없을 정도였다. 그는 물고 기처럼 비늘로 덮여 있었고 용처럼 날개가 달려 있었으며 곰 같은 발을 갖고 있었다. 배에서는 불과 연기가 솟아나오고 있었고 그의 입은 사자의 입 같았다. 크리스천에게 다가온 그는 경멸하는 얼굴로 그를 바라보았다. 그리고 그에게 질문하기 시작했다.

아볼루온: "너는 어디에서 왔으며 어디로 가고 있느냐?"

크리스천: "나는 모든 악이 가득한 멸망의 도시에서 왔다. 그리고 시온 성을 향해 가고 있는 길이다."

아볼루온: "그렇다면 너도 내 신하 가운데 하나로구나. 그 나라가 바로 내 것이니 말이다. 나는 그 도시의 왕자며 신이다. 그런데 너는 어떻게 네 왕에게서 도망쳤느냐? 네가 나를 더 이상 섬기려고 하지 않는다면 이 자리에서 너를 쳐서 내팽개쳐 주겠다."

크리스천: "네 말대로 나는 네가 지배하는 나라에서 태어났다. 하지만 너를 섬기는 일은 너무 힘들었다. 그리고 네가 주는 삯은 사람이 살아갈 수 없는 것이었다. 죄의 삯은 사망이기 때문이다. 그래서 나는 나이가 들어 가면서 다른 사려 깊은 사람들처럼 나 자신을 개선시킬 방법을 찾게 되었다."

아볼루온: "자기 신하를 그렇게 쉽게 놓아줄 왕자는 없다. 나도 너를 결코 놓아주지 않을 것이다. 그러나 네가 나를 섬기는 일과 삯에 대해 불평하니 내 나라가 네게 줄 수 있는 모든 것을 네게 주겠다고 여기에서 약속하마. 그러니 이제 그만 돌아가라."

크리스천: "하지만 나는 이미 나 자신을 왕 중의 왕에게 맡겼다. 그런 내가 어떻게 너와 함께 돌아가겠느냐?"

아볼루온: "네가 한 짓이야말로 혹 떼려다 혹을 붙인 격이다. 그

러나 그의 종이라고 고백한 자들이 한동안 그에게 갔다가 다시 내게 돌아오는 것은 흔한 일이다. 너도 그 가운데 하나일 뿐이다. 그러니 아무 문제 될 것이 없다."

크리스천: "나는 그분께 내 믿음을 드렸다. 그리고 그분께 충성을 맹세했다. 그런데 어떻게 다시 돌아갈 수 있겠느냐? 만일 그렇게 한다면 나는 배반자로 교수형을 당해야 마땅하다."

아볼루온: "너는 나도 배반하지 않았느냐? 그러나 이제라도 네가 다시 돌아오기만 한다면 나는 모든 것을 봐주겠다."

크리스천: "내가 너에게 충성을 약속한 것은 어리고 철없을 때 한 것이다. 그리고 내가 지금 섬기고 있는 주인께서 그런 나를 용서하시고 내가 네 말을 듣고 했던 모든 것도 용서해 주실 것이다. 오, 너 파괴하는 아볼루온아, 나는 그분을 섬기고 그분의 품삯과 그분의 종들, 그분의 다스리심, 그분과 함께 있는 것, 그분의 나라를 너의 것보다 더 좋아한다. 그러니 나를 더 이상 설득하려고 하지 말고 어서 떠나거라. 나는 그분의 종이다. 나는 그분을 따를 것이다."

그러자 아볼루온은 격렬하게 노를 발하며 말했다. "그 왕은 내 원수다. 나는 그의 인격과 그의 법, 그의 백성들을 증오한다. 내가 여기에 온 것은 너를 다시 데려가기 위해서다."

크리스천: "아볼루온, 네가 지금 무엇을 하고 있는지 아느냐? 나는 왕의 길, 거룩한 길을 가고 있다. 그러니 너 자신이나 걱정해라."

그러자 아볼루온은 두 발을 벌리고 길 전체를 막아 선 채 말했다.

"나는 아무것도 두려울 것이 없다. 너나 죽을 준비나 해라. 내 지옥의 소굴에 대고 맹세하건대 너는 한 발자국도 앞으로 나갈 수 없다. 지금 당장 네 영혼을 내동댕이쳐 버릴 테니까!"

그 말과 함께 그는 크리스천의 가슴을 향해 불화살을 쏘았다. 그러나 크리스천은 손에 들고 있는 방패로 불화살의 위험을 막아냈다.

크리스천은 검을 뽑아 들었다. 이제 자신이 공격해야 할 때임을 알았기 때문이다. 아볼루온은 그를 향해 빠르게 공격해 들어오며 커다란 화살을 마구 쏘아 댔다. 크리스천은 그것을 피하려고 안간힘을 썼지만 머리와 손, 발에 상처를 입고 말았다. 크리스천은 뒤로 주춤하며 물러섰다. 그러자 아볼루온은 쏜살같이 그의 뒤를 쫓아갔다. 크리스천은 다시 용기를 내어 있는 힘껏 저항했다. 이 격렬한 전투는 거의 반나절이나 계속되었다. 크리스천은 지칠 대로 지쳐 있었다. 부상한 크리스천은 점점 힘이 빠져 가고 있었다.

그러자 아볼루온은 기회를 놓치지 않고 점점 더 크리스천을 조여 오기 시작했다. 그는 몸싸움을 벌이며 사납게 그를 내동댕이쳤다. 그 바람에 크리스천은 손에서 검을 놓치고 말았다. 그러자 아볼루온이 말했다. "너는 이제 죽은 목숨이다." 그 말과 함께 그는 크리스천을 내리 눌러 죽이려고 했다. 크리스천은 안간힘을 다해 빠져나오려고 버둥거렸다. 아볼루온이 이 선한 사람에게 종말을 고하려고 마지막 일격을 가하려는 순간 하나님의 도움으로 크리스천은 손을 뻗어 자신의 검을 재빨리 집어 들었다. 그리고 그 검으로 아볼루온을 찔러 치명적인 상처를 입혔다. 그러자 아볼루온은 움찔하며 뒤로 물러섰다. 크리스천은 그것을 알아채고 다시 공격하며 말했다.

"그러나 이 모든 일에 우리를 사랑하시는 이로 말미암아 우리가 넉넉히 이기느니라"(롬 8:37). 그러자 아볼루온은 용의 날개를 펴더니 황급히 달아나 버렸다. 크리스천은 한동안 그를 볼 수 없었다.

이 전투를 직접 보지 않았다면 전투 내내 아볼루온이 얼마나 끔찍한 괴성을 지르고 소름 끼치게 으르렁거렸는지, 반면 크리스천의 한숨과 신음 소리가 어떠했는지 상상할 수도 없었을 것이다. 나는 전투 내내 크리스천이 양쪽에 날이 선 검으로 아볼루온을 찔러 상처를 냈을 때처럼 행복한 표정을 짓는 것을 본 적이 없다. 싸움이 끝나자 그는 웃음을 지으며 하늘을 올려다보았다. 그러나 전투 장면은 내가 본 가장 끔찍한 것이었다.

싸움이 끝나자 크리스천이 말했다. "나를 사자의 입에서 구해 주시고 아볼루온을 물리칠 수 있게 도와주신 당신께 감사와 찬양을 올려 드립니다."

그 순간 생명나무 잎사귀 몇 개가 그의 손에 들어왔다. 크리스천은 그 잎을 상처 난 곳에 발랐다. 그러자 금세 상처가 깨끗이 나았다. 그는 적당한 자리를 찾아 앉아서 빵과 포도주를 먹었다. 이제 새 힘을 얻은 그는 검을 손에 든 채 자리에서 일어났다. 그리고 여행을 떠날 채비를 하며 말했다. "다른 적들이 또 길에서 나를 기다리고 있을지 몰라." 그러나 그는 골짜기를 빠져 나갈 때까지 다른 적을 만나지 않았다.

골짜기가 끝나자 또 다른 골짜기가 이어졌다. 그곳의 이름은 사망의 음침한 골짜기(Valley of the Shadow of Death)였다. 그러나 그곳은 크리스천이 반드시 통과해야만 했다. 천성으로 가는 길이 그

골짜기의 한가운데를 지나고 있었기 때문이다. 이 골짜기는 매우 외롭고 황량한 곳이었다.

나는 꿈속에서 크리스천이 사망의 음침한 골짜기 쪽으로 막 들어갔을 때 두 사람을 만나는 모습을 보았다. 그들은 황급히 길을 되돌아가고 있었다. 크리스천이 그들에게 말을 걸었다.

크리스천: "당신들은 어디로 가고 있는 길입니까?"

사람들: "돌아가시오! 돌아가! 저 골짜기를 통과하면 생명이나 평안을 얻을 수 있다고 해도 우리는 당신에게 돌아가라고 말하겠소."

크리스천: "왜죠? 무슨 일입니까?"

사람들: "무슨 일이냐고요? 우리는 지금 당신이 가려고 하는 길을 가다가 돌아오는 길입니다. 우리는 갈 수 있는 곳까지 힘을 다해 갔습니다. 하지만 이렇게 돌아올 수밖에 없었어요. 만일 조금만 더 앞으로 나갔더라도 이렇게 돌아와 당신에게 이런 얘기조차 못 했을 겁니다."

크리스천: "도대체 무엇을 보았는데 그렇게 말을 하는 겁니까?"

사람들: "무엇을 보았느냐고요? 아, 골짜기 그 자체입니다. 그곳은 깊은 수렁처럼 캄캄합니다. 그곳에서 우리는 도깨비들, 사티로스[주신(酒神), 바카스를 섬기는 반인반수의 숲의 신. 술과 여자를 매우 좋아함—옮긴이], 구덩이 속의 용들을 보았습니다. 그리고 골짜기에서 끊임없이 울부짖고 아우성치는 소리도 들었습니다. 그것은 고통과 족쇄 아래 묶인 채 말할 수 없는 비참함 속에 빠져 있는 사람들이 내는 소리 같았습니다. 골짜기 위에는 혼란

과 낙담의 구름이 드리워져 있고 사망이 그 위에 날개를 펼치고 있었습니다."

그러자 크리스천이 말했다. "나는 아직은 당신들이 말한 것만 가지고는 잘 모르겠습니다. 그리고 무엇보다도 이곳은 내가 가려고 하는 안식처로 가는 유일한 길입니다."

사람들: "그럼 당신은 당신의 길을 가십시오. 우리는 절대로 그 길을 가지 않을 겁니다."

그래서 그들은 헤어졌고 크리스천은 계속 길을 갔다. 그러나 언제 어디서 공격을 당할지 모르기 때문에 여전히 손에 검을 들고 있었다.

나는 꿈속에서 골짜기가 끝날 때까지 길 오른편에 매우 깊은 도랑이, 왼편에는 아주 위험한 수렁이 있는 것을 보았다. 누구라도 그 수렁에 빠지면 발을 딛고 설 바닥을 찾을 수 없을 만큼 깊은 수렁이었다. 게다가 골짜기의 길은 매우 비좁았다. 선한 크리스천은 아주 조심해서 길을 걸었다. 깊은 어둠 속에서 걷느라 도랑을 피해 조심해 가다 보면 자칫 수렁에 빠지기가 쉬웠다. 수렁은 언제라도 그가 빠지기만을 기다리는 것처럼 시커먼 입을 벌리고 있었다. 또한 수렁을 피하려다 보면 자칫 도랑에 빠질 수가 있었다. 그렇게 그는 아슬아슬 외줄 타기를 하듯 계속 길을 갔다. 나는 그가 한숨과 탄식을 토하는 소리를 들을 수 있었다. 앞으로 발을 내디딜 때마다 어디에 발을 두어야 할지 모를 정도로 길이 깊은 어둠에 싸여 있었기 때문이다.

골짜기 중간쯤 왔을 때 나는 지옥의 문이 시커먼 입을 벌리고 있는 것을 보았다. 그 문은 바로 길 옆에 있었는데, 때로 불길과 연기가 섬광과 끔찍한 소리와 함께 그 속에서 넘쳐 나오곤 했다(전에 아볼루온이 그랬던 것처럼 그것들은 크리스천의 검을 전혀 두려워하지 않았다). 그래서 그는 검을 도로 집어넣고 다른 무기로 무장할 수밖에 없었다. 그 무기는 바로 전적인 기도였다. 그는 내가 들을 수 있을 정도로 큰 소리로 부르짖었다. "오, 주님, 당신께 간구드립니다. 내 영혼을 구원하소서."

그렇게 기도하며 그는 상당히 오랫동안 걸어갔다. 그러나 여전히 불길은 그를 향해 다가오고 있었다. 그는 또한 서글픈 목소리가 이리저리 주변을 지나가는 소리도 들었다. 그래서 그는 때때로 자신이 갈기갈기 찢겨 죽는 것은 아닐까, 혹은 길에 있는 진흙처럼 짓이겨져 죽는 것은 아닐까 생각했다. 이 두려운 광경과 끔찍한 소리는 오랜 동안 그를 떠나지 않고 따라왔다. 한 곳에 이르자 그는 한 무리의 마귀가 자신을 만나러 나오는 소리를 들었다. 그는 걸음을 멈추고 어떻게 하는 것이 최선인지를 곰곰이 생각하기 시작했다. 때로 그는 되돌아갈까 하고 생각하기도 했다. 그러자 이미 지나온 골짜기를 다시 되짚어 가야 한다는 것에 생각이 미쳤다. 그는 지금까지 어떻게 많은 위험을 극복하고 왔는지를 떠올렸다. 그리고 되돌아가는 위험이 앞으로 나가는 위험보다 몇 배나 더 크다고 생각했다. 결국 그는 계속 길을 가기로 마음먹었다. 그러나 악마들이 점점 가까이 다가오는 것 같았다. 이윽고 그들이 거의 다가왔을 때 그는 가장 격렬한 목소리로 외쳤다. "나는 주 하나님의 힘으로 걸어갈 것이다." 그러자 그들은 더 이상 다가오지 못하고 가 버렸다.

크리스천이 오랫동안 이렇게 힘겨운 상황에서 여행을 하고 있을 때 그에게 한 음성이 들려왔다. 그 음성은 그를 앞서 가며 이렇게 말했다. "내가 사망의 음침한 골짜기로 다닐지라도 해를 두려워하지 않을 것은 주께서 나와 함께하심이라"(시 23:4).

그는 계속 길을 가며 앞서 가고 있는 사람을 불렀다. 그러나 그는 뭐라고 답해야 할지 몰랐다. 그도 자신이 홀로 길을 가고 있다고 생각했기 때문이다. 그러는 동안 점점 어둠이 걷혀 가고 있었다.

아침 해가 밝아 오고 있었기 때문에 크리스천은 뒤를 돌아보았다. 다시 돌아가고 싶은 마음 때문이 아니라 밝은 빛 아래 자신이 어둠 속에서 지나온 위험들이 어떤 것이었는지 보고 싶었기 때문이다. 이제 그는 길 한편에 있는 도랑과 다른 편에 있는 수렁을 제대로 볼 수 있었다. 그리고 그 사이에 난 길이 얼마나 좁은지도 똑똑히 볼 수 있었다. 또한 그는 도깨비들, 사티로스, 구덩이 속의 용들을 보았다. 그러나 그것들은 모두 그에게서 멀리 떨어져 있었다(이미 날이 밝았기 때문에 그것들이 그에게 가까이 다가올 수 없었던 것이다).

그 무렵 해가 거의 떠올랐다. 그것은 크리스천에게는 또 다른 자비였다. 사망의 음침한 골짜기는 첫 부분도 위험하지만 아직 그가 가야 할 나머지 부분은 훨씬 더 위험하기 때문이었다. 그가 지금 서 있는 곳에서 골짜기가 끝나는 곳까지, 길은 온통 올무와 덫, 함정과 올가미로 가득했던 것이다. 그 길은 구덩이와 함정, 깊은 구멍과 비탈진 길로 가득해 여전히 그가 첫머리를 갈 때처럼 길이 어두웠다면 설사 수천 개의 영혼을 갖고 있다고 해도 모두 잃을 수밖에 없었을 것이다. 그러나 지금은 해가 떠오르고 있었다. 그래서 이 빛 속에서 그는 골짜기의 끝까지 무사히 올 수 있었다.

　나는 꿈속에서 골짜기의 끝에 피와 뼈, 재와 함께 사람들의 시체가 여기저기 서로 얽혀 있는 것을 보았다. 그 시체는 전에 이 길을 갔던 순례자들의 것처럼 보였다. 그렇게 시체가 얽혀 있는 까닭이 무엇일까 궁금히 여기며 생각에 빠져 있을 때 앞에 동굴 하나가 보였다. 그곳에는 꽤 오랫동안 두 거인이 살고 있었는데 그들의 이름은 교황과 이교도였다. 그곳에 널려 있던 뼈와 피와 재들은 그들의 권력과 횡포로 잔혹하게 죽임을 당한 자들의 것이었다. 그러나 이곳을 크리스천은 별다른 위험 없이 지나갈 수 있었다. 나는 그 이유가 궁금해졌다. 그러나 곧 그 이유를 알게 되었다. 이교도는 이미 오래전에 죽은 자였던 것이다. 다른 쪽도 아직 살아 있기는 하지만 나이가 많이 들었고 젊은 시절에 교활한 여우 사냥을 워낙 많이 해서 이제는 관절이 뻣뻣해져 동굴 입구에 앉아 있는 것 말고는 아무것도 할 수 없었다. 그는 단지 순례자들이 지나갈 때 그들에게 이빨을 드러내고 자기 발톱을 물어뜯는 것밖에 할 수 없었다.

　나는 꿈속에서 크리스천이 계속 길을 가는 모습을 보았다. 그러나 동굴 입구에 앉아 있는 늙은이를 보자 그는 어떻게 해야 할지 몰랐다. 늙은이는 그를 따라오지는 못했지만 "네가 다 타 버리기 전까지는 자신을 바르게 고칠 수 없을 게다."라고 말하며 그를 노려보았다. 그러나 그는 마음의 평안을 유지했고 잘 대처했다. 그래서 아무 해도 받지 않고 그곳을 빠져 나올 수 있었다.

　계속 길을 가던 크리스천은 조금 언덕진 곳에 이르렀다. 그곳은 순례자들에게 앞을 볼 수 있도록 일부러 세워 놓은 곳이었다. 크리스천은 그곳에 올라가 앞을 내다보았다. 믿음이 앞에 가고 있는 것이 보였다. 그러자 크리스천이 큰 소리로 외쳤다. "여보시오, 이봐요! 거기서 잠시만 기다리세요. 같이 갑시다." 그 말에 믿음이 뒤를 돌아보았다. 크리스천이 다시 외쳤다. "내가 갈 때까지 거기서 잠깐만 기다리세요." 그러나 믿음은 "아뇨, 나는 가야 할 길이 있습니다. 게다가 피의 보복자가 내 뒤에 버티고 있습니다." 하고 말했다.

그 말에 크리스천은 놀라며 있는 힘을 다해 믿음을 쫓아갔다. 그래서 결국 그를 앞질러 갔다. "나중 된 자로서 먼저 된 것이다." 그러자 크리스천이 자만하며 웃었다. 그가 형제보다 앞서 기선을 제압했기 때문이다. 그러나 발밑에 주의를 기울이지 않은 그는 그만 발이 걸려 넘어지고 말았다. 결국 믿음이 그를 도우러 와 주지 않았다면 그는 다시 일어나지 못했을 것이다.

나는 꿈속에서 그들이 아주 정답게 길을 걸어가는 모습을 보았다. 그들은 순례 길에 있었던 모든 일을 정답게 이야기했다.

계속해서 나는 꿈속에서 길을 가고 있는 그들 곁으로 수다쟁이가 멀리서 다가오는 것을 보았다. 이곳은 세 사람이 함께 길을 갈 수 있을 만큼 넓었다. 그는 키가 컸고 가까이에서 보는 것보다 멀리서 볼 때 더 멋있어 보였다. 그에게 믿음이 말을 걸었다.

믿음: "당신은 어디에서 오는 길입니까? 당신도 천상을 향해 가고 있습니까?"

수다쟁이: "그렇습니다. 나도 같은 곳을 가고 있습니다."

믿음: "그것 참 잘됐군요. 그렇다면 당신도 우리의 좋은 길동무가 될 수 있을 것 같군요."

수다쟁이: "그렇게 된다면 나도 기쁘겠습니다."

믿음: "그렇다면 어서 함께 갑시다. 그리고 길을 가는 동안 유익한 것들에 대해 이야기를 나눕시다."

수다쟁이: "당신이든, 다른 어느 누구든 나는 선한 것들에 대해 이야기를 나누기를 무척 좋아합니다. 이렇게 선한 일을 하고 싶어하는 사람과 함께 길을 가게 되어 얼마나 기쁜지 모르겠습니다."

믿음: "자, 그렇다면 무엇부터 이야기를 시작할까요?"

수다쟁이: "당신이 원하는 것을 선택하세요. 나는 하늘의 것들에 대해 이야기하는 것을 좋아합니다. 물론 이 땅의 것들도 괜찮겠지요. 도덕적인 것, 복음에 대한 것, 신성한 것, 신성 모독적인 것, 과거의 것, 앞으로 다가올 것, 외국의 것, 우리나라의 것, 본질적인 것, 주변적인 것들 중 아무거나 우리의 유익에 도움이 된다면 좋습니다."

믿음은 궁금해지기 시작했다(그동안 내내 크리스천이 혼자 길을 가고 있었기 때문이다). 그는 크리스천에게 다가가 속삭이며 말했다. "얼마나 용감한 길동무를 우리가 만났는지 아세요? 분명히 그는 아주 탁월한 순례자가 될 거예요."

그 말에 크리스천이 겸손하게 웃으며 말했다. "당신이 함께 가자고 한 사람은 그를 모르는 사람을 스무 명도 더 넘게 그 혀로 속여 온 사람입니다."

믿음: "당신은 그를 알고 있나요?"

크리스천: "그를 아느냐고요? 물론이죠. 그가 자신을 아는 것보다 더 그를 잘 알지요."

믿음: "도대체 그가 누구인데요?"

크리스천: "그의 이름은 수다쟁이(Talkative)입니다. 그는 우리 도시에 살았죠. 당신이 그 사람을 모르다니 놀랍군요. 물론 우리 도시가 크긴 하지만요."

믿음: "그의 아버지는 어떤 사람입니까? 그리고 그는 어디에서 살았지요?"

크리스천: "그는 달변(Say-well)의 아들입니다. 그는 재잘재잘 거리(Prating Row)에 살았지요. 그는 재잘재잘 거리에서 수다쟁이라는 이름으로 아주 유명했어요. 그리고 그의 현란한 말솜씨에도 불구하고 그는 단지 불쌍한 사람에 불과합니다."

믿음: "글쎄요, 그는 아주 멋진 사람처럼 보이는데요."

크리스천: "그를 잘 모르는 사람들에게는 그렇게 보이지요. 그가 매우 많은 곳을 다녔고 많은 사람을 알고 있거든요. 그러나 그를 잘 아는 사람이나 이웃들은 그가 얼마나 형편없고 추한 사람인지를 잘 알지요. 내가 그에 대해 더 말해 줄 게요. 그는 어떤 사람들과도 어울리며 어떤 대화라도 나눕니다. 그는 당신과 대화를 나누었듯이 선술집에 앉아서도 아무하고나 이야기를 나눌 사람입니다. 술을 더 많이 마실수록 그는 말이 더 많아집니다. 종교는 그의 마음속이나 집, 대화 속에 자리잡을 데가 없습니다. 그가 하는 말은 모두 거짓뿐이고 그의 종교는 그것을 담고 있는 소음에 불과할 뿐입니다."

믿음: "당신이 말한 것이 사실이라면 나도 그에게 속아 넘어간 거로군요."

크리스천: "그렇지요! 당신도 곧 그것을 분명히 알게 될 겁니다. 나는 그의 가족과 함께 지내 보았기 때문에 그에 대해 아주 잘 알아요. 그의 집은 종교가 없어서 달걀의 흰자처럼 무미건조합니다. 그를 아는 사람들은 그를 '밖에서는 성도, 집에서는 악마' 라고 말한답니다. 그의 가엾은 가족도 그것을 알고 있어요. 그는 하인들에게 너무나 인색하고 악담을 잘 하며 비합리적으로 대하는 사람이에요. 그래서 하인들은 어찌해야 좋을지, 그에게 어떻게 말해야 할지 모른답니다. 그와 거래를 해 본 사람들은 모두 그와 거래를 하느니 터키 사람들과 거래를 하는 것이 낫다고 말한답니다."

믿음: "그렇군요. 그의 말과 행동이 다르다는 것을 이제 알겠습니다. 이제부터는 그것을 더 잘 구별하도록 하겠습니다."

크리스천: "물론 말과 행동은 서로 다릅니다. 영혼과 육신이 다르듯이 말입니다. 영혼 없는 몸이 그저 죽은 시체에 불과하듯이 말만 하고 행동하지 않는 것도 죽은 것이나 마찬가지입니다. 신앙에서 중요한 부분은 실천이니까요. 바울은 그렇게 말만 앞세우는 사람들을 '소리 나는 구리와 울리는 꽹과리' 라고 불렀습니다."

그러자 믿음은 다시 앞으로 걸어가 수다쟁이에게 말했다. "이봐요, 지금 기분이 어떻습니까?"

수다쟁이: "좋습니다. 우리가 지금까지 대화를 나누었다면 많은 이야기를 나누었을 텐데요."

믿음: "사실 나는 당신이 말만 앞세우는 거짓 신앙인이라는 말을 들었습니다. 그리고 당신과 대화를 하면 할수록 당신은 입으

로 거짓말만 늘어놓는다고 들었습니다. 사람들은 당신이 믿는 자들 속에서 오점 같은 자라고 말합니다. 그리고 당신과 대화를 나눠서 신앙이 더 악화된다고 말합니다. 그들은 당신의 사악한 길에서 이미 걸려 넘어진 사람들도 많다고 했습니다. 그리고 그 때문에 더 많은 사람이 파멸에 이를 위험에 처해 있다고도 했습니다. 당신의 종교는 술집과 탐욕, 불결함과 욕설, 거짓 속에서나 존재하는 것입니다."

수다쟁이: "그렇게 소문만 듣고 성급하게 결론을 내리다니 당신은 고집불통에다 비관적인 사람이로군요. 당신 같은 사람은 함께 이야기를 나눌 만한 사람이 못 되는 것 같소. 그러니 이만 헤어집시다."

그때 크리스천이 믿음에게 다가와 말했다. "가게 내버려 두세요. 손해는 오히려 그가 보는 것이니까요. 우리야말로 그와 함께 가는 어려움을 겪지 않아도 되니 잘됐군요. 그가 지금까지의 태도를 버리지 않는다면(내 생각에 그는 전혀 변하지 않을 것 같은데) 우리 여행에 문제만 일으킬 겁니다."

그렇게 해서 그들은 길에서 보았던 것들에 대해 이야기를 나누며 계속 길을 갔다. 그래서 분명 지루하게 느꼈을 광야 길을 그들은 아주 즐겁게 갈 수 있었다.

나는 꿈속에서 광야를 벗어나온 그들 앞에 도시 하나가 서 있는 것을 보았다. 그 도시의 이름은 허영(Vanity)이었다. 그 도시에는 시장이 열리고 있었는데 그 이름은 허영 시장(Vanity Fair)이었다. 그 시장은 1년 내내 열렸다. 시장이 열리는 마을이 허영보다 더 천박하며 그곳에서 팔리는 모든 것이 허영이기 때문에 그런 이름이 붙었다.

이 시장은 새로 세워진 것이 아니라 아주 오래전부터 있었다. 이제 여러분에게 그 시장의 본래 모습을 보여 주겠다.

약 5천 년 전에도 이 두 정직한 사람처럼 천성을 향해 가는 순례자들이 많이 있었다. 바알세불, 아볼루온, 군대 귀신은 이 순례자들이 천성으로 가기 위해서는 이 허영 도시를 통과해야 한다는 것을 알고 있었다. 그래서 그들은 이곳에 시장을 열기로 계략을 꾸몄다. 그들은 모든 종류의 허영을 팔며 1년 내내 열리는 시장을 열기로 했다. 그들은 이 시장에서 모든 종류의 상품을 팔았다. 가옥, 토지, 상업, 직위, 명예, 고위직, 직책, 국가, 왕국, 탐욕, 쾌락, 그리고 모든 종류의 즐거움을 팔았다.

더욱이 이 시장에서는 마술사, 사기꾼, 도박꾼, 광대, 원숭이, 악당, 그리고 모든 종류의 사람을 늘 볼 수 있었다.

다른 시장들처럼 이곳에도 적절한 이름이 붙은 거리와 상가들이 있었다. 그리고 그곳에서 이런저런 물건들을 매매했다. 이곳에도 다른 시장과 마찬가지로 그곳에 가야만 가장 빨리 그 물건들을 찾을 수 있는 특별한 상가와 거리가 있었다(이를테면 국가와 왕국들처럼). 그래서 이곳에는 영국 골목, 프랑스 골목, 이탈리아 골목, 스페인 골목, 독일 골목이 있었다. 그곳에서는 그 나라 특유의 허영을 팔고 있었다. 그러나 어느 시장이든 특별히 인기를 끄는 물건이 있기 마련인데 이곳에서는 로마의 물건이 가장 인기를 끌었다. 다만 영국 사람들과 다른 몇몇 지역의 사람들만이 그것을 좋아하지 않았다.

 이미 말했듯이 천성으로 가는 길은 이 탐욕스러운 시장이 열리는 도시를 지나가야만 했다. 왕 중의 왕도 이곳에 있을 때 그분의 나라로 가시기 위해 이 도시를 통과해 가셔야 했다. 그분도 물론 이 시장을 지나가셨다. 그분에게 와서 이곳에 있는 허영의 물건들을 사라고 유혹한 자가 바로 이 시장의 주인인 바알세불이었다. 만일 그분이 그의 제안을 받아들였다면 그분은 이 시장의 주인이 되었을 것이다. 그분이 존경을 받는 분이라는 것을 알고 있는 바알세불은 그분을 이 거리에서 저 거리로 데리고 다니며 잠깐 사이에 세상의 모든 나라를 보여 주었다. 찬양받을 분을 유혹해 자기 물건을 사게 하려고 온갖 궁리를 해 낸 것이다. 그러나 그분은 전혀 물건을 살 의사가 없었다. 그분은 이 허영 시장에서 하나의 물건도 사지 않고 이 도시를 떠나셨다.

 순례자들은 이 시장을 반드시 지나가야 했다. 그러나 그들이 시장에 들어갔을 때 시장에 있는 모든 사람이 동요하기 시작했다. 그리고 그 도시 전체가 왁자지껄하게 떠들기 시작했다. 그것은 바로 다음의 이유 때문이다.

 첫째, 순례자들이 시장에서 장사하는 사람들과는 전혀 다른 멋진 옷을 입고 있었기 때문이다. 시장 사람들은 그들을 주목해서 보았다. 어떤 이들은 그들을 바보라며 조롱했다. 어떤 이들은 그들이 소동을 일으키는 자라고 말했고 어떤 이들은 그들이 외국에서 온 사람들이라고도 말했다.

 둘째, 사람들이 그들의 옷차림에 대해 궁금해하기도 했지만 그들의 말투에 대해서는 더 궁금해했기 때문이다. 그들의 말을 이해할 수 있는 사람이 거의 없었던 것이다. 그래서 시장 전체에서 순례자들과 상인들은 서로 외국인인 것처럼 말이 통하지 않았다.

셋째, 순례자들이 상인들이 파는 물건을 매우 하찮게 여겨 물건을 사려고 하지 않았기 때문이다. 그들은 물건에 눈길조차 주지 않았다. 그리고 시장 사람들이 물건을 사라고 부르면 그들은 귀를 막고는 이렇게 외쳤다. "내 눈으로 허영을 보지 않을 거야." 그러면서 그들은 자신들의 기업이 하늘에 있다는 듯이 위를 올려다보았다.

한 사람이 그들의 태도를 보며 비웃듯 말했다. "당신들은 무엇을 사려고 하나요?" 그러자 그들이 진지하게 바라보며 대답했다. "우리는 진리를 삽니다." 그 말을 듣자 상인들은 그들을 더 경멸했다. 어떤 이는 그들을 조롱하고 어떤 이는 비아냥거렸고 또 어떤 이는 꾸짖듯이 말하고 어떤 이는 다른 사람들에게 그들을 때리라고 외쳐댔다. 결국 시장 전체가 혼란과 무질서로 빠져 들며 대소동이 일어났다.

그 소식이 시장 주인에게 전해졌다. 그는 즉시 내려왔고 가장 믿을 만한 심복 몇몇에게 일을 맡겨 그들을 심문실로 끌고 가게 했다. 그들에 대한 일로 시장은 거의 뒤집어질 정도로 혼란스러웠다. 이윽고 순례자들이 심문실로 끌려왔다. 그들을 심문하는 자들은 그들에게 어디에서 왔으며 어디로 가고 있었느냐고 물었다. 그리고 그런 특이한 옷을 입고 무엇을 하려고 했는지를 물었다. 그들은 자신들이 순례자며 이 세상의 나그네라고 말했다. 그리고 자기 나라인 하늘의 예루살렘으로 가고 있는 길이라고 대답했다. 그들은 자신들이 마을 사람들이나 상인들에게 잘못한 일이 없다고 말했다. 오히려 길을 가고 있는 자신들을 막고 무엇을 사려고 하느냐고 물어서 진리를 사는 자들이라고 대답했을 뿐이라고 했다. 그러나 심문하는 자들은 그들이 소란을 일으키는 미치광이이므로 그들의 말을 믿을 수 없다고 일축해 버렸다. 그들이 미치광이가 아니라면 시장이 이렇게 혼란에 빠질 이유가 없다는 것이었다. 결국 심문하는 자들은 그들을 끌어다가 때리고 진흙투성이로 만들어 놓았다. 그러고는 시장의 모든 사람에게 구경거리로 만들려고 그들을 우리 속에 가두어 버렸다.

그래서 그들은 한동안 우리 속에 누워 모든 사람의 웃음거리가 되어야 했다. 시장 주인은 그들에게 일어난 모든 일을 보며 여전히 비웃고 있었다. 그러나 그들은 깊은 인내 속에서 시장 사람들을 욕하거나 비웃지 않았다. 오히려 그들을 축복하며 악에 대해서는 선한 말로, 해를 가한 자들에게는 자비를 베풀었다. 그러자 시장에서 주의 깊고 편견이 덜한 일부 사람들이 순례자들에게 가하는 학대와 욕설이 너무 지나치다며 비난하기 시작했다. 그러나 시장 사람들은 그들에게도 우리에 갇힌 사람들만큼 악한 자들이라며 비난했다. 그리고 그들도 순례자들과 한 패가 아니냐며 그들처럼 똑같이 처벌을 받아야 한다고 주장했다. 또 다른 사람들은 순례자들이 잠잠하고 온전한 정신을 가졌으며 아무에게도 해를 가하려고 하지 않았다고 말했다. 그리고 시장 상인들이야말로 그들이 학대하는 자들보다 더 족쇄를 차고 우리 안에 갇혀야 마땅한 자들이라고 했다. 이렇게 서로 엇갈린 의견이 오고가더니(순례자들은 사람들 앞에서 줄곧 매우 지혜롭고 건전하게 행동했다) 급기야는 자기들끼리 서로 치고받기에 이르렀다. 그런 다음 이 두 가엾은 순례자는 다시 심문자들 앞에 끌려 나왔고 시장에서 소란을 피웠다는 죄목으로 기소당했다. 그들은 두 사람을 심하게 때리고 차꼬를 채워 시장을 온통 끌고 다녔다. 시장 사람들에게 본보기로 삼고 공포심을 주기 위해서였다. 그리고 아무도 그들을 옹호하는 말을 하지 못하게 할 뿐만 아니라 그들의 주장에 동조하지 못하게 하려는 생각이었다. 그러나 크리스천과 믿음은 더 지혜롭게 행동했다. 그리고 지극한 온유함과 인내심으로 자신들에게 가해지는 모든 모욕과 수치를 묵묵히 받아들였다. 그러나 사람들은 그들의 그런 태도 때문에 더 화가 나서 두 사람을 사형에 처해야 한다고 외쳐 댔다. 그들은 두 사람을 우리에 가두거나 족쇄에 채우는 정도로 만족할 수 없다고 위협했다. 그리고 그들이 시장 사람들을 모욕하고 속였기 때문에 그들을 반드시 죽여야 한다고 외쳐 댔다.

두 사람은 다른 명령이 내려질 때까지 다시 우리 안에 갇혀 있어야 했다. 사람들은 그들의 발에 족쇄를 채우고 다시 우리 안에 가두어 버렸다.

이윽고 때가 되어 두 사람은 판결을 받기 위해 재판정에 끌려 나왔다. 그리고 그들을 기소한 자들 앞에서 심문을 받아야 했다. 심판자의 이름은 선을 중오함 경(Lord Hate-good)이었다. 그들의 기소장은 형식은 조금씩 달랐지만 내용은 모두 같았다. 기소장의 내용은 다음과 같다.

"이들은 사람들의 원수로 장사를 방해했다. 또한 도시에서 큰 소동을 일으켰으며 사람들을 분열케 했다. 그리고 이 나라 왕자의 법을 경멸하며 위험한 주장으로 사람들을 현혹했다."

그러자 믿음이 대답했다. "방해와 소동을 일으켰다는 말은 결코 사실이 아닙니다. 나는 화평의 사람입니다. 그리고 당신들이 얘기하는 왕에 대해 말한다면, 그는 우리 주님의 적인 바알세불입니다. 그래서 나는 그와 그를 수종 드는 모든 자와 싸울 것입니다."

그러자 피고들을 반대하는 자들이 자신들의 주인이자 왕에 대해 증언을 해야 한다는 주장이 제기되었다. 그래서 세 명의 증인이 나타났는데, 그들은 바로 질투(Envy), 미신(Superstition), 아첨꾼(Pickthank)이었다. 재판관은 그들에게 피고를 알고 있는지, 그리고 그들의 주장에 반해 자신들의 왕을 위해 어떤 증언을 할 수 있는지를 질문했다.

그러자 질투가 앞으로 나와 답변을 했다.

"재판장님, 이 사람은 이름은 그럴듯하지만 사실은 우리나라에서 가장 악독한 사람 가운데 한 명입니다. 그는 이 세상 왕자나 사람들을 존중하지도 않으며 법도, 관습도 존중하지 않습니다. 더욱이 나는 그가 기독교와 우리 도시의 관습이 정반대이기 때문에 결코 화해할 수 없다고 말하는 것을 들었습니다. 재판장님, 그는 우리의 모든 칭찬할 만한 행동을 비난했을 뿐만 아니라 그런 행동을 하는 우리까지 비난했습니다."

그러자 그들은 미신을 불러 피고를 보라고 명령했다. 그리고 그에게 선서를 시키고 증언하게 했다. 그는 다음과 같이 말했다.

"재판장님, 나는 그를 잘 알지는 못합니다. 그리고 사실 그에 대해 더 알고 싶은 마음도 없습니다. 그러나 일전에 이 도시에서 그와 이야기를 나누면서 그가 얼마나 해로운 자인지 알게 되었습니다. 그때 그는 우리의 종교가 아무것도 아니며 그런 것을 통해서는 어떤 사람도 하나님을 기쁘시게 해 드릴 수 없다고 말했습니다."

다음에는 아첨꾼이 선서를 했다. 그도 자신의 주인이자 왕인 자를 위해 피고를 비난하는 말을 했다.

아첨꾼: "존경하는 재판장님, 그리고 신사 여러분, 나는 그를 오랫동안 알고 지내왔습니다. 나는 그가 감히 입에 담지도 못할 말을 하는 것을 들었습니다. 그가 우리의 귀한 왕자인 바알세불을 비난하는 말을 했기 때문입니다. 그는 바알세불의 절친한 친구들에 대해서도 아주 경멸하는 말을 입에 담았습니다. 게다가 그는 자신의 심판자로 임명되신 재판장님을 비난하는 말까지 서슴지 않고 했습니다. 그는 재판장님을 비방하며 사악한 악당이라고 불렀습니다. 감히 그런 무엄한 말로 우리 도시에서 가장 고결한 신사인 재판장님을 비방한 것입니다."

증언이 모두 끝나자 재판장이 배심원을 불렀다(그들은 그동안 내내 모든 과정을 서서 지켜보았다). "존경하는 배심원 여러분, 여러분은 이 도시에서 큰 소란을 일으킨 자를 보고 있습니다. 또한 이 훌륭한 신사들이 그에 대해 증언하는 것도 모두 들었습니다. 그를 교수형을 시킬 것인지 아니면 목숨을 구해 줄 것인지는 이제 여러분의 결정에 달렸습니다."

배심원단이 잠시 퇴정했다. 그들의 이름은 맹인(Mr. Blind-man), 악한(Mr. No-good), 악의(Mr. Malice), 호색가(Mr. Love-lust), 백수

건달(Mr. Live-loose), 무모함(Mr. Heady), 고상함(Mr. High-mind), 적개심(Mr. Enmity), 거짓말쟁이(Mr. Liar), 잔혹함(Mr. Cruelty), 빛을 싫어함(Mr. Hate-light), 무자비함(Mr. Implacable)이었다. 모두가 피고에 대해 불리한 평결을 내리기로 마음먹고 있었다. 그들은 결국 만장일치로 유죄 평결을 내렸다. 그리고 그 결과를 재판장 앞에 가지고 나왔다. 먼저 배심장인 맹인이 말했다. "나는 이 자가 이단자라는 것을 분명히 알겠습니다." 그러자 악한이 말했다. "이런 자는 없애 버려야 합니다." 악의가 말했다. "그렇습니다. 나는 저자의 얼굴을 보는 것조차 싫습니다." 그러자 호색가가 말했다. "나는 저런 자를 잠시도 참아 줄 수가 없습니다." "나도 그렇습니다."라고 백수건달이 말했다. 무모함도 말했다. "저 자를 교수형에 처하십시오. 교수형에 처해야 합니다." 고상함이 말했다. "안됐군요." "내 마음은 저 자에 대한 분노로 끓어 오릅니다."라고 적개심이 말했다. "그는 악한이에요."라고 거짓말쟁이가 말했다. 잔혹함이 말했다. "교수형도 저 자에게는 과분한 처사입니다." 빛을 싫어함이 말했다. "그를 빨리 해치웁시다." 그러자 무자비함이 말했다. "내게 세상을 다 준다 해도 나는 그와 화해하지 않을 겁니다. 그러니 그를 당장 사형시킵시다." 말이 끝나자마자 믿음은 재판정에서 끌려 나가 원래 있던 곳으로 옮겨졌다. 그리고 그곳에서 인간이 고안해 낸 가장 잔혹한 방법으로 죽임을 당하게 되어 있었다.

그들은 자기들의 법에 따라 그를 처리하기로 하고 그를 끌고 나왔다. 먼저 그들은 그에게 채찍질을 가했다. 그런 다음 그를 사정없이 때렸다. 그리고 칼로 그의 살을 쩬 다음 돌을 던졌고 그를 검으로 마구 찔렀다. 마지막으로 그들은 그를 화형시켰다. 그렇게 믿음은 죽음을 맞이했다.

나는 꿈속에서 수많은 사람 뒤에 여러 마리의 말이 이끄는 마차가 믿음을 태워 가기 위해 기다리고 있는 것을 보았다. 원수들이 그를 죽이자마자 마차에 태웠고 곧바로 구름 속으로 올라갔다. 그리고 웅장한 나팔 소리와 함께 가장 가까운 길을 통해 천성으로 올라갔다.

그러나 크리스천은 형 집행이 연기되어 다시 감옥으로 보내졌다. 그는 그곳에서 한동안 머물렀다. 그러나 모든 만물을 다스리시는 분은 사악한 사람들의 분노를 다스리시는 권세를 갖고 계시기 때문에 크리스천이 그들을 피해 길을 갈 수 있게 해 주셨다.

그러나 내가 꿈속에서 본 크리스천은 홀로 길을 가고 있지 않았다. 그의 곁에는 소망(Hope)이라는 길동무가 길을 같이 가고 있었다(그는 크리스천과 믿음이 시장에서 고난을 받으면서 보여 준 말과 행동을 보고 변화된 사람이다). 그는 크리스천을 따라와 그와 사랑이 가득한 대화를 나누었다. 그는 크리스천에게 함께 길을 가고 싶다고 말했고, 그렇게 해서 두 사람은 여행을 같이 하게 되었다. 진리를 지키기 위해 죽은 한 사람의 재에서 다른 사람이 나와 크리스천의 길동무가 된 것이다. 소망은 크리스천에게 시장에 남아 있는 사람 가운데 시간은 걸리겠지만 결국 그들의 뒤를 따라올 자들이 많이 있다고 말했다.

나는 그들이 시장에서 나오자마자 앞에 가고 있는 한 사람을 따라 잡는 것을 보았다. 그의 이름은 이기적 동기(By-ends)였다. 그들이 그에게 말을 걸었다. "당신은 어디에서 왔으며 어디까지 가는 길입니까?" 그는 자신이 달변(Fair-speech) 도시에서 왔으며 천성을 향해 가고 있다고 말했다. 그러나 그는 자신의 이름은 말하지 않았다.

크리스천: "달변 도시에 대해 나도 들은 적이 있어요. 내가 기억하기로 그곳은 매우 부유한 곳이라고 하던데요."

이기적 동기: "네, 맞아요. 나는 그곳에 부유한 친척이 아주 많아요."

크리스천: "그곳에 사는 당신의 친척들은 어떤 사람들인가요?"

이기적 동기: "도시 전체가 거의 내 친척들이라고 할 수 있습니다. 특별히 배반 경(my Lord Turn-about), 기회주의자 경(my Lord Time-server), 달변 경(my Lord Fair-speech), 뺀질이 경(Mr. Smooth-man), 두 마음(Mr. Facing-both-ways), 아무거나(Mr. Any-thing), 그리고 우리 교구 목사님인 두 입(Mr. Two-tongues) 씨는 내 외삼촌이랍니다. 지금의 나는 당당한 신사가 되었지만 사실 내 증조부는 한 쪽을 바라보며 다른 쪽으로 노를 젓는 뱃사공이었어요. 내 재산은 모두 그렇게 해서 번 것을 물려받은 것이랍니다."

크리스천: "결혼은 하셨나요?"

이기적 동기: "네, 내 아내는 매우 정숙한 여인으로 매우 고결한 부인의 딸입니다. 장모님은 허위 부인(Lady Feigning)이지요. 아내는 매우 지체 높은 가문 출신입니다. 가정교육을 아주 잘 받아서 위로는 왕자에서부터 아래로는 농부에 이르기까지 그들을 어떻게 대해야 하는지 잘 알고 있답니다. 우리는 사실 더 엄격하게

종교를 믿는 자들과 두 가지 면에서 다릅니다. 물론 그것은 아주 사소한 차이에 불과할 뿐이죠. 첫째, 우리는 결코 바람이나 조수에 거슬러 싸우지 않습니다. 둘째 우리는 종교가 좋은 대우를 받고 있을 때 가장 열정적입니다. 우리는 해가 비추고 사람들이 종교에 갈채를 보낼 때만 길거리를 함께 다니기를 좋아합니다."

그러자 크리스쳔은 조금 옆으로 벗어나와 소망에게 말했다. "이 자는 아마도 달변 도시의 이기적 동기란 자일 거예요. 내 생각이 맞는다면 우리는 이 지역에서 가장 악한 자와 동행하게 된 겁니다."

나는 꿈속에서 크리스쳔과 소망이 그를 제쳐 두고 멀리 앞서 길을 가는 것을 보았다. 그들 가운데 한 명이 뒤를 돌아보았을 때 세 사람이 이기적 동기를 따라오는 것이 보였다. 그들이 이기적 동기를 따라잡아 만나자 이기적 동기는 그들에게 고개를 깊이 숙여 인사했다. 그러자 그들이 이기적 동기에게 의례적인 인사말을 하는 것이 보였다. 그들의 이름은 세상에 대한 집착(Mr. Hold-the-world), 돈을 사랑함(Mr. Money-love), 구두쇠(Mr. Save-all)였다. 그들은 '이기적 동기'를 이전부터 아는 사람들이었다. 모두 학교 동창이었기 때문이다. 그들은 이익 챙기기(Love-gain)라는 곳의 교사인 꼭 쥐는 사람(Mr. Gripe-man)에게서 가르침을 받았다. 그곳은 북쪽에 있는 탐욕(Coveting)이라는 군에 있는 시장이 서는 읍이었다. 이 교사는 그들에게 폭력, 사기, 아첨, 거짓을 사용하든 아니면 종교로 위장을 하든 어떤 방법으로든 이익을 챙기는 기술을 가르쳐 주었다. 이 네 신사는 스스로 학교를 운영할 수 있을 정도로 스승에게서 많은 기술을 배웠다.

크리스천과 소망은 길을 계속 갔고 편안함(Ease)이라고 불리는 아름다운 들판에 도착했다. 그곳에서 그들은 매우 즐겁게 길을 갔다. 그러나 곧 그 들판은 아주 짧아서 순식간에 지나가고 말았다. 들판의 옆에는 재물(Lucre)이라고 불리는 작은 언덕이 있었다. 그 언덕에는 은 광산이 있었는데 전에 그 길을 지나갔던 사람들 가운데 몇몇은 그 진귀함 때문에 고개를 돌려 그것을 보곤 했다. 그러나 그 구덩이에 너무 가까이 다가가면 땅이 허물어져 죽임을 당했다. 어떤 이들은 그곳에서 크게 다쳐 손발을 못 쓰게 되기도 했는데 결국 죽을 때까지 회복되지 못했다.

나는 꿈속에서 은 광산 맞은편으로 길에서 조금 떨어진 곳에 데마(Demas, 신사 차림을 하고 있었다)라는 사람이 서 있는 것을 보았다. 그는 와서 보라며 지나가는 여행자를 부르고 있었다. 그는 크리스천과 그의 동료에게도 말을 걸었다. "이봐요, 이쪽을 좀 돌아보시오. 그러면 아주 진귀한 것을 보여 주겠소."

크리스천: "우리에게 가던 길을 멈추고 돌아보라고 할 정도면 매우 진귀한 것인가 본데 그것이 뭡니까?"

데마: "여기에는 은 광산이 있습니다. 어떤 이들은 보물을 찾기 위해 그곳을 파고 있지요. 당신들이 오기만 하면 얼마 노력하지 않고도 금세 큰 부자가 될 수 있습니다."

그러자 소망이 말했다. "한번 가 봅시다."

크리스천이 말했다. "나는 가지 않겠습니다. 전에 이 장소에 대해 들은 적이 있어요. 그리고 얼마나 많은 사람이 죽임을 당했는지도 들었지요. 게다가 보물은 그것을 찾는 자들의 발을 묶는 올무일 뿐입니다. 그것 때문에 순례자들이 길을 가는 것을 방해받으니까요."

크리스천은 데마를 불러 말했다. "이곳이 위험하지 않단 말입니까? 많은 순례자가 길을 가는 것을 방해받지 않았습니까?"

데마: "주의만 기울인다면 그렇게 위험하지 않습니다"(그러나 그 말을 하며 그는 얼굴을 붉혔다).

그러자 크리스천이 소망에게 말했다. "저런 말 때문에 방해받지 말고 어서 우리 길을 갑시다."

그렇게 해서 그들은 가던 길을 계속 갔다.

그 무렵 이기적 동기와 그 일행이 다시 보였다. 그들은 데마의 한 번 손짓에 넘어갔다. 그들이 절벽을 보지 못하고 구덩이에 빠져 버렸는지, 아니면 광산 아래로 내려가 보물을 캐고 있는지, 혹은 광산에서 으레 나오는 유독 가스에 질식되어 죽어 버렸는지 알 길이 없다. 그러나 이것만은 분명하다. 그들을 다시는 그 길에서 볼 수 없었다는 것이다.

나는 크리스천과 소망이 길을 가다 어느 시원한 강에 이르는 모습을 보았다. 그들의 길은 강둑 바로 위로 나 있었다. 강 양쪽으로는 온갖 과일이 풍성히 열려 있는 푸른 나무들이 줄을 지어 있었다. 또한 강 양쪽에 백합이 매우 아름답게 피어 있는 초원도 펼쳐져 있었다. 그 초원은 1년 내내 푸르렀다. 그곳에서 그들은 누워 잠이 들었다. 잠에서 깬 그들은 다시 나무에서 과일을 따 먹었고 강물을 마셨다. 그런 다음 다시 누워 잠이 들었다. 그렇게 그들은 며칠 낮과 밤을 보냈다. 이윽고 다시 길을 가고 싶은 마음이 들자 그들은 자리에서 일어나 먹고 마시고 길을 떠났다.

 나는 꿈속에서 그들이 길을 떠난 지 얼마 되지 않아 강과 길이 잠시 나누어지는 지점에 도착하는 것을 보았다. 그것을 보고 그들은 크게 실망했다. 그러나 그들은 감히 길을 벗어날 수가 없었다. 강에서 뻗어 나온 길은 거칠고 험했다. 그들의 발은 오랜 여행으로 많이 약해져 있었다. 앞으로도 여행을 계속 해야 했기 때문에 그들은 더 편한 길을 원했다. 그리고 그들 바로 앞에 왼편으로 초원이 펼쳐져 있었다. 그러나 그곳으로 가려면 계단을 넘어가야 했다. 그 초원의 이름은 샛길 초원(By-path Meadow)이었다. 그러자 크리스천이 동료에게 말했다. "이 초원이 우리가 가는 길을 따라 바로 옆에 있는 것이니 그곳에 들어가 길을 갑시다." 그런 다음 그는 계단으로 갔다. 그리고 담장의 다른 면에 나 있는 길을 따라 샛길이 있는 것을 보았다. 크리스천이 말했다. "내가 보기에는 이 길이 가장 가기 쉬운 길입니다. 자, 어서 오세요. 선한 소망, 이곳으로 넘어 갑시다."

 소망: "하지만 이 샛길을 따라가다 우리가 가야 할 길을 벗어나면 어떻게 하죠?"

 크리스천: "그렇지 않을 거예요. 보세요. 이 길이 우리가 가는 길을 따라 나 있지 않습니까?"

 그래서 소망은 동료의 말을 믿고 함께 계단을 넘어 갔다. 초원으로 넘어 샛길로 들어섰을 때 그들은 아주 쉽고 편안하게 길을 걸어갈 수 있었다. 그런데 앞을 보며 가던 그들의 눈에 한 남자가 걸어가고 있는 것이 보였다. 그의 이름은 헛된 확신(Vain-confidence)이었다. 그들은 그를 불렀다. 그리고 그에게 그 길이 어디로 이어졌는지를 물었다. 그는 "천성 문까지 이어집니다."라고 말했다. 크리스천이 말했다. "보세요, 내가 당신에게 그렇다고 말하지 않았어요? 이것으로 우리가 옳은 길을 가고 있다는 것을 당신도 알게 되었군요." 그래서 그들은 헛된 확신을 따라갔다.

그런데 앞서 가던 헛된 확신이 앞에 있는 길을 보지 않고 가다가 그만 깊은 웅덩이에 빠지고 말았다. 그 웅덩이는 일부러 헛된 영광을 구하는 어리석은 자들을 붙잡으려고 그 땅의 왕자가 파 놓은 것이었다. 결국 헛된 확신은 그 웅덩이에 빠져 산산조각 나고 말았다.

크리스천과 그의 동료는 앞서 가던 사람이 웅덩이에 빠지는 소리를 듣고는 무슨 일이냐며 그를 불렀다. 그러나 다만 신음 소리만 들려올 뿐 아무 대답도 들리지 않았다. 그러자 소망이 말했다. "지금 우리가 있는 곳이 어디죠?" 크리스천은 아무 말도 못하고 잠잠히 있을 뿐이었다. 그런데 갑자기 비가 쏟아지며 아주 무섭게 천둥번개가 치기 시작했다. 비는 눈앞이 보이지 않을 정도로 세차게 내렸다.

그러자 소망이 신음하며 말했다. "오, 우리가 가던 길을 계속 갔어야 했는데!"

크리스천: "누가 이 길을 가다 이렇게 우리 길을 벗어날 줄 생각이나 했습니까? 하지만 이렇게 그대로 서 있으면 안 됩니다. 어서 다시 길을 돌아갑시다."

그러나 비는 점점 더 세차게 퍼부었고 그 때문에 돌아가는 길은 매우 위험했다(그때 나는 길 안에 있을 때는 그 길을 벗어나기가 쉽지만 일단 길 밖으로 나가면 다시 그 길로 들어오기가 어렵다는 것을 생각했다). 그러나 그들은 용감히 다시 돌아가기로 했다. 하지만 길이 너무 어둡고 강물이 높았기 때문에 그들은 돌아가는 길에 열 번도 더 물에 빠져 익사할 뻔했다.

그들이 아무리 안간힘을 써도 그날 밤 계단에 다시 도착한다는 것은 불가능해 보였다. 그래서 결국 날이 샐 때까지 한 작은 정자에 앉아 기다리기로 했다. 그러나 심신이 너무 지쳐 있었기 때문에 그들은 곧 잠이 들고 말았다. 그들이 누워 있는 곳에서 멀지 않은 곳에 의심의 성(Doubting Castle)이 있었다. 그 성의 주인은 거인 절망(Giant Despair)이었다. 그들이 지금 자고 있는 곳도 바로 그의 땅이었다. 그래서 그는 아침 일찍 일어나 들판을 거닐다가 크리스천과 소망이 자기 땅에서 잠든 것을 보았다. 그는 아주 냉혹하고 험악한 목소리로 그들을 깨웠다. 그리고 그들에게 어디에서 왔으며 자기 땅에서 무엇을 하고 있었느냐고 물었다. 그들은 그에게 자신들은 순례자인데 길을 잃어버렸다고 말했다. 그러자 거인이 말했다. "너희는 지난 밤 내 땅을 침입해 들어왔다. 함부로 내 땅에 넘어 들어와 이곳에서 잠까지 자다니. 이제 너희는 나와 함께 가야 한다." 그들은 그에게 할 수 없이 끌려가야 했다. 그가 그들보다 힘이 월등히 세기 때문이었다. 게다가 그들은 변명할 말도 없었다. 자신들이 잘못했다는 것을 알고 있었기 때문이다. 그래서 거인은 그들을 짐승처럼 몰아 자기 성에 있는 아주 어두운 지하 감옥에 가두어 버렸다. 그곳은 아주 더럽고 악취가 진동하는 곳이었다. 그들은 하루 종일 한 줄기 빛도 들어오지 않고 그들에게 안부를 묻는 사람 하나 없는 지하 감옥에서 수요일 아침부터 토요일 밤까지 빵 한 조각, 물 한 모금도 먹지 못한 채 꼼짝 없이 누워 있었다. 이곳에서 크리스쳔은 두 배로 슬픔을 느꼈다. 자신의 경솔하고 분별력 없는 행동 때문에 이런 절망에 빠지게 되었다는 죄책감 때문이다.

거인 절망에게는 아내가 있었는데, 그녀의 이름은 의기소침(Diffidence)이었다. 잠자리에 들자 그는 아내에게 낮에 자신이 한 일들을 낱낱이 고했다. 그가 자신의 땅을 침범한 두 명의 죄수를 지하 감옥에 가두어 버렸다는 이야기였다. 그는 그녀에게 앞으로 그들을 어떻게 하는 것이 가장 좋겠느냐고 물었다. 그러자 그녀는 그들이 어떤 사람들이며 어디에서 왔고 어디로 가고 있는지를 물었다. 남편의 대답을 들은 그녀는 아침에 일어나면 그들을 가차 없이 때리라고 말했다.

이튿날 자리에서 일어나자 그는 고통을 주는 돌능금나무 곤봉을 가지고 지하 감옥으로 내려갔다. 그리고 그들이 싫은 내색이나 싫은 말 한 마디 하지 않았는데도 그들에게 마구 소리를 질렀다. 그런 다음 그들에게 달려들어 잔혹하게 때렸다. 어찌나 거칠게 그들을 때렸던지 그들은 미처 도망칠 겨를도 없었다. 때리기를 마치자 그는 그곳을 떠났고 남겨진 두 사람은 자신의 비참한 처지를 탄식하며 눈물을 흘렸다. 그날 하루 종일 그들은 한숨과 통한의 탄식을 토로하는 것 외에 다른 것은 아무것도 하지 못했다. 다음 날 밤 그녀는 그들에 대해 남편과 이야기를 나눈 후 그들이 아직 살아 있다는 것을 알고는 그들을 제거해 버리라고 했다. 그래서 아침이 오자 그는 전과 같이 험악한 태도로 그들에게 갔다. 그리고 그들이 전날에 맞은 채찍질로 몹시 괴로워하는 것을 보고는 이 지하 감옥에서 빠져 나올 가망성은 전혀 없으니 당장 칼이나 목매는 밧줄, 독약 중 어느 것을 사용해서라도 목숨을 끊는 편이 좋을 것이라고 말했다. 그러면서 그는 이렇게 사는 게 괴로운데 무엇 때문에 살려고 하느냐면서 그들을 부추겼다. 그러나 그들은 그곳에서 나가게 해 달라고 간절히 애원했다. 그 말을 듣자 그는 잔혹한 표정으로 그들을 내려다보더니 자신의 손으로 직접 그들의 목숨을 끊어 주겠다며 달려들었다. 그러나 그 순간 그는 갑자기 발작을 일으키며 쓰러졌다(가끔 햇살이 찬란히 비출 때면 그는 발작을 일으키곤 했다). 그는 한동안 손을 쓰지 못했다. 그는 앞으로 어떻게 해야 할지를 생각하기 위해 그들을 남겨 두고 자리를 떠났다.

땅거미가 지자 거인 절망은 포로들이 자신의 조언을 받아들였는지를 알아보러 지하 감옥으로 다시 내려갔다. 그러나 그가 그곳에 갔을 때 그들은 여전히 살아 있었다. 그들은 빵도 물도 없이 며칠을 보낸데다 거인이 때린 상처로 간신히 숨만 쉬고 있을 뿐이었다. 그러나 그들은 분명히 살아 있었다. 그것을 보자 그는 격렬하게 화를 내더니 그들이 자신의 조언을 어겼으니 차라리 태어나지 않았더라면 좋았을 거라고 생각하게 만들어 주겠다고 으름장을 놓았다.

이 말에 그들은 두려워 몸을 부들부들 떨었다. 그리고 내가 보기에 크리스천은 기절한 것 같았다. 그러나 다시 의식을 되찾은 그들은 거인 절망의 말을 따르는 것이 최선인지 아닌지 다시 이야기를 나누기 시작했다.

다시 밤이 깃들고 있었다. 거인 절망과 그의 아내가 잠자리에 들었다. 그녀가 남편에게 포로들이 그의 충고를 따랐는지를 물었다.

그가 대답했다. "그들은 고집 센 악당들이오. 그들은 목숨을 끊느니 차라리 모든 고통을 참고 견디겠다는군." 그 말에 그녀가 말했다. "내일 그들을 성의 뜰로 데리고 나오세요. 그리고 당신이 이미 죽인 자들의 뼈와 해골을 그들에게 보여 주세요. 그들에게 일주일도 되기 전에 모든 것이 끝나게 될 거라는 걸 믿게 하세요. 당신이 다른 이들처럼 그들도 갈기갈기 찢어 죽게 할 거라는 걸 말예요."

아침이 되자 거인은 다시 그들에게 갔다. 그리고 그들을 성의 뜰로 데리고 나와 아내가 그에게 말한 대로 보여 주었다. 그가 말했다. "이들도 너희처럼 순례자였다. 그리고 너희가 했던 것처럼 이 자들도 내 영토로 침입해 들어왔지. 그리고 때가 되었다고 생각되었을 때 나는 그들을 갈기갈기 찢어 놓았다. 열흘 안에 나는 너희에게도 이와 똑같이 할 것이다. 이제 다시 너희 지하 감옥으로 내려가라." 그는 지하 감옥으로 내려가는 내내 그들을 때렸다. 그들은 토요일에도 하루 종일 전과 같이 비참함에 빠져 애통해하며 보냈다. 밤이 다시 찾아오자 의기소침 부인과 거인 절망이 잠자리에 들었다. 그들은 다시 포로들에 대해 이야기를 나누었다. 거인은 그렇게 혹독하게 때렸는데도 그들이 여전히 살아 있으며 그렇게 충고를 해도 그들이 여전히 죽지 않는 것에 의아해했다. 그러자 그의 아내가 대답했다. "나는 그들이 누군가 그들을 구하러 와 줄 거라는 소망 때문에 살아 있는 게 아닐까 싶어 두려워요. 아니면 그들이 자물쇠를 여는 도구를 갖고 있을지도 모르지요. 그것으로 탈출할 수 있다는 소망을 품을 수 있을 테니까요." "그렇게 생각한단 말이오, 여보?"라고 거인이 말했다. "그렇다면 아침에 그 녀석들의 몸을 샅샅이 뒤져 봐야겠군."

토요일 자정 무렵이 되자 그들은 기도하기 시작했다. 그리고 날이 새도록 그들은 계속해서 기도했다.

날이 완전히 새기 직전에 선한 크리스천이 반은 놀란 사람 같은 표정을 지으며 갑자기 다음과 같은 열정적인 말을 하기 시작했다.

"나는 얼마나 어리석은 자인가! 당당히 자유롭게 걸어 다닐 수 있는데도 이렇게 악취가 나는 더러운 지하 감옥에 갇혀 있다니! 나는 내 품 속에 약속(Promise)이라는 열쇠를 갖고 있지 않은가! 그 열쇠만 있으면 의심의 성에 있는 어떤 문도 열 수 있다고 들었는데 말이야." 그러자 소망이 말했다. "그것 참 좋은 소식이군요. 선한 형제여, 어서 품에서 그 열쇠를 꺼내어 문을 열어요."

그러자 크리스천이 품 안에서 열쇠를 꺼내어 지하 감옥의 문을 열기 시작했다. 그가 열쇠를 돌리자 자물쇠가 돌아가기 시작했다. 그리고 문은 아주 쉽게 활짝 열렸다. 크리스천과 소망은 밖으로 나왔다. 그는 성의 뜰로 이어지는 바깥문으로 가서 그 문에도 열쇠를 넣고 돌렸다. 그 문도 역시 열렸다. 그런 다음 그는 철문으로 갔다. 그 문을 열어야만 밖으로 나갈 수 있기 때문이었다. 그 문의 자물쇠는 너무나 단단해 보였다. 그러나 그 문도 역시 쉽게 열렸다. 그러자 그들은 성문을 활짝 열어젖히고는 재빨리 도망쳐 나왔다. 그러나 성문을 열 때 삐걱거리는 소리가 너무 요란하게 나서 거인 절망이 그만 잠에서 깨고 말았다. 그는 죄수들을 찾으러 황급히 지하 감옥으로 달려갔다. 그러나 그는 다리에 힘을 잃고 쓰러지고 말았다. 다시 발작이 일어났던 것이다. 그래서 그는 그들을 뒤쫓아 갈 수가 없었다. 그들은 다시 길을 갔고 왕의 대로에 도착할 수 있었다. 이제 그들은 거인의 지배권에서 벗어나 있었기 때문에 매우 안전했다.

계단을 넘어온 그들은 자신들의 뒤를 이어 순례의 길을 가는 자들이 거인 절망의 손에 붙들리지 않도록 그 계단을 어떻게 해야 할지를 놓고 의견이 나누어졌다. 결국 그들은 그곳에 기둥 하나를 세우고 한쪽 면에 다음 글귀를 새기기로 동의했다. "이 계단을 넘으면 의심의 성으로 가는 길로 이어집니다. 그곳은 거인 절망이 지키고 있는데 그는 천성의 왕을 무시하고 그분의 거룩한 순례자들을 파괴하는 자입니다." 그들의 뒤를 이어 오는 많은 순례자는 그곳에 있는 글을 읽고 위험을 피할 수 있었다.

길을 계속 가던 그들은 이윽고 기쁨의 산맥에 도착했다. 그곳은 전에 보았던 곳으로, 언덕의 주인에게 속한 산맥이었다. 그들은 정원과 과수원, 포도원, 샘물 들을 보기 위해 그 산으로 올라갔다. 그리고 그곳에서 물을 마시고 몸을 깨끗이 씻은 후에 마음껏 포도를 따먹었다. 이 산의 꼭대기에서는 목자들이 양에게 풀을 먹이고 있었다. 순례자들은 대로 옆에 서 있는 목자들에게 다가갔다. 순례자들은 지친 몸을 지팡이에 의지하고(지친 순례자들이 길 옆에 있는 사람과 이야기를 하려고 설 때면 으레 그렇게 했다) 목자들에게 물었다. "이 기쁨의 산맥은 누구의 소유입니까? 그리고 이곳에서 풀을 뜯고 있는 저 양들은 누구의 양인가요?"

목자들: "이 산맥의 주인은 임마누엘입니다. 이곳은 그분의 성에서 다 볼 수 있지요. 양들도 그분의 것입니다. 그분은 저 양들을 위해 자신의 목숨을 버리셨습니다."

나는 꿈속에서 목자들이 그들이 나그네라는 것을 알아보고는 질문을 하는 것을 보았다. "당신들은 어디에서 왔습니까? 그리고 어떻게 이 길에 들어오게 되었습니까?" "이곳으로 오기 위해 길을 떠난 사람 가운데 이 산까지 온 사람은 소수에 불과한데 어떻게 그 길 위에 있는 모든 것을 견딜 수 있었습니까?" 목자들은 그들의 대답을 듣고 대단히 기뻐했다. 그리고 그들을 아주 사랑스럽게 바라보며 말했다. "기쁨의 산맥에 온 것을 환영합니다!"

목자들의 이름은 지식(Knowledge), 경험(Experience), 경계(Watchful), 진실(Sincere)이었다. 그들은 순례자들의 손을 잡고 자기네 장막으로 인도했다. 그리고 앞서 그곳에 온 사람들과 동참하게 했다. 그러면서 그들이 말했다. "우리는 당신들이 이곳에서 한동안 머물렀으면 합니다. 우리와 사귀고 이 기쁨의 산맥의 온갖 좋은 것을 누리며 위로를 받고 새 힘을 얻기를 바랍니다." 순례자들도 그곳에 머무르고 싶다고 했다. 이미 날이 어두웠기 때문에 그들은 그날 밤 그곳에서 휴식을 취했다.

나는 꿈속에서 아침에 목자들이 함께 산 위를 걷자고 크리스천과 소망을 부르는 것을 보았다. 그들은 목자들과 함께 나갔고 한동안 주변의 아름답고 즐거운 풍경을 즐기며 거닐었다. 그러다 목자들이 서로 의논했다. "우리가 이 순례자들에게 놀라운 것을 좀 보여 줄까?" 그렇게 하기로 결정을 한 목자들은 순례자들을 제일 먼저 오류(Error)라는 언덕 꼭대기로 데리고 갔다. 그곳은 매우 가파르게 경사진 언덕이었다. 그들이 순례자들에게 아래를 내려다보라고 하자 크리스천과 소망은 가파른 언덕을 내려다보았다. 그 아래에는 높은 언덕에서 떨어져 산산조각 난 시체들이 여기저기 흩어져 있었다.

그런 다음 나는 그들이 또 다른 산꼭대기로 순례자들을 데리고 가는 것을 보았다. 그 산의 이름은 주의(Caution)였다. 그들은 순례자들에게 멀리 바라보라고 했다. 그들의 말에 따라 멀리 바라보던 순례자들은 몇 사람이 그곳에 있는 무덤 사이를 오르락내리락하는 것을 보았다. 그런데 순례자들은 그들이 눈이 안 보인다는 것을 알게 되었다. 그들이 때로 무덤 위에 걸려 넘어지기도 하고 그곳에서 빠져 나오지 못했던 것이다.

그런 다음 나는 꿈속에서 목자들이 그들을 또 다른 곳으로 데리고 가는 것을 보았다. 그곳은 산 아래였는데 언덕 비탈에 문 하나가 있었다. 목자들은 그 문을 열었다. 그리고 목자들의 말대로 순례자들은 안을 들여다보았다. 그 안이 칠흑처럼 어둡고 연기로 가득했다. 또한 무언가 불에서 타는 것 같은 소리와 고통 속에서 울부짖는 사람의 외침도 들리는 것 같았다. 그리고 유황 냄새도 나는 듯했다.

목자들이 서로 말했다. "그들이 우리의 투시경으로 볼 수 있다면 여기에서 순례자들에게 천성 문을 보여 줍시다." 순례자들은 뛸 듯이 기뻐하며 그들의 제안을 받아들였다. 목자들은 선명함(Clear)이라는 높은 언덕 꼭대기로 그들을 데리고 갔다. 그리고 그들에게 투시경을 주었다.

순례자들은 그 투시경으로 주위를 둘러보았다. 그러나 목자들이 그들에게 마지막으로 보여 준 장면이 떠올라서 투시경을 잡고 있는 손이 자꾸만 흔들렸다. 그래서 투시경을 통해 제대로 볼 수가 없었다. 그러나 그들은 어렴풋이 문같이 생긴 어떤 것과 그것의 영광스러운 모습을 본 것 같았다.

순례자들이 막 길을 떠나려고 할 때 목자들 가운데 한 사람이 길을 가며 주의할 점을 적은 쪽지를 그들에게 주었다. 다른 목자는 그들에게 아첨꾼을 조심하라고 했다. 또 다른 목자는 마법의 땅(Enchanted Ground)에서 미끄러지지 않도록 주의하라고 말했고 네 번째 목자는 하나님의 축복을 빌어 주었다. 그리고 나는 꿈에서 깨었다.

그리고 잠이 든 나는 다시 꿈을 꾸었다. 앞에서 보았던 두 순례자가 산을 내려와 천성으로 가는 대로를 따라 걷고 있었다. 산 바로 아래 왼편에 자만(Conceit)의 나라가 있었다. 그 나라에서 구불구불하고 좁은 길 하나가 뻗어 나왔는데 순례자들이 걸어가는 길과 이어져 있었다. 그들은 그 나라에서 나오는 매우 활기찬 소년과 만났는데, 그의 이름은 무지(Ignorance)였다. 크리스첸은 그에게 어디에서 왔으며 어디로 가느냐고 물었다.

무지: "나는 왼편으로 조금 떨어져 있는 저 나라에서 태어났습니다. 그리고 지금 천성을 향해 가고 있습니다."

크리스첸: "하지만 너는 이 길 첫머리에 있는 좁은 문으로 들어오지 않았잖니? 너는 저 구불구불한 좁은 길을 통해 이곳에 왔어. 네가 어떻게 생각하든 최후의 심판의 날에 네가 천성에 들어가는 대신 도둑과 강도라는 고소장을 가지고 서게 될 것 같아 걱정이 되는구나."

무지: "당신은 나를 전혀 모르시는군요. 나도 당신을 모릅니다. 나도 내 종교를 따를 테니 당신 나라의 종교나 잘 따르십시오."

두 사람은 길을 계속 갔고 무지는 그 뒤를 따라갔다. 조금 앞서 가고 있던 그들은 아주 어둡고 비좁은 길로 들어가게 되었다. 그곳에서 그들은 일곱 귀신이 일곱 개의 강한 밧줄로 한 사람을 꽁꽁 묶고 있는 것을 보았다. 그들은 언덕 비탈에서 보았던 그 문으로 그를 끌고 가고 있었다.

그러자 크리스천이 소망에게 말했다. "이 근처에 사는 한 선한 사람에게 일어난 일을 들은 적이 있어요. 그의 이름은 연약한 믿음(Little-faith)이었습니다. 그 선한 사람은 진실(Sincere)의 도시에 살고 있었지요. 그에 대한 이야기는 다음과 같아요. 이 통로로 들어가는 길에 대로 문(Broad-way Gate)이라는 문이 있는데, 그곳에서 죽은 자의 골목길(Dead Man's Lane)이라고 불리는 길이 뻗어 나와 있습니다. 그곳에서 살인이 흔하게 일어났기 때문에 그런 이름이 붙었지요. 연약한 믿음도 우리처럼 순례의 길을 가고 있었는데 우연히 그곳에 앉아 잠을 자게 되었습니다. 그때 마침 대로 문에서 골목길을 따라 세 명의 억센 악당이 내려오고 있었습니다. 그들의 이름은 겁쟁이(Faint-heart), 불신(Mistrust), 유죄(Guilt)로 모두 형제였습니다. 그들은 연약한 믿음을 보고는 재빨리 달려왔습니다. 선한 사람은 막 잠에서 깨어 가던 길을 가려고 채비하고 있었습니다. 그들은 그에게 몰려가 거친 말로 위협하며 불러 세웠습니다. 그러자 연약한 믿음은 얼굴이 백지장처럼 하얗게 질렸습니다. 그는 그들과 맞서 싸울 힘도, 도망갈 힘도 없었습니다. 겁쟁이가 말했습니다. '네 지갑에 있는 것을 다 내놓아라.' 그러나 연약한 믿음은 잠시 머뭇거렸습니다(돈을 빼앗기고 싶지 않았던 것입니다). 불신은 그에게 달려들어 주머니를 마구 뒤지더니 은화가 들어 있는 주머니를 꺼냈습니다. 그러자 연약한 믿음이 외쳤습니다. '도둑이야! 도둑!' 그 말에 유죄는 쥐고 있던 커다란 곤봉으로 연약한 믿음의 머리를 세게 내리쳤습니다. 그 일격에 연약한 믿음은 땅에 쓰러지고 말았습니다. 그는 피를 너무 많이 흘린 나머지 죽은 사람 같았습니다. 그동안 내내 도둑들은 아랑곳하지 않고 옆에 서 있었습니다. 그러다 그들은 어떤 사람이 길 위에 있다는 말을 듣고는 그가 큰 은혜(Great-grace)라는 도시에 사는 선한 확신(Good-confidence)이면 어쩌나 하는 생각에 두려워 줄행랑을 쳤습니다. 그 바람에 이 선한 사람은 홀로 남겨졌습니다. 얼마 뒤 연약한 믿음은 정신을 차렸고 자리에서 일어나 간신히 다시 길을 떠났습니다."

소망: "그래서 그들은 그가 가진 것을 다 빼앗아 갔나요?"

크리스천: "아니오. 그의 보석이 있는 곳만은 그들이 뒤지지 못했습니다. 그래서 그 보물들을 지킬 수 있었지요. 하지만 내가 들은 바로는 그 선한 사람이 도둑을 맞은 일로 몹시 상심했다고 합니다. 도둑들이 그의 여행 경비 대부분을 가져갔기 때문이지요. 그들은 그의 보물은 가져가지 못했습니다. 그리고 그에게는 약간의 돈도 남아 있었지요. 그러나 그 돈은 그가 목적지까지 가기에는 턱없이 부족했습니다."

소망: "하지만 그가 필요한 돈을 마련하기 위해 보석 일부를 팔거나 전당포에 맡길 수도 있지 않았을까요? 그것을 조금만 팔아도 목적지까지 갈 수 있는 여행 경비를 충분히 마련할 수 있었을 텐데요."

크리스천: "그렇지가 않아요. 그 나라에서 그의 보석의 가치를 알아주는 사람이 한 사람도 없었으니까요. 그도 그 보석을 팔아 경비를 얻을 마음이 없었고요. 게다가 그가 그 보석을 천성 문에서 잃어버렸다면 천국에서 받을 기업을 얻지 못했을 겁니다. 그것은 만 명에게 도둑을 맞는 것보다 더 큰 비극이지요."

그들은 계속 길을 갔다. 이윽고 한 곳에 이르렀는데 그들이 가고 있는 길이 양 갈래로 갈라져 있었다. 그 길은 그들이 가는 길만큼이나 곧게 뻗어 있었다. 그들은 두 길에서 어느 쪽을 택해야 할지 몰라 가만히 서 있었다. 두 길 모두 곧게 뻗어 있었던 것이다. 그들은 잠시 멈춰 서서 고민을 했다. 그때 검은 피부에 흰옷을 입은 한 사람이 그들에게 다가왔다. 그는 그들에게 왜 가만히 서 있느냐고 물었다. 그들은 천성으로 가는 길인데 양 갈래 길이 나와 어느 쪽으로 가야 할지 고민 중이라고 대답했다. "그렇다면 나를 따라오세요."라고 그가 말했다. "나도 그곳으로 가고 있거든요." 그래서 그들은 그가 가는 길을 따라갔다. 그 길은 점점 좁아지고 휘어지더니 그들이 가려고 하는 천성에서 점점 멀어지는 것이었다. 그러더니 얼마 가지 않아 천성을 완전히 등지고 말았다. 그러나 그들은 계속 그의 뒤를 따라갔다. 그런데 알지도 못하는 사이에 그들은 그물망 속에 걸려들고 말았다. 그리고 그물 속에 완전히 엉켜 어찌할 바를 몰랐다. 그 바람에 흰옷이 그 검은 사람의 등에서 벗겨졌다. 그러자 그들은 자신들이 어떤 상황에 빠져 있는지 비로소 알게 되었다. 그들은 한참 동안 울며 누워 있을 수밖에 없었다. 그물을 빠져 나올 방법을 몰랐기 때문이다.

한참 동안 그물 속에서 울부짖던 그들 앞에 밝게 빛나는 한 분이 손에 가는 채찍을 들고 다가오는 것이 보였다. 그들이 있는 곳에 이르자 그는 그들에게 어디에서 왔으며 그곳에서 무엇을 하고 있느냐고 물었다. 그들은 그에게 자신들은 시온으로 가고 있는 불쌍한 순례자인데 흰옷을 입은 검은 남자에 이끌리어 이렇게 길을 벗어나게 되었다고 말했다. 그 검은 남자가 자기도 그곳으로 가고 있으니 자기를 따라오라고 했다는 것이다. 그러자 채찍을 든 사람이 말했다. "그 자는 아첨꾼이다. 스스로를 빛의 천사인 양 가장하는 거짓 사도란다." 그는 그물을 찢어 그들이 빠져 나올 수 있게 해 주었다. 그런 다음 그들에게 말했다. "나를 따라오너라. 너희를 원래의 길로 돌아가게 해 주겠다." 그는 그들을 인도해 아첨꾼을 따라가느라 떠났던 원래의 길로 돌아가게 해 주었다. 그가 그들에게 물었다. "너희는 지난 밤 어디에서 묵었지?" 그들이 말했다. "목자들과 함께 기쁨의 산맥에서 묵었습니다." "그들이 바른 길을 가는 법을 적은 쪽지를 주지 않았느냐?" 그들은 그렇다고 대답했다. "길에서 멈추었을 때 그 쪽지를 꺼내 보지 않았느냐?" "아니오." "왜 그랬지?" 그들은 잊어버렸다고 말했다. 그는 목자들이 아첨꾼을 조심하라고 하지 않았느냐고 물었다. "네, 하지만 우리는 이렇게 멋지게 말을 잘하는 사람이 아첨꾼이라고는 상상도 하지 못했습니다."

나는 꿈속에서 그가 그들에게 누우라고 명령하는 것을 보았다. 그들이 눕자 그는 그들을 호되게 징계했다. 그들에게 가야 할 바른 길을 가르쳐 주기 위해서였다. 그가 그들을 징계하며 말했다. "무릇 내가 사랑하는 자를 책망하여 징계하노니 그러므로 네가 열심을 내라 회개하라"(계 3:19). 징계가 끝나자 그는 그들에게 길을 계속 가라고 명했다. 그리고 목자들이 가르쳐 준 다른 지시 사항들에 주의를 기울이라고 말했다. 그들은 그가 보여 준 모든 친절에 깊은 감사를 표했다. 그리고 즐겁게 바른 길을 따라 길을 갔다.

나는 꿈속에서 그들이 길을 가다가 어떤 나라에 당도하는 것을 보았다. 그곳의 공기는 그것에 익숙하지 않은 사람들을 매우 졸리게 만들었다. 소망은 정신이 아득해지고 눈꺼풀이 무거워지더니 잠이 오기 시작했다. 그래서 그는 크리스천에게 말했다. "너무 졸려서 눈을 도저히 뜰 수가 없어요. 여기에서 잠시 누워 눈을 붙이고 갑시다."

"절대 안 됩니다."라고 크리스천이 말했다. "여기에서 잠이 들면 다시는 깨어나지 못할 겁니다."

소망: "왜 그렇게 생각해요? 잠은 수고한 영혼에게 달콤한 휴식입니다. 여기에서 잠시 눈을 붙이고 나면 개운해질 거예요."

크리스천: "당신은 목자들 가운데 한 분이 우리에게 마법의 땅을 조심하라고 한 말을 기억하지 못합니까? 그는 우리가 잠을 자지 않도록 조심하라고 그 말을 한 것입니다. 그러니 다른 사람들처럼 잠을 자지 말고 깨어 맑은 정신으로 있어야 합니다."

뒤를 돌아본 소망이 무지가 바로 뒤를 쫓아오는 것을 보았다. 소망이 크리스천에게 말했다. "이봐요, 저 애가 얼마나 가까이 쫓아왔는지를 보세요."

크리스천: "아, 나도 봤어요. 하지만 그 애는 우리와 함께 가고 싶지 않을 걸요?"

소망: "하지만 여기까지 우리와 동행했더라면 저렇게 다치지 않았을 텐데요."

크리스천: "맞아요. 하지만 그 아이는 그렇게 생각하지 않을 겁니다."

소망: "맞아요. 그럴 거예요. 하지만 그 애를 잠시 기다려 줍시다."

그들은 그를 기다려 주었다.

그러자 크리스천이 그에게 말했다. "어서 오너라. 얘야, 그런데 왜 이렇게 뒤처졌지?"

무지: "난 많은 사람과 함께 가는 것보다 혼자 걷는 것이 좋아요. 아저씨들은 내가 따라갈 수 없을 만큼 빠르게 걷는 걸요."

나는 꿈속에서 그들이 저만치 앞서서 빠른 속도로 걸어가는 것과 무지가 그 뒤를 절뚝거리며 쫓아가는 것을 보았다.

그 무렵 순례자들은 마법의 땅을 넘어 뿔라(Beulah)의 나라로 들어가게 되었다. 그곳의 공기는 아주 달고 상쾌했다. 그들이 가려는 길은 그곳을 곧게 통과하고 있었다. 그들은 잠시 그곳에서 휴식을 취하기로 했다. 그곳에서는 새들의 지저귐이 끊임없이 들려오고 매일 매일 아름다운 꽃들이 지면을 덮고 있었다. 이 나라에서는 산비둘기의 소리도 들을 수 있었고 햇살은 밤낮 환하게 비추고 있었다. 이곳은 사망의 음침한 골짜기 너머에 있었는데 거인 절망의 손길이 미치지 못하는 곳이었다. 그래서 아무도 의심의 성을 볼 수 없었다. 게다가 여기에서 그들은 자신들이 가려고 하는 천성을 볼 수 있었다. 그리고 그곳에 사는 사람들도 만날 수 있었다. 이곳이 천국의 경계 지점이었기 때문에 빛나는 자들이 자주 거닐곤 했던 것이다.

  그곳을 걷고 있는 그들은 자신들이 가려고 하는 곳에서 멀리 떨어진 다른 곳보다 더 마음이 행복해지는 것을 느꼈다. 그곳은 그 도시와 가까웠기 때문에 그곳을 더 잘 볼 수가 있었다. 그곳은 진주와 보석들로 세워진 도시였다. 그곳의 거리는 정금으로 뒤덮여 있었다. 그들은 점점 더 가까이 그곳으로 갔다. 그곳에는 과수원과 포도원, 정원이 있었다. 그곳의 문은 대로를 향해 활짝 열려 있었다. 그들이 가까이 갔을 때 정원사가 길에 서 있는 것이 보였다. 순례자들이 그에게 말했다. "이 멋진 포도원과 정원은 누구의 것인가요?" 그가 대답했다. "그것은 왕의 것입니다. 그분의 기쁨과 순례자들을 위로하기 위해 이곳에 세워졌죠." 정원사는 그들을 포도원으로 들어오게 했다. 그리고 맛있는 포도로 그들의 기운을 북돋워 주었다. 그는 그들에게 왕의 산책로와 그분이 즐겨 찾는 정자도 보여 주었다. 그곳에서 잠시 기다리던 그들은 스르르 잠이 들었다.

  그들은 잠에서 깨자 천성으로 올라가자고 말했다. 그 도시는 그들이 눈을 똑바로 뜨고 볼 수 없을 정도로 햇살이 영광스럽고 찬란하게 비추고 있었다. 그러나 그들은 도구를 사용해 그곳의 모습을 볼 수 있었다. 나는 길을 가고 있는 그들을 황금처럼 빛나는 옷을 입은 두 사람이 만나러 오는 모습을 보았다. 그들의 얼굴도 빛처럼 눈부시게 빛나고 있었다.

  그들은 순례자들에게 어디에서 왔느냐고 물었다. 순례자들이 대답하자 그들은 도중에 어디에서 묵었으며 어떤 어려움과 위험을 만났고 어떤 위로와 기쁨을 누렸느냐고 물었다. 순례자들이 대답하자 그들이 말했다. "당신들은 이제 두 가지만 더 어려움을 이기면 됩니다. 그러면 천성에 들어갈 수 있습니다."

크리스천과 소망이 그들에게 함께 가자고 청하자 그들이 동의했다. 나는 꿈속에서 그들이 문이 보이는 곳까지 함께 가는 것을 보았다.

나는 그들과 문 사이에 강이 있는 것을 보았다. 그러나 그 강은 다리도 없는데다 매우 깊었다. 강물을 보자 순례자들은 당황하며 어찌할 바를 몰라했다. 그러나 그들과 동행한 자들이 말했다. "당신들은 저 강을 건너가야 합니다. 그렇지 않으면 저 문에 이를 수가 없습니다."

그러자 순례자들은 문으로 통하는 다른 길은 없는지 물었다. 그 말에 그들이 대답했다. "네, 있습니다. 하지만 오직 한 길만이 더 있을 뿐입니다. 그 길은 에녹과 엘리옷이 허락받은 길입니다. 마지막 나팔이 울릴 때까지 다른 길은 없습니다." 그러자 순례자들, 특히 크리스천이 낙심하기 시작했다. 그는 이쪽저쪽을 두리번거렸다. 그러나 강을 피해 갈 수 있는 길은 어디에도 없었다. 그러자 이번에는 물이 너무 깊은 것이 아니냐고 물었다. 그들이 말했다. "그렇게 깊지는 않습니다. 하지만 이번에는 우리가 당신들을 도울 수가 없습니다. 당신들이 그곳의 왕을 믿을 때 물의 깊이를 알게 될 겁니다."

그들은 이제 강을 건너기 시작했다. 그런데 강물 속에 들어간 크리스천이 가라앉기 시작했다. 그는 선한 친구인 소망을 향해 소리 질렀다. "물에 빠져 죽을 것 같아요. 큰 물결이 내 머리 위로 덮쳐 오고 있어요."

그러자 소망이 말했다. "힘을 내세요, 형제! 나는 바닥이 느껴져요. 강은 그리 깊지 않아요." 그러자 크리스천이 말했다. "아! 내 친구여, 죽음의 슬픔이 나를 에워싸고 있어요. 나는 젖과 꿀이 흐르는 땅을 보지 못할 거예요." 그렇게 깊은 어둠과 공포 속에서 크리스천은 의식을 잃고 말았다. 그는 앞을 볼 수가 없었다. 이제 그는 완전히 감각과 분별력을 잃고 말았다. 그는 순례의 길에서 만나 자기에게 힘을 주었던 것들을 떠올리지도 못했다. 그의 모든 외침은 강에서 죽어 문 안으로 들어갈 수 없을 거라는 두려움뿐이었다. 그때 옆에 서 있던 사람들은 그가 순례자가 되기 전과 순례의 길을 떠난 후에 자신이 지었던 모든 죄를 떠올리며 몹시 고통스러워한다는 것을 알게 되었다. 그는 때로 유령과 환영, 악한 영으로 몹시 괴로움을 당하고 있었다. 그러자 소망은 크리스천의 머리를 계속 물 밖으로 나오게 하려고 안간힘을 썼다. 그런 노력에도 불구하고 그는 때로 물 속으로 내려가곤 했다. 그리고 얼마 지나지 않아 다시 물 위로 올라왔을 때는 마치 죽은 사람처럼 보일 정도로 창백했다.

소망은 그를 위로하려고 애썼다. 그가 말했다. "형제여, 저기 문과 우리를 맞이하기 위해 그 문 옆에 서 있는 사람들이 보입니다. 당신이 이 강에서 겪는 어려움과 절망은 하나님이 당신을 버렸다는 표시가 결코 아닙니다. 오히려 당신이 지금까지 받은 그분의 선하심을 마음속에 떠올리고 있는지, 당신이 절망에 빠져 있을 때 그분을 의지하는지를 시험하기 위해 허락된 것일 뿐입니다." 두 사람은 용기를 내었다. 그러자 크리스천을 공격하던 원수가 돌처럼 굳어지더니 어디론가 사라져 버렸다. 크리스천은 즉시 발을 딛고 설 단단한 땅을 찾았다. 이제 남은 강물의 깊이는 매우 얕았다. 그래서 그는 강을 아주 쉽게 건널 수 있었다.

그들은 맞은편 강둑 위에서 두 명의 빛나는 사람을 다시 만났다. 그들은 그곳에서 그들을 기다리고 있었던 것이다. 순례자들은 강에서 나오자마자 그들과 함께 문을 향해 갔다.

천성은 거대한 언덕 위에 서 있었지만 순례자들은 아주 편하게 그 언덕을 오를 수 있었다. 두 명의 빛나는 사람이 그들의 손을 잡고 끌어 주었기 때문이다. 순례자들은 강물 속에서 입고 있던 옷이 벗겨지는 바람에 강물 속에 들어갈 때 입었던 옷을 더 이상 입고 있지 않았다. 그래서 성이 구름보다 더 높은 곳에 위치해 있었지만 그들은 아주 빠르고 가볍게 그곳까지 올라갈 수 있었다. 그들은 강을 무사히 건넜다는 것과 영광스러운 자들이 자신들을 호위하고 있다는 생각에 아주 즐겁게 이야기를 나누며 올라갔다.

그들이 문을 향해 다가가는 동안 나는 천상의 허다한 무리가 그들을 맞이하러 나오는 광경을 보았다. 그들에게 두 명의 빛나는 사람이 말했다. "이들은 세상에 있을 때 우리 주님을 사랑한 사람들입니다. 그리고 그분의 거룩한 이름을 위해 모든 것을 떠난 자들입니다. 그분은 그들을 데리고 오라고 우리를 보내셨고 우리는 그들이 그토록 바랐던 곳으로 그들을 인도해 왔습니다. 그들은 이곳에 와서 기쁨의 표정을 짓고 있는 그들의 구속자를 볼 수 있었습니다." 그때 그들을 만나러 왕의 나팔 부는 자 가운데 몇 사람이 나왔다. 그들은 희고 빛나는 옷을 입고 있었다. 그들이 아름다운 곡조를 연주하자 천국에 그들의 나팔 소리가 메아리치며 울려 퍼졌다. 이 나팔 부는 자들은 크리스천과 소망에게 이 세상에서는 결코 볼 수 없는 만 배의 환영으로 인사했다. 그들은 외치는 소리와 나팔 소리로 환영하며 인사했다.

그 후 사방에서 두 사람을 에워쌌다. 어떤 이들은 앞서 갔고 어떤 이들은 뒤에서 따라갔으며 어떤 이들은 오른쪽에서, 다른 이들은 왼쪽에서 그들과 동행했다(위까지 올라가는 내내 그들을 호위하며 가는 것처럼 보였다). 그들은 가는 내내 계속 아름다운 곡조를 울렸다. 그 광경은 마치 그들을 맞이하러 천국 전체가 임재하는 것처럼 보였다. 그렇게 그들은 함께 길을 걸었다. 그들이 걸을 때 때로 나팔수들은 음악에 표정과 몸짓과 섞어 가며 즐거운 소리를 발했다. 그들은 계속해서 크리스천과 소망을 사람들이 얼마나 환영하는지, 그리고 얼마나 큰 기쁨으로 그들을 맞이하러 나왔는지를 표현해 주었다. 그래서 두 사람은 아직 천국에 이르지도 않았는데 벌써 천국에 와 있는 것처럼 기뻤다. 그들은 천사들의 모습을 보고 천상의 아름다운 곡조를 들으며 넋을 잃은 듯 황홀해했다. 또한 이곳에서 그들은 천성의 모습을 볼 수 있었다. 그리고 그곳에서 자신들을 환영하기 위해 울리는 모든 종소리를 듣는 듯했다. 그러나 무엇보다도 그곳에서 이렇게 아름다운 무리와 영원히 살게 될 거라는 따뜻하고 기쁨에 넘친 생각에 그들의 마음은 기쁨으로 벅차올랐다. 오! 어떤 말로, 어떤 글로 그들의 영광스러운 기쁨을 표현할 수 있겠는가! 그렇게 그들은 문을 향해 올라갔다.

문에 이르자 그들은 금으로 새긴 글귀를 볼 수 있었다.

"그 두루마기를 빠는 자들은 복이 있으니 이는 저희가 생명나무에 나아

가며 문들을 통하여 성에 들어갈 권세를 얻으려 함이로다"(계 22:14).

나는 꿈속에서 빛나는 사람들이 그들에게 문으로 들어가라고 명령하는 것을 보았다. 그 말을 듣고 그들이 문 안으로 들어가자 위에서 어떤 사람들이 문을 내려다보았다. 그들은 다름 아닌 에녹과 모세, 엘리야였다. 누군가 그들에게 말했다. "이 순례자들은 이곳의 왕을 향한 사랑으로 멸망의 도시에서 온 사람들입니다." 순례자들은 그들에게 증서를 주었다. 그들이 그것을 받아 왕에게 건네자 왕이 말했다. "그들이 어디에 있느냐?" "그들은 지금 문 밖에 서 있습니다." 그러자 왕은 즉시 문을 열라고 명령했다.

나는 꿈속에서 두 사람이 문 안으로 들어가는 것을 보았다. 그리고 자, 보라! 그들이 문 안으로 들어가자마자 그들의 모습이 완전히 변화되었다. 그들은 금처럼 빛나는 옷을 입었고 수금을 가지고 면류관을 쓰고 있었다. 그것들은 모두 그들을 만나는 자들이 준 것이었다. 수금은 찬양을 위한 것이고 면류관은 영광의 증표였다. 나는 꿈속에서 성 안에 있는 모든 종이 다시 기뻐하며 외치는 소리를 들었다. 그들은 방금 들어온 두 사람에게 외쳤다. "네 주인의 즐거움에 참예할지어다"(마 25:23). 그리고 나는 그들이 큰 소리로 노래 부르며 이렇게 외치는 소리를 들었다. "하늘 위에와 땅 위에와 땅 아래와 바다 위에와 또 그 가운데 모든 만물이 가로되 보좌에 앉으신 이와 어린양에게 찬송과 존귀와 영광과 능력을 세세토록 돌릴지어다"(계 5:13).

그들이 들어갈 수 있도록 문이 활짝 열리자 나는 그들을 따라 안을 들여다보았다. 문 안의 성은 해처럼 빛나고 있었다. 성의 길은 맑은 유리 같은 정금으로 덮여 있었다. 그 길을, 머리에는 면류관을 쓰고 손에는 종려 가지를 들고 손에는 금으로 된 수금을 든 많은 사람이 찬양하며 걷고 있었다.

그들은 또한 날개를 달고 있었는데 서로 밤낮 쉬지 않고 이르기를 "거룩하다, 거룩하다, 거룩하다 주 하나님!"이라고 화답하고 있었다. 그 후 그들은 문을 닫았다. 그 광경을 보자 나도 그들을 따라 그 문 안에 들어가고 싶은 마음이 간절해졌다.

문이 닫히자 나는 뒤를 돌아보았다. '무지'가 강으로 가까이 다가오는 것이 보였다. 그는 곧 강을 건넜다. 그런데 그는 다른 두 사람이 만난 시련의 절반도 겪지 않은 채 아주 쉽게 강을 건너는 것이 아닌가! 뱃사공인 헛된 소망(Vain-hope)이 자기 배로 그를 건네 주기 위해 왔기 때문이다. 강을 다 건너자 무지는 앞선 두 사람처럼 문에 이르기 위해 혼자 언덕을 올랐다. 아무도 그를 격려해 주러 오지 않았던 것이다. 문에 이르러 그도 그 위에 쓰여 있는 글귀를 보았다. 그는 곧 누군가 문을 열고 자기를 들여보내 줄 것이라고 기대하며 문을 두드리기 시작했다. 그러자 문 꼭대기에서 내려다보고 있던 사람들이 그에게 질문했다. "너는 어디에서 왔느냐? 그리고 무엇을 원하느냐?" 그가 대답했다. "나는 왕의 임재 앞에서 먹고 마셨습니다. 그분은 우리가 사는 마을의 거리에서 가르치셨습니다." 그러자 그들이 안으로 들어가서 왕에게 보여 줄 수 있도록 그에게 증서를 달라고 했다. 그는 품속을 뒤지며 찾아보려고 했지만 헛수고였다. 그러자 그들이 말했다. "아무것도 가지고 있지 않느냐?" 그러나 무지는 한 마디도 대답하지 못했다. 그들이 왕에게 말했지만 왕은 그를 보러 내려오지 않았다. 대신 크리스천과 소망을 성으로 인도한

두 명의 빛나는 사람들에게 밖으로 나가 무지를 데리고 가 그의 손과 발을 결박하고 데리고 나가라고 명령했다. 그러자 그들은 그를 결박해 공중을 뚫고 나가 언덕 비탈에서 보았던 문으로 끌고 갔다. 그리고 그를 그곳에 밀어 던져 버렸다. 나는 그때 지옥으로 가는 길이 멸망의 도시뿐만 아니라 천국에도 있다는 것을 깨달았다! 그리고 잠이 깬 나는 이 모든 것이 꿈이었다는 것을 알게 되었다.

맺는 말

독자여, 나는 내 꿈을 그대에게 말했노라.
그대가 그것을 내게 혹은
그대 자신이나 이웃에게 해석해 보라.
그러나 잘못 해석하지 않도록 조심하라.
선을 행하려다 잘못하면 오히려 그 때문에
그대 자신을 욕되게 할 것이니.
극단적인 자가 되지 않도록 조심하라.
내 꿈을 가지고 장난치다
내 비유와 상징이 당신을 웃음거리로 만들거나 다툼에 말려들게 하지 않도록.
그런 것은 아이들이나 어리석은 자들이나 할 일이니.
대신 그대는 내 꿈의 본질을 보라.
장막을 거두고 내 베일 안을 들여다보라.
내 은유를 살펴 그 의미를 알게 되면
정직한 심령에 도움을 줄 것을 찾을 수 있으리.

그대는 내 비유에서 찌꺼기를 찾았는가?
그렇다면 과감히 던져 버리라.
그리고 그 안에 감춰진 금을 잘 지키라.
내 금이 광석에 둘러싸여 있을지 어찌 알겠느냐?
씨가 싫어 열매를 버리는 자는 아무도 없으니.
그러나 그대가 헛되이 모든 것을 버리려 한다면
나는 또다시 꿈을 꿀 수밖에.

천로역정 2부

크리스천의 아내와 아이들이 위험한 여행을 떠나
갈망하는 나라로 안전하게 도달하는 이야기

2부
예의 바르고 친절한 동행자들에게

얼마 전 여러분에게 크리스천이라는 순례자와 천성을 향한 그의 위험천만한 여정에 대한 내 꿈을 이야기했다. 그것은 내게 더할 나위 없는 큰 기쁨이었고 여러분에게는 큰 유익이었다. 나는 그때 여러분에게 그의 아내와 아이들에 대해 이야기하며 그들이 그와 함께 순례의 길을 가기를 얼마나 싫어했는지도 이야기했다. 결국 크리스천은 혼자 길을 떠났다. 그는 멸망의 도시에서 자신과 가족, 이웃이 멸망당하는 것을 가만히 앉아 볼 수가 없었기 때문이다. 그는 결국 그들을 버려두고 홀로 순례의 길에 올랐다.

그동안 여러 가지 일로 분주해 다시 크리스천의 순례의 길을 꿈꾸었던 장소로 돌아가는 일이 많은 방해를 받았다. 그래서 지금까지 크리스천이 남겨 두고 온 사람들이 어떻게 되었는지 알아볼 기회를 얻지 못했다. 그러나 최근 그곳에 갈 일이 생겨 다시 그곳으로 내려갔다. 나는 전에 꿈을 꾸었던 동굴에서 1마일 정도 떨어진 숲 속 여관에서 묵었는데 그곳에서 잠이 든 나는 다시 꿈을 꾸기 시작했다.

그리고 꿈속에서 한 노신사가 내가 누워 있는 곳으로 다가오는 것이 보였다. 그가 나와 한동안 같은 길을 갈 거라는 것을 알게 되자 나는 자리에서 일어나 그와 함께 가기로 했다. 함께 길을 걸으며 우리는 여행자들이 으레 그렇듯이 대화를 나누기 시작했다. 그리고 우리는 크리스천과 그의 여정에 대해 이야기를 나누게 되었다. 내가 먼저 그에게 이렇게 말을 걸었기 때문이다.

"선생님, 저 아래 우리가 가는 길 왼편에 있는 곳은 어떤 마을인가요?"

그러자 현자(Mr. Sagacity)가 말했다(그의 이름이 현자였다). "그곳은 멸망의 도시라네. 아주 많은 사람이 살고 있지. 그러나 아주 게으르고 악한 사람들이 많은 곳이라네."

내가 말했다. "나도 그곳이 멸망의 도시일 거라고 생각했습니다. 아, 그 도시에서 살았던 사람의 이야기를 들어 보았습니까? 그의 이름은 크리스천인데 더 높은 곳을 향해 순례의 길을 떠난 사람이지요."

현자: "물론 들어 보았지! 온 나라가 그에 대한 이야기로 자자한 걸. 많은 사람이 그의 위험한 여행에 축복을 빌어 주었지. 그가 이곳에 있었을 때는 모든 사람이 그를 바보라고 조롱했지만 이제 그가 가고 없자 모든 사람이 그를 입에 침이 마르도록 칭찬하고 있다네. 그가 아주 좋은 곳에서 잘살고 있다는 소문이 파다하거든. 그를 따라 위험한 길을 가지 않기로 한 사람들 가운데 그가 얻은 것을 보며 침을 흘리는 사람들이 많다고 하더군."

크리스천: "맞아요. 나도 그것을 보며 매우 기뻤어요. 나는 그 가엾은 사람이 이제 모든 수고를 마치고 안식을 누리고 있는 것이 얼마나 기쁜지 모릅니다. 그런데 선생님, 그의 아내와 아이들에 대한 소식은 듣지 못했습니까? 가엾은 사람들! 그들이 어떻게 되었는지 무척 궁금하군요."

현자: "크리스티아나와 그녀의 아들들을 말하는 건가? 그들은

크리스천이 간 길을 똑같이 걸어갔다네. 그들 모두 처음에는 크리스천을 놀리며 어리석다고 비난했지. 크리스천이 눈물을 흘리며 애원하고 설득해도 전혀 말을 듣지 않더니 나중에 깊이 생각해 본 후 마음을 바꾸었지. 그들은 짐을 싸서 그의 뒤를 쫓아갔다네. 그 선한 부인과 네 명의 아들이 말이지. 그들도 우리처럼 한동안 길을 갔다네. 나는 그들이 겪었던 모든 일을 자네에게 들려줄 수 있어."

다음은 그가 들려준 이야기다. 크리스티아나(아이들과 함께 순례의 길을 떠난 날부터 그녀의 이름이 되었다)는 남편이 떠나 버린 후 그에 대해 아무 소식도 들을 수 없게 되자 마음속에 여러 가지 생각이 떠올랐다. 그녀는 자신이 남편에게 한 행동 때문에 그를 더 이상 보지 못하는 것은 아닌지, 그 때문에 그가 자기 곁을 떠나게 된 것은 아닌지 생각하기 시작했다. 그래서 크리스티아나는 아들들을 불러 모아 놓고 다음과 같이 말했다. "내 아들들아, 너희도 알다시피 나는 최근에 네 아버지의 죽음으로 인해 깊은 영혼의 변화를 겪었단다. 절망에 빠져 있던 네 아버지에게 내가 너무 모질게 한 것이 양심에 무거운 짐을 지워 주는구나. 내가 내 마음뿐만 아니라 아버지를 향한 너희 마음까지 굳게 만들어 함께 순례의 길을 가는 것을 거부하게 만들었기 때문이란다. 그러니 얘들아, 어서 짐을 꾸리고 천성 문을 향해 길을 떠나자. 우리가 그 나라의 법에 따라 네 아버지를 만나고 평안 속에서 그와 함께 살 수 있도록 말이야."

그러자 아들들은 어머니의 마음이 변화되었다는 것에 기뻐 눈물을 흘렸다. 그리고 모두 여행을 떠날 준비를 하기 시작했다.

그들이 여행 떠날 준비를 하고 있을 때 크리스티아나의 이웃 두 사람이 그녀의 집에 와 문을 두드렸다. 크리스티아나가 말했다. "하나님의 이름으로 오신 분들이라면 어서 들어오세요." 이 말에 두 사람은 어안이 벙벙했다. 그런 언어를 듣는 것이 익숙하지 않았기 때문이다. 게다가 크리스티아나의 입에서 그런 말이 나왔다는 것은 더 믿어지지가 않았다. 그러나 집에 들어온 그들은 다시 한 번 놀랐다. 이 선한 여인이 집을 떠날 준비를 하고 있었기 때문이다.

그들이 말했다. "이봐요, 이게 무슨 일이에요?"

크리스티아나가 두 사람 가운데 연장자에게 말했다. 그녀의 이름은 소심함(Mrs. Timorous)이었다. "우린 여행을 떠날 준비를 하고 있어요"(소심함은 크리스천이 고생의 언덕에서 만난 자로 그에게 무서운 사자들이 있으니 돌아가라고 한 자의 딸이었다).

소심함: "무슨 여행을 말인가요?"

크리스티아나: "내 선한 남편의 뒤를 따라가는 거랍니다."

그 말을 하며 크리스티아나는 눈물을 흘렸다.

그러자 소심함은 그녀를 비난하며 함께 온 이웃에게 말했다(그녀의 이름은 '자비'였다). "자, 자비(Mercy) 양, 그녀의 일은 그녀에게 맡기고 우리는 더 이상 상관하지 맙시다. 그녀는 우리의 조언이나 우리가 함께 있어 주는 것을 대수롭게 생각하지 않는 것 같군요."

그러나 자비는 잠시 머뭇거리며 이웃의 말에 동의하려고 하지 않았다. 그것은 두 가지 이유 때문이었다. 첫째, 그녀의 마음속에서 연민이 일어나 크리스티아나를 동정하고 있었다. 그래서 그녀는 속으로 말했다. '만일 내 이웃이 가야 한다면 얼마 동안 동행하며 그녀를 도와주겠어.' 둘째, 그녀의 마음속 연민이 자신의 영혼을 불쌍히 여기고 있었다. 그래서 자비는 소심함에게 답했다.

자비: "부인, 사실 나는 오늘 아침 크리스티아나를 보기 위해 당신과 함께 이곳에 왔습니다. 부인도 보다시피 그녀가 이 나라를 떠나려고 하기 때문에 이렇게 화창한 날에 내가 그녀와 잠시라도 동행해 준다면 그녀에게 도움이 될 거라고 생각해요." 그러나 그녀는 두 번째 이유는 말하지 않고 비밀로 간직했다.

소심함: "당신도 저 부인과 똑같이 바보가 되어 가는 것 같군요. 자, 어서 마음을 가다듬고 현명하게 생각해요. 위험 밖에 있을 때는 안전하지만 그 안에 있을 때는 위험할 수밖에 없어요."

결국 소심함 부인은 집으로 돌아갔고 크리스티아나는 여행을 떠났다. 그러나 소심함이 집에 도착했을 때 그녀는 이웃의 박쥐 눈 부인(Mrs. Bat's eyes), 몰지각 부인(Mrs. Inconsiderate), 경박함 부인(Mrs. Light-mind), 무지함 부인(Mrs. Know-nothing)을 불렀다. 그들이 집에 왔을 때 소심함은 크리스티아나의 이야기와 그녀가 계획하고 있는 여행에 대해 이야기를 풀어 놓기 시작했다.

그 무렵 크리스티아나는 여행길에 올랐고 자비가 그녀와 동행했다. 함께 길을 가며 크리스티아나가 이야기를 시작했다. "자비 양, 뜻하지 않게 당신이 이렇게 동행해 주다니 얼마나 따뜻한 친절인지 모르겠어요."

그러자 젊은 자비 양이 말했다(그녀는 아직 나이가 어렸다). "당신과 함께 여행을 가는 것이 옳다고 생각이 되면 다시 마을로 돌아가지 않고 함께 길을 가겠어요."

크리스티아나가 말했다. "그렇다면 자비 양, 당신의 운명을 나와 함께 걸어 보아요. 순례 길을 마쳤을 때 어떤 것이 우리를 기다리고 있을지 나는 잘 알아요. 내 남편은 스페인의 광산에 있는 금을 다 준다고 해도 결코 바꾸지 않을 곳에 있답니다. 당신이 내 초대에 응해 이 길을 가고 있지만 결코 거부당하지 않을 거예요."

자비: "그렇다면 나도 당신과 함께 그곳에 가겠어요. 그리고 내가 감당해야 할 일을 견디겠어요."

그래서 그들은 함께 길을 떠났다. 그들이 낙담의 늪에 이르렀을 때 크리스티아나가 가던 길을 멈추고 말했다. "이곳은 내 사랑하는 남편이 진흙에 빠져 죽을 뻔했던 곳이에요." 그녀는 또한 이 장소가 순례자들의 유익을 위해 왕의 명령으로 만들어 놓은 곳이지만 전보다 더 악화되었다는 것을 알았다. 크리스티아나는 아이들과 함께 제자리에 서서 움직이려고 하지 않았다. 그러자 자비가 말했다. "어서 와요. 용감하게 시도해 봐요. 조심만 하면 괜찮을 거예요." 그러자 그들은 발밑을 살피며 한 발자국씩 옮기기 시작했다.

이제 현자는 내 곁을 떠났고 나는 다시 꿈을 꾸었다.

나는 크리스티아나와 자비, 크리스티아나의 아들들이 모두 좁은 문에 가까이 이르는 것을 보았다. 그 문에 가까이 이르자 문 안에 있는 사람을 어떻게 불러야 할지, 그리고 그들에게 문을 열어 준 사람에게 뭐라고 말해야 할지를 놓고 서로 짧게 논쟁을 벌였다. 그들은 크리스티아나가 가장 연장자이기 때문에 나머지 사람들을 대표해 그녀가 문을 두드리고 문을 열어 준 사람에게 말을 하기로 결론을 내렸다. 그래서 크리스티아나가 문을 두드렸다. 그리고 그녀의 가

없은 남편이 했던 것처럼 그녀도 문을 계속해서 두드렸다. 그러나 아무 대답도 들리지 않았다. 대신 그들을 향해 개가 짖는 소리만 들려왔다. 그것도 아주 큰 개의 소리 같았다. 그러자 모두 두려운 생각이 들기 시작했다. 그들은 매스티프(몸집이 크고 털이 짧은 맹견)가 자기들을 향해 공격해 올까 봐 무서워 문을 더 이상 두드리지도 못했다. 그들은 크게 마음이 동요하기 시작했다. 그리고 어찌해야 할지 몰라 당황해했다. 그들은 개가 무서워 감히 문을 두드릴 수도 없었다. 그렇다고 문을 지키는 사람이 그들이 돌아가는 모습을 보고 화를 낼까 봐 다시 돌아갈 수도 없었다. 결국 그들은 다시 문을 두드리기로 했다. 그리고 처음보다 더 세게 문을 두드리기 시작했다. 그러자 드디어 문지기가 말했다. "밖에 누가 왔소?" 그러더니 개가 짖는 것을 멈추고 문지기가 문을 열어 주었다.

크리스티아나는 정중하게 인사하며 말했다. "우리가 이 훌륭한 집의 문을 두드려서 불쾌하지 않으셨기를 바랍니다." 문지기가 말했다. "당신들은 어디에서 왔소? 그리고 무엇을 원하오?"

크리스티아나가 대답했다. "우리는 크리스천이 온 곳에서 왔습니다. 그리고 그와 똑같은 이유로 이곳에 왔습니다. 당신이 기뻐하신다면 천성으로 인도하는 길로 갈 수 있도록 우리에게도 이 문을 열어 주십시오. 나는 지금은 위에 올라간 크리스천의 아내였던 크리스티아나입니다."

그 말을 듣자 문지기가 놀라며 말했다. "뭐라고! 얼마 전까지만 해도 그런 삶을 혐오했던 크리스천의 아내가 지금은 순례자가 되었단 말이오?" 그러자 그녀가 고개를 끄덕이며 말했다. "그렇습니다.

내 사랑하는 아이들도 함께 왔습니다."

그러자 그는 그녀의 손을 잡고 안으로 들어갔다. 그리고 "어린아이들을 용납하고 내게 오는 것을 금하지 말라"(마 19:14)라고 말하며 문을 닫았다. 그러고는 기쁨의 나팔 소리로 크리스티아나를 기쁘게 하도록 위에 있는 나팔수들을 불렀다. 그들은 명령에 따라 나팔을 불며 온통 아름다운 곡조로 대기를 가득 채웠다.

그동안 내내 가엾은 자비는 자신이 거부당할지 모른다는 두려움 속에서 울부짖으며 밖에 서 있었다. 크리스티아나는 아이들과 함께 문 안으로 들어가자마자 자비를 위해 중보하기 시작했다.

그 중보를 듣고 문지기가 문을 열고 밖을 내다보았다. 자비는 기절해서 그곳에 쓰러져 있었다. 문이 열리지 않을 거라는 두려움에 그만 정신을 잃고 만 것이다.

그러자 그는 자비의 손을 잡아끌며 그녀를 부드럽게 안으로 들어오도록 인도하며 말했다. "나는 나를 믿는 모든 자들을 위해 기도한다. 어떤 방법을 통해서든 그들이 내게 올 수 있도록 말이다." 그런 다음 옆에 서 있는 사람들에게 말했다. "정신이 들도록 향을 좀 가져오너라." 그들은 자비에게 몰약 한 묶음을 가져다주었다. 그 향을 맡고 자비는 다시 정신이 들었다.

주님은 길 첫머리에서 크리스티아나와 그녀의 아이들, 자비를 받아 주셨다. 그리고 그들에게 다정하게 말씀해 주셨다. 그러자 그들이 말했다. "우리의 죄를 용서해 주십시오. 주님께 죄 사함을 구합니다. 이제 우리가 무엇을 해야 할지 알려 주십시오."

나는 꿈속에서 그가 그들에게 많은 좋은 말씀을 하시는 것을 보았다. 그분의 말씀을 들으며 그들은 매우 기뻐했다. 또한 그분은 그들을 먹이셨다. 그리고 그들의 발을 씻기시고 자신의 발자취를 따라 걷게 가르쳐 주셨다. 나는 그들이 길을 따라 걷는 것을 보았다. 날씨도 화창해서 그들이 여행하기에 더할 나위 없이 쾌적했다.

이야기를 나누며 가던 그들은 길에 서 있는 집에 가까이 이르게 되었다. 그 집은 순례자들의 휴식을 위해 세운 집이었다. 그들은 그 집을 향해 다가갔다(그 집은 해석자의 집이었다). 그들이 집 문 앞에 이르렀을 때 안에서 이야기 소리가 들려왔다. 그들은 크리스티아나의 이름이 들려오자 귀를 쫑긋 세우고 귀를 기울였다. 크리스티아나가 아들들과 함께 그 집에 이르기도 전에 이미 그들이 순례 길에 올랐다는 소문이 전해진 것이다. 그녀가 얼마 전까지만 해도 순례 길에 대해 듣는 것조차 싫어했던 크리스천의 아내라는 말에 그들의 기쁨은 더욱 컸다. 밖에 서 있던 그들은 안에 있는 선한 사람들이 크리스티아나를 칭찬하는 소리를 들었다. 물론 안에 있는 사람들은 크리스티아나 일행이 문 앞에 있으리라고는 꿈에도 생각하지 못했다. 이곳에서도 길의 첫머리에서 했던 것처럼 크리스티아나가 문을 두드렸다. 그 소리를 듣고 젊은 아가씨가 밖으로 나왔다. 그녀의 이름은 순결(Innocence)이었다. 그녀는 문을 열고 밖을 내다보았다.

아가씨가 그들에게 말했다. "당신들이 누구인지 이름을 알려 주세요. 안에 있는 주인님께 말씀드려야 합니다."

크리스티아나: "내 이름은 크리스티아나입니다. 몇 년 전 이 길을 여행한 순례자의 아내이지요. 이 아이들은 그의 네 아들입니

다. 이 아가씨도 함께 순례의 길을 가고 있는 내 동행입니다."

그 말을 듣고 순결이 안으로 달려 들어가 사람들에게 말했다. "누가 문 앞에 와 있는지 아세요? 바로 크리스티아나와 그녀의 아이들, 그리고 그녀의 동행이에요. 그들 모두가 이곳에서 즐거운 시간을 보내기 위해 문 밖에서 기다리고 있어요." 그러자 그들은 기뻐서 펄쩍펄쩍 뛰더니 그들의 주인에게 가서 말했다. 주인이 직접 문으로 가서 그녀를 보고 말했다. "당신이 선한 크리스천이 순례의 길을 떠나기 위해 남겨 두고 온 바로 그 크리스티아나라는 말입니까?"

크리스티아나: "내가 남편의 고통을 가볍게 여겨 홀로 떠나게 할 정도로 굳은 마음을 지녔던 바로 그 여인입니다. 이 애들은 그의 네 아들입니다. 하지만 나도 지금은 이 길을 왔습니다. 이 길 외에 옳은 길이 없다는 것을 확신하기 때문입니다."

해석자: "우리는 방금 전에도 당신에 대한 이야기를 하고 있던 참이었습니다. 당신이 순례의 길을 떠나게 된 소식을 방금 전에 들었기 때문입니다. 어서 들어오너라, 얘들아. 아가씨도 어서 들어와요. 어서."

그는 그들 모두를 집 안으로 초대했다.

그들이 안에 들어갔을 때 주인은 그들에게 자리에 앉아 휴식을 취하게 했다. 그들이 자리에 앉자 그 집에서 순례자들을 시중들기로 한 사람들이 그들을 보러 우르르 방으로 들어왔다. 그리고 크리스티아나가 순례자가 된 것을 기뻐하며 한 사람 한 사람 웃음을 짓기 시작하더니 방 안 모든 사람이 웃음을 지었다. 그들은 아이들도 따뜻하게 환영한다는 표시로 그 아이들의 얼굴을 다정스럽게 어루만져 주었다. 그들은 자비에게도 똑같이 사랑으로 대해 주었다. 그들 모두가 크리스티아나 일행이 주인집에 온 것을 따뜻하게 환영해 주었다.

아직 저녁 식사가 준비되지 않았기 때문에 해석자는 그들을 그 집에 있는 중요한 방들로 데리고 갔다. 그리고 크리스티아나의 남편인 크리스천에게 보여 주었던 것들을 그들에게도 보여 주었다.

해석자는 크리스티아나 일행에게 자신들이 본 것을 잠시 되새기게 한 다음 어느 방으로 그들을 데리고 갔다. 그곳에는 손에 퇴비용 갈퀴를 들고 단지 아래만 내려다보는 사람이 있었다. 그의 머리 위로는 손에 천상의 면류관을 든 사람이 퇴비용 갈퀴 대신 면류관을 그에게 주려 하고 있었다. 그러나 그 남자는 위를 올려다보지도, 그의 말에 관심을 기울이지도 않은 채 짚과 작은 나뭇가지, 바닥의 먼지만 긁어모을 뿐이었다.

그러자 크리스티아나가 말했다. "이것이 무엇을 뜻하는지 알아야 할 것 같아요. 이 남자는 이 세상 사람을 비유한 것이지요. 그렇지 않나요, 선한 선생님?"

"당신 말이 맞습니다."

그들이 다시 돌아왔을 때도 아직 저녁이 준비되지 않았기 때문에 크리스티아나는 해석자에게 다시 다른 것들을 더 보여 주거나 이야기를 해 달라고 청했다.

그러자 해석자가 말했다. "돼지는 살이 찔수록 진흙 구덩이에서 놀기를 더 좋아하고 소는 살이 찔수록 더 빨리 도살장으로 끌려갑니다. 탐욕스러운 사람은 건강할수록 더 쉽게 악에 빠져 버리지요.

단정하고 아름다워지려는 것은 모든 여인의 바람입니다. 그렇듯 하나님 앞에서도 아름답게 치장하려는 것은 좋은 것입니다. 선장이라면 폭풍이 칠 때 배에서 가장 가치가 적은 것을 배 밖으로 버리려 할 것입니다. 가장 좋은 것을 먼저 버리는 자가 어디 있겠습니까? 하나님을 두려워하는 자가 아니라면 아무도 그렇게 하지 않을 것입니다. 작은 구멍 하나도 배를 침몰시킬 수 있습니다. 그렇듯 작은 죄 하나가 죄인을 파멸로 이끄는 법입니다. 죄 안에 살며 행복을 구하는 자는 잡초 씨앗을 뿌리고 밀이나 보리로 헛간을 가득 채우려고 하는 사람과 같습니다. 하나님이 가볍게 여기시는 세상도 사람들은 가치 있게 여기거늘 하나님의 천국은 어떠하겠습니까?"

이윽고 저녁이 준비되고 식탁이 차려졌다. 상에는 온갖 진수성찬이 가득했다. 한 사람이 대표로 감사기도를 드리자 모두 자리에 앉아 식사를 즐겼다. 해석자는 식사할 때면 아름다운 음악으로 그 집에 사는 사람들을 즐겁게 해 주곤 했다. 이번에도 음유시인들이 노래를 불렀다. 그 가운데 한 사람이 있었는데 매우 아름다운 목소리를 갖고 있었다. 다음은 그가 부른 노래다.

"주님만이 나의 지지자
나를 먹이시는 분이니
어찌 내게 부족한 것이 있겠는가?"

다음 날 아침 그들은 눈부신 햇살 속에서 잠을 깼다. 그리고 곧 길을 떠날 채비를 했다. 그때 해석자가 자신의 하인인 큰마음(Great-heart)을 불렀다. 그리고 그에게 검과 투구, 방패로 무장을 하게 했다. 그리고 "내 딸들을 데리고 아름다움의 집으로 인도해 가거라. 그곳에서 휴식을 취할 수 있을 것이다."라고 하였다. 그래서 그는 무장을 한 채 그들을 앞서 길을 갔다. 해석자가 말했다. "하나님의 축복이 함께하기를!" 그 집의 가족 모두가 길 떠나는 그들에게 큰 축복을 빌어 주었다.

꿈속에서 그들이 길을 가는 모습을 보았다. 큰마음이 그들을 앞서 가고 있었다. 이윽고 그들은 크리스천의 짐이 등에서 굴러 떨어져 무덤 속으로 들어간 곳에 이르렀다. 이곳에서 그들은 잠시 걸음을 멈추고 하나님을 찬양했다.

나는 꿈속에서 길을 계속 가던 그들이 크리스천의 순례의 길에 누워 자고 있던 단순함과 게으름, 뻔뻔스러움을 만났던 곳에 이르는 것을 보았다. 그런데 보라! 그 세 사람이 길에서 조금 떨어진 곳에 쇠줄로 교수형을 당해 있는 것이 아닌가!

그러자 자비가 자신들의 안내자이자 지도자인 큰마음에게 말했다. "저 세 사람은 누구인가요? 그리고 무엇 때문에 저렇게 교수형을 당해 죽어 있는 건가요?"

큰마음: "이 세 사람은 매우 악한 기질을 갖고 있는 자입니다. 그들은 순례자가 되려는 마음이 전혀 없었습니다. 그리고 누구든 순례의 길을 가려고 하면 그들을 방해했습니다. 그들은 바로 자신의 게으름과 어리석음 때문에, 그리고 다른 사람들을 가지 못하게 방해한 것 때문에 저렇게 교수형을 당한 것입니다."

자비: "하지만 그들의 말에 설득당한 사람이 있었나요?"

큰마음: "그럼요, 그들은 몇 사람을 설득해 길을 못 가게 했지요. 그들이 설득한 사람은 바로 느림보(Slow-pace)였습니다. 그 외에도 헐떡거림(Short-wind), 무심(No-heart), 호색한(Linger-after-lust), 멍청이(Sleepy-head), 우둔함(Dull)이라는 젊은 부인도 설득해서 가지 못하게 했습니다. 게다가 그들은 여러분의 주님이 아주 엄한 주인이라며 다른 사람들에게 악한 소문을 퍼뜨렸습니다. 그리고 여러분이 가고 있는 좋은 나라에 대해서도 몇몇 사람이 말하는 만큼의 절반도 좋지 않다며 거짓말을 일삼았습니다. 또한 그분의 종들 가운데 가장 헌신적으로 섬기는 자들을 참견 잘하는 귀찮은 자들이라고 비방했습니다. 그들은 하나님의 떡을 딱딱한 껍데기이고 그분의 자녀들의 위로는 환상에 불과하다고 비난했습니다. 그리고 순례자들의 여행과 수고는 목적 없는 헛수고에 불과하다고 말했습니다."

그들은 길을 계속 갔고 마침내 고생의 언덕 아래에 이르게 되었다. 그곳에서 선한 친구 큰마음은 그들에게 크리스천이 그곳을 지나갈 때 겪었던 일을 이야기해 주었다.

이야기를 다 듣고 나자 그들은 언덕을 오르기 시작했다. 그러나 꼭대기에 도착하기 전에 크리스티아나가 숨을 헐떡거리며 말했다. "숨이 너무 차서 오르기가 어려워요. 영혼의 문제를 걱정하는 것보다 편하고 쉬운 것을 더 생각하는 사람들은 당연히 완만한 길을 택할 거예요." 그러자 자비가 말했다. "난 좀 앉아서 쉬어야겠어요." 아들들 가운데 막내가 울기 시작했다. 그러자 큰마음이 말했다. "어서 힘을 내요. 여기에서 주저앉으면 안 됩니다. 조금만 더 올라가면 왕자의 정자가 있습니다." 그러고는 막내의 손을 잡고 그를 그곳까지 끌고 올라갔다.

정자에 도착하자마자 그들은 기다렸다는 듯이 서둘러 자리에 앉았다. 그러자 자비가 말했다. "수고한 자들에게 휴식은 얼마나 달콤하단 말인가! 그리고 순례자들에게 이렇게 멋진 정자를 만들어 주시다니 왕자님은 얼마나 선하신 분인가! 이 정자에 대해 이야기는 많이 들어 보았지만 실제로 눈으로 보기는 이번이 처음이에요. 하지만 여기에서 잠이 들지 않도록 조심해야 해요. 내가 듣기로 크리스천도 이곳에서 잠이 들어 호되게 대가를 치렀다고 하더군요."

그러자 큰마음이 아들들에게 말했다. "어서 오너라, 착하고 기특한 얘들아. 어떠니? 괜찮아? 순례의 길을 가는 것이 어떠니?" 막내가 말했다. "선생님, 저는 숨이 하도 차서 죽는 줄 알았어요. 하지만 제가 어려워할 때 제 손을 잡고 이끌어 주셔서 감사드립니다. 그리고 저는 어머니가 해 주셨던 말을 기억해요. 어머니는 천국으로 가는 길은 사다리를 타고 가는 것과 같고 지옥으로 가는 길은 언덕을 내려가는 것과 같다고 하셨어요. 하지만 저는 사망으로 이르는 언덕을 내려가느니 생명을 얻기 위해 사다리를 타고 올라가겠어요."

그들이 먹고 마시며 이야기를 나누고 있을 때 그들의 안내자가 말했다. "날이 저물고 있습니다. 괜찮다면 지금 바로 길 떠날 준비를 해서 출발합시다." 그들은 자리에서 일어났고 아이들이 앞서 갔다.

길을 계속 가던 그들의 눈에 사자가 보이기 시작했다. 큰마음은 강한 사람이었기 때문에 사자를 두려워하지 않았다. 그러나 사자가 있는 곳에 이르렀을 때 앞서 가던 소년들이 뒤로 주춤거렸다. 사자가 무서웠던 것이다. 그들은 뒷걸음질을 치더니 결국 맨 뒤로 가 버렸다. 그것을 보고 안내자가 웃음을 지으며 말했다. "위험이 보이지 않을 때는 즐겁게 앞서 가더니 사자들이 나타나자마자 뒤로 가는 것이냐?"

그들이 사자 앞에 이르렀을 때 큰마음은 사자들을 개의치 않고 순례자들이 앞으로 나갈 수 있도록 길을 열어 주기 위해 검을 빼들었다. 그러자 순례자들의 안내자인 큰마음에게 한 사람이 다가오더니 말했다. "너희가 이곳으로 가는 목적이 무엇이냐?"

그는 거인족에 속하는 사람으로 이름은 잔인함(Grim) 혹은 피흘리는 자(Bloody-man)였다. 그는 바로 순례자들을 살해하는 자였다.

그러자 순례자들의 안내자가 말했다. "이 여인들과 아이들은 순례의 길을 가고 있다. 그리고 이 길은 그들이 반드시 지나가야 하는 길이다. 그들은 너와 사자들이 방해한다고 해도 기필코 그 길을 갈 것이다."

잔인함: "이 길은 그 길이 아니다. 그리고 그들은 이 길로 절대 들어올 수 없다. 나는 그들이 이 길을 못 가게 막을 것이다. 그 길 끝에는 사자들이 지키고 있을 것이다."

그러나 순례자들의 안내자가 먼저 잔인함에게 다가가 그를 힘껏 검으로 내리치자 그는 주춤거리며 뒤로 물러섰다.

그러자 잔인함이 사자들을 부추겨 공격하게 하려고 말했다.

"내 땅에서 나를 살해할 작정이냐?"

큰마음: "우리가 지금 있는 곳은 왕의 대로다. 네가 네 사자들을 놓은 곳도 바로 그분의 길이다. 이 여인들과 아이들은 비록 연약하지만 네 사자들이 가로막아도 그들의 길을 계속 갈 것이다."

그 말을 하며 그는 다시 잔인함에게 일격을 가했고 결국 그를 무릎 꿇게 했다. 다음 일격에는 그의 투구를 깨뜨렸고 그 다음에는 그의 팔을 잘라 버렸다. 그러자 거인이 아주 끔찍한 소리로 으르렁거려 여인들은 두려움에 떨었다. 그러나 잠시 후 그들은 그가 땅에 나뒹구는 모습을 보며 기뻐서 어쩔 줄을 몰랐다. 사자들은 쇠사슬에 매여 있었기 때문에 스스로는 아무것도 할 수 없었다. 그들을 가로막았던 늙은 잔인함이 죽자 큰마음이 순례자들에게 말했다. "어서 와서 나를 따르세요. 사자들은 당신들을 결코 해하지 못할 것입니다." 그들은 계속 앞으로 나갔다. 그러나 사자들 옆을 지나갈 때 여인들은 두려워 벌벌 떨었다. 아이들도 사자들이 금방이라도 자신들을 죽이기 위해 달려들 것처럼 보여 무서워 떨었다. 그러나 그들 모두 아무 해도 받지 않고 무사히 그곳을 통과할 수 있었다.

이윽고 문지기의 숙소가 그들의 시야에 들어왔다. 그들은 걸음을 재촉했다. 밤에 여행하는 것이 위험하기 때문이었다. 그들이 문에 이르러 안내자가 문을 두드리자 문지기가 큰 소리로 외쳤다. "밖에 누구십니까?" 안내자가 "나입니다."라고 말하자 그는 그의 목소리를 알아듣고는 금세 내려왔다(안내자가 종종 전에도 순례자들의 안내자로 이곳에 왔기 때문이다). 그는 문을 열고 바로 문 앞에 서 있는 안내자를 보고는(여인들이 안내자의 뒤에 있었기 때문에 가려서 보이지 않았다) 말했다. "큰마음, 이렇게 늦은 시간에 이곳에 오다니 무슨 일이세요?" "순례자들을 데리고 왔습니다. 우리 주님이 이곳에서 그들을 쉬게 하라고 명하셨기 때문입니다. 사자들을 데리고 나타난 거인에게 방해만 받지 않았어도 좀 더 일찍 이곳에 왔을 겁니다. 마침내 길고 지루한 싸움 끝에 그를 베어 버리고 순례자들을 이곳에 무사히 데려올 수 있었습니다."

문지기: "안으로 들어오지 않고 아침까지 밖에 서 있을 겁니까?"

큰마음: "네, 나는 오늘 밤 내 주인께로 돌아갈 겁니다."

크리스티아나: "오, 선생님, 순례 여행길에 우리만 남겨 두고 가시면 우리는 어떻게 합니까? 당신은 우리에게 지극한 신실함과 사랑을 베풀어 주셨습니다. 그리고 우리를 위해 너무나 용감하게 싸워 주셨습니다. 당신이 우리에게 해 주신 조언은 진심 어린 것이었습니다. 우리는 당신의 은혜를 결코 잊지 못할 것입니다."

자비가 말했다. "오, 우리의 여행이 끝날 때까지 동행이 되어 준다면 얼마나 좋을까요! 어떻게 우리같이 연약한 여인들이 이렇게 어려움으로 가득한 길을 친구나 보호자 없이 계속 걸어갈 수 있겠어요?"

그러자 막내 제임스(James)가 말했다. "선생님, 부디 우리와 함께 가 주세요. 우리는 너무 연약하고 길은 너무 위험하단 말입니다."

큰마음: "나는 주님의 명령을 따를 수밖에 없습니다. 그분이 내게 끝까지 여러분을 안내하라고 허락하신다면 기꺼이 여러분을 돕겠습니다. 그분이 처음에 내게 여러분을 맡기셨을 때 끝까지 여러분과 함께 가게 해 달라고 부탁했더라면 허락해 주셨을 텐데

요. 하지만 이젠 어쩔 도리가 없습니다. 그러니 선한 크리스티아나, 자비, 그리고 용감한 얘들아, 안녕히!"

해가 많이 기울고 여행으로 많이 지친데다 무시무시한 싸움과 사자들로 인해 심신이 많이 약해진 상태였기 때문에 순례자들은 가능하면 빨리 잠자리에 들고 싶었다. 그러자 그 집의 가족들이 말했다. "우선 먹을 것으로 기운을 좀 차리세요." 문지기가 그들이 오는 소리를 듣고 미리 가족들에게 식사를 준비하라고 했기 때문에 그들이 순례자들을 위해 맛좋은 양을 잡았던 것이다. 맛있게 저녁 식사를 하고 시편으로 기도를 마친 후 그들은 잠을 자기를 원했다. "우리에게 선택할 권리를 준다면 남편이 머물렀던 방에서 묵고 싶습니다."라고 크리스티아나가 말했다. 그래서 그들은 순례자들을 그 방으로 안내했다.

그들은 한 달 이상 그 집에서 묵으며 많은 유익을 얻었다.

순례자들이 이곳에서 묵은 지 일주일쯤 되었을 때 자비에게 호감을 가진 척 가장한 한 남자가 그녀를 찾아왔다. 그의 이름은 활발함(Mr. Brisk)이었다. 좋은 교육을 받은 독실한 신앙인인 척했지만 그는 사실 세상과 아주 가까운 사람이었다. 그는 한두 번 자비를 찾아와 사랑을 고백했다.

자비는 아름다운 용모를 지닌데다 매우 매력적인 아가씨였다. 그녀는 또한 언제나 무슨 일이든 바쁘게 하지 않으면 못 견디는 성격이었다. 자신을 위해 할 일이 없을 때면 그녀는 다른 사람들을 위해 양말이나 옷을 만들어 필요로 하는 사람들에게 나눠 주곤 했다. 활발함은 그녀가 만든 것을 가지고 어디에 어떻게 쓰는지 몰랐지만 그녀가 부지런하다는 것에 감탄하곤 했다. '그녀는 분명 좋은 가정주부가 될 거야.'라고 그는 속으로 생각했다.

자비는 집안 식구들에게 활발함이 자신에 대해 품고 있는 마음을 말하며 그가 어떤 사람인지를 물었다. 그들이 그를 자기보다 더 잘 알고 있을 거라는 생각에서였다. 그들은 그가 매우 바쁜 젊은이라고 말했다. 그리고 신앙인인 척하지만 선한 능력에 대해서는 전혀 모르는 사람이라고 말했다.

자비가 말했다. "그렇다면 그를 더 이상 만나지 않겠어요. 더 이상 내 영혼을 오염시키고 싶지 않으니까요."

다음에 다시 찾아왔을 때도 자비는 여전히 가난한 사람들을 위해 옷과 물건을 만들고 있었다. 그러자 그가 말했다. "항상 당신은 그 일에만 매달려 있군요." "네, 제 것도 만들고 다른 사람들의 것도 만들어요." "그 일로 하루에 얼마나 돈을 벌 수 있나요?" "내가 이 일을 하는 것은 선한 일에 부요한 자가 되어 언젠가 마지막 때가 왔을 때 선한 일을 많이 쌓아 놓은 자가 되고 싶어서예요. 그리고 영원한 생명을 얻기 위해서지요." "지금 만들고 있는 것은 어떻게 할 건가요?" "헐벗은 사람에게 입혀 줄 거예요." 그 말에 그의 얼굴색이 변하더니 다시는 그녀를 보러 오지 않았다. 사람들이 그 이유를 묻자 그는 자비가 예쁜 아가씨이기는 하지만 정신이 온전하지 못한 것 같다고 말했다.

그러던 어느 날 크리스티아나의 장남인 매튜(Matthew)가 병에 걸리고 말았다. 그의 병은 매우 심각했다. 통증을 심하게 호소했는데 마치 창자가 끊어지는 것처럼 아프다고 했다. 그곳에서 멀지 않은 곳에 노련함(Mr. Skill)이라는 오래되고 많은 인정을 받는 의사가 살고 있었다. 크리스티아나는 그가 와서 아들을 돌봐 주기를 바라며 사람을 보냈다. 이윽고 그가 환자를 보러 왔다. 방 안으로 들어와 아이의 상태를 보더니 복통이라고 진단했다. 그러고는 어머니에게 말했다. "저 아이가 최근에 무엇을 먹었나요?" "무엇을 먹었냐고요? 몸에 좋은 것 말고 다른 것은 먹은 것이 없는데요." "이 아이는 무언가 위에서 소화시키지 못하는 것을 먹었고 그것이 탈을 일으켰습니다. 그런데 그것을 몸에서 제거할 수가 없습니다."

그러자 사무엘(Samuel)이 말했다. "어머니, 어머니, 우리가 이 길 첫머리에 있는 문으로 들어오자마자 형이 모아서 먹은 것이 무엇이었죠? 벽의 왼쪽에 과수원이 있었던 것을 기억하시지요? 그 과수원의 나무 몇 그루에서 가지가 벽을 넘어 들어왔었어요. 형은 그 나뭇가지를 휘어 열매를 따 먹었죠."

크리스티아나가 말했다. "그렇구나, 얘야. 매튜가 그 나무에서 열매를 따 먹었지. 그렇게 말썽을 부리더니 내가 그렇게 꾸짖었는데 결국 그 열매를 먹고 말았구나."

노련함: "몸에 해로운 무언가를 먹은 것이 틀림없군요. 그 음식, 그러니까 그 열매는 몸에 가장 해로운 것이죠. 그것은 바알세불의 과수원에 있는 열매랍니다. 아무도 당신들에게 그 열매에 대해 경고해 주지 않은 것이 이상하군요. 그 열매를 먹고 죽은 사람이 수없이 많거든요."

그러자 크리스티아나가 울부짖으며 말했다. "오, 이 말썽쟁이 같으니라고! 나는 얼마나 부주의한 어머니란 말인가! 내 아들을 위해 이제 무엇을 하면 좋단 말인가!"

 노련함: "자, 힘을 내세요. 그렇게 낙담에 빠져 있으면 안 됩니다. 아이는 곧 회복될 겁니다."

 크리스티아나: "부디 선생님, 비용은 얼마가 들어도 좋으니 부디 아이를 살려 주세요."

의사는 약을 아이에게 가져와 먹였다. 그 약을 먹고 나자 아이는 열이 나고 땀을 흘리며 숨을 헐떡거리더니 곧 복통이 말끔히 나았다.

그 무렵 그들이 묵기로 한 한 달이 거의 다 되었다. 그들은 그 집 식구들에게 자신들이 짐을 꾸려 다시 길을 떠나는 것이 좋겠다고 뜻을 비쳤다. 그러자 조셉(Joseph)이 어머니에게 말했다. "큰마음을 나머지 길의 안내자로 보내 달라고 해석자에게 부탁해 보세요." "착하기도 하지. 하마터면 깜박 잊을 뻔했구나." 그녀는 탄원서를 써서 그것을 적당한 사람을 통해 좋은 친구인 해석자에게 보내 달라고 문지기인 경계에게 부탁했다. 해석자는 탄원서를 받자마자 그것을 자세히 읽더니 전달자에게 말했다. "가서 내가 그를 그들에게 보내겠다고 말하시오."

그리고 얼마 안 있어 문을 두드리는 소리가 들렸다. 문을 열어 준 문지기는 큰마음이 그곳에 서 있는 것을 보았다. 그리고 그가 들어왔을 때 얼마나 기쁨의 탄성을 발했는지 상상도 못 할 것이다! 그들은 아직도 그가 잔혹함, 피 흘리는 자라는 거인을 살해하고 그들을 사자들에게서 구해 냈던 일을 생생하게 기억하고 있었다.

그러자 큰마음이 크리스티아나와 자비에게 말했다. "내 주님께서 여러분 한 사람 한 사람에게 포도주 한 병씩을 보내셨습니다. 그리고 마른 옥수수와 석류나무도 보내 주셨습니다. 아이들에게는 가는 길에 힘을 북돋우라고 무화과나무와 건포도를 보내 주셨습니다."

이제 그들은 여행을 떠날 채비를 했다. 그리고 그 집의 하녀인 신중함과 경건함이 한동안 그들과 함께 길을 갔다. 문 앞에 이르렀을 때 크리스티아나가 문지기에게 최근에 지나간 사람이 있었느냐고 물었다. "얼마 전에 한 사람이 지나간 적이 있습니다. 그는 최근에 왕의 대로에서 큰 강도 사건이 일어났다고 말했습니다. 하지만 그는 그 강도들이 잡혔고 곧 재판을 받게 될 것이라고 말했습니다." 그러자 크리스티아나와 자비는 걱정을 하기 시작했다. 그러나 매튜는 "어머니, 아무것도 염려하지 마세요. 큰마음이 우리와 함께 가며 우리의 안내자가 되어 주는 한 아무 일도 없을 거예요."라고 말했다.

그러자 크리스티아나가 문지기에게 말했다. "선생님, 이곳에 온 이후로 우리에게 보여 주신 모든 친절에 깊이 감사를 드립니다. 그리고 제 아이들을 깊이 사랑해 주시고 다정하게 대해 주신 것도 감사드립니다. 선생님의 친절에 어떻게 감사를 표해야 할지 모르겠습니다. 그러니 당신에 대한 저의 존경의 표시로 이 얼마 안 되는 돈이라도 받아 주세요." 그녀는 그의 손에 금화를 쥐여 주었다. 그러자 그는 그녀에게 인사를 하며 고마움을 표했다. 그리고 그들은 길을 떠났다.

그들은 겸손의 골짜기로 가기 위해 언덕을 내려가기 시작했다. 언덕은 매우 가파르고 길은 미끄러웠다. 그러나 그들은 매우 조심했기 때문에 아무 일 없이 내려올 수 있었다. 그들이 골짜기에 내려갔을 때 경건함이 크리스티아나에게 말했다. "이곳은 당신의 남편이 사나운 악마 아볼루온을 만난 곳입니다. 이곳에서 그들은 아주 격렬한 싸움을 벌였습니다. 그러나 용기를 내십시오. 이곳에서 여러분의 안내자이자 지도자인 큰마음이 함께하는 한 우리는 여러분이 잘 해낼 것이라고 믿습니다." 두 하녀가 안내자에게 순례자들을 맡기고 떠나자 안내자가 그들을 앞서 갔고 순례자들은 그의 뒤를 따라갔다.

큰마음이 말했다. "우리는 이 골짜기를 두려워할 필요가 없습니다. 스스로 초래하지만 않는다면 이곳에서 우리를 해칠 수 있는 것은 아무것도 없기 때문입니다. 크리스천이 이곳에서 아볼루온을 만나 치열한 전투를 벌인 것은 사실입니다. 그러나 그 전투는 그가 언덕을 내려올 때 길에서 미끄러졌기 때문에 벌어진 일입니다. 그곳에서 미끄러지는 자들이 이곳에서 전투를 해야 하기 때문입니다. 그리고 이 골짜기가 그렇게 힘든 이름을 얻게 된 것도 바로 그 때문입니다. 대개 사람들은 어떤 곳에서 두렵고 놀라운 일이 일어났다는 이야기를 들으면 그곳에 사나운 귀신이나 악한 영이 출몰한다고 생각을 하게 됩니다. 아! 하지만 그런 일이 일어나는 것은 모두 그들이 잘못 행동한 결과일 뿐입니다."

그들이 이야기를 나누며 길을 가고 있을 때 한 소년이 아버지의 양 떼를 먹이고 있는 모습이 보였다. 그 소년은 아주 남루한 옷을 입고 있었지만 혈색도 좋고 표정도 밝았다. 그는 자리에 앉아 노래를 부르기 시작했다.

큰마음이 말했다. "목동이 부르는 노래를 잘 들어 보세요." 그들은 귀를 기울이고 들었다. 그 노래는 다음과 같다.

"아래에 있는 자는 떨어질 것을 두려워할 필요가 없네.
낮은 데 있는 자는 교만하지 않다네.
겸손한 자는 영원히
하나님이 그의 인도자가 되어 주신다네.
내가 가진 것에 만족하리.
그것이 많든 적든.
주여, 나는 여전히 만족하기를 원합니다.
당신이 나 같은 자를 구원해 주시니.
순례의 길을 가는 자에게
짐은 언제나 무거운 법.
이 세상에서 적게 누리면 저 세상에서 더 큰 축복을 누린다네.
영원토록 누릴 최고의 복이라네."

노래가 끝나자 안내자가 말했다. "노래를 다 들었습니까? 나는 이 목동이 비단옷을 입고 비단 모자를 쓴 사람보다 더 행복하고 기쁨이 넘치는 삶을 살고 있다고 말할 수 있습니다. 그의 가슴에 마음의 평안이라고 불리는 풀을 지니고 있으니 말입니다."

그들은 어느덧 사망의 음침한 골짜기 경계 지점에 이르렀다. 이 골짜기는 겸손의 골짜기보다 더 길었다. 그리고 많은 사람이 경험을 통해 알고 있듯이 악한 것이 가장 많이 나타나는 곳이었다. 그러나 여인들과 아이들은 그곳을 잘 통과해 갔다. 그들에게는 한낮의 빛이 있었고 큰마음이 그들의 안내자가 되어 주었기 때문이다.

그들은 계속해서 길을 갔다. 그러나 얼마 가지 않아서 자비가 뒤를 돌아보았을 때 사자같이 생긴 것을 본 것 같았다. 게다가 그것은 아주 빠른 속도로 그들의 뒤를 쫓아오고 있었다. 그것은 무시무시한 소리로 으르렁거렸고 사납게 포효할 때마다 골짜기 전체에 그 소리가 메아리쳐 울렸다. 그때마다 그들의 안내자를 제외한 모든 순례자의 심장은 오그라드는 듯 고통스러웠다.

사자가 그들에게 가까이 오자 큰마음이 모든 순례자를 뒤로 가게 하고 앞에서 그것과 맞섰다. 사자는 빠른 속도로 다가왔고 큰마음은 그에게 싸움을 하자고 말했다. 그러나 그 말을 듣자 사자는 뒷걸음질 치더니 더 이상 다가오지 않았다.

그들은 다시 길을 떠났고 안내자가 그들을 앞서 갔다. 그런데 갑자기 길 전체 너비만한 웅덩이가 파여 있는 곳에 이르게 되었다. 그리고 그 웅덩이를 건널 준비를 하기도 전에 짙은 안개와 어둠이 그들을 덮쳐 와 그들은 한 치 앞도 볼 수가 없었다. 그러자 순례자들이 말했다. "아! 이제 우리는 어찌하면 좋단 말인가!" 안내자가 대답했다. "두려워하지 마십시오. 그 자리에 그대로 서 있어요. 그리고 이 상황이 어떻게 끝나는지 보세요."

그들은 울부짖으며 기도했고 하나님은 빛을 보내 주셔서 그들을 구해 주셨다. 그러자 길 위에는 아무 방해물도 없었다. 조금 전까지만 해도 그들의 길을 가로막았던 큰 웅덩이는 온데간데없이 사라져 버리고 없었다. 그러나 그들은 아직 골짜기를 다 통과하지 않았다.

그들이 길을 계속 가고 있는데 조셉이 말했다. "아직 골짜기 끝이 보이지 않나요?" 안내자가 말했다. "발밑을 보아라. 지금 우리는 올무 속을 가고 있어." 그들은 발밑을 보며 조심조심 길을 갔다. 그러나 올무 때문에 많은 고생을 했다. 그들이 아직 올무 속을 걸어가고 있을 때 왼편에 있는 도랑에 한 사람이 빠져 있는 것을 보았다. 그의 몸은 온통 찢기고 상해 있었다. 그러자 안내자가 말했다. "저 사람은 이 길을 가고 있던 부주의(Heedless)라는 사람입니다. 그는 저곳에 오랫동안 저렇게 빠져 있습니다. 그가 잡혀 죽임을 당했을 때 그와 함께 간 사람으로 주의를 기울임(Take-heed)이라는 사람이 있었습니다. 그러나 그는 조심해서 올무를 피할 수 있었습니다. 여러분은 이곳에서 얼마나 많은 사람이 죽임을 당했는지 상상도 할 수 없을 겁니다. 순례의 길을 너무 가볍게 여겨 안내자 없이 길을 떠난 사람들은 저렇게 어리석은 최후를 맞게 되는 것입니다. 가엾은 크리스천! 그가 이곳을 빠져 나간 것은 놀라운 일입니다. 하지만 그는 하나님의 사랑을 받는 자였고 선한 마음을 지닌 자였습니다. 그렇지 않았다면 그도 이곳을 빠져 나가지 못했을 것입니다."

그들은 골짜기 끝을 향해 다가가고 있었다. 그리고 크리스천이 이곳을 지날 때 동굴을 보았던 바로 그곳에서 큰 망치(Maul)라는 거인이 나왔다. 이 큰 망치는 허위와 속임수가 가득한 논리로 젊은 순례자들을 망치곤 한 자였다. 그는 큰마음을 부르며 말했다. "내가 이런 일을 하지 말라고 그렇게 수차례 경고했거늘 아직도 계속 하고 있단 말이냐?" 그러자 큰마음이 말했다. "무슨 일을 말이냐?" "무슨 일이냐고?" "내가 무슨 말을 하는지 잘 알고 있을 텐데. 하지만 이제 내가 그 일을 그만두게 해 주겠다."

거인이 다가왔고 큰마음은 그를 대적하려고 앞으로 나갔다. 그는 검을 빼들었고 거인은 커다란 쇠몽둥이를 들고 있었다. 그들은 곧바로 싸우기 시작했다. 그러나 거인의 첫 번째 일격에 그만 큰마음이 쓰러져 무릎을 꿇었다. 그 광경을 보고 여인들과 아이들은 울부짖기 시작했다. 큰마음은 다시 정신을 차리고 힘을 내었다. 그리고 거인의 팔에 심한 부상을 입혔다. 불을 내뿜는 듯한 격렬한 싸움은 한 시간 가까이 계속되었고 거인이 숨을 내쉴 때마다 콧구멍에서는 마치 큰 가마솥처럼 열기가 뿜어져 나왔다.

그들은 다시 힘을 모으기 위해 잠시 휴식을 취했다. 그러나 그동안 큰마음은 기도하러 갔다. 여인들과 아이들은 싸움이 계속되는 동안 내내 한숨과 탄식만을 발했다.

잠시 휴식을 취하고 나자 두 사람은 다시 싸움을 시작했다. 큰마음이 크게 휘두른 검에 맞아 거인이 땅에 쓰러졌다. "잠깐만, 다시 정신을 차리고 싸우자."라고 거인이 말하자 큰마음이 그에게 일어날 기회를 주었다. 그들은 다시 싸움을 시작했고 거인이 휘두른 몽둥이에 맞아 하마터면 큰마음이 머리를 크게 다칠 뻔했다.

큰마음이 그것을 알고는 다시 심기일전해 그를 향해 달려들었다. 그러고는 다섯 번째 갈비뼈 아래를 깊이 찔렀다. 그 일격으로 거인은 정신이 혼미해지더니 더 이상 몽둥이를 쥐고 있을 수가 없었다. 그 때 큰마음이 두 번째 일격을 가했다. 이번에는 거인의 머리와 어깨를 세게 내리치며 그의 목을 쳤다. 그러자 여인들과 아이들은 뛸 듯이 기뻐했다. 큰마음도 구원을 베풀어 주신 하나님을 찬양했다.

나는 그들이 길에서 조금 떨어진 언덕을 올라가는 것을 보았다.

그곳은 순례자들이 먼 곳을 바라보도록 세워 놓은 곳이었다(이곳은 크리스천이 믿음을 처음으로 본 곳이다). 이곳에서 그들은 잠시 자리에 앉아 쉬었다. 그리고 위험한 적에게서 구원을 얻은 것을 기뻐하며 먹고 마시는 가운데 즐거운 시간을 보냈다.

휴식을 다 취한 그들은 다시 자리에서 일어나 길을 계속 갔다. 그들 바로 앞에 떡갈나무가 서 있었는데 바로 그 아래에 한 늙은 순례자가 깊이 잠들어 있는 것이 보였다. 그들은 그가 입은 옷과 지팡이, 허리띠를 보고 그가 순례자라는 것을 알 수 있었다.

안내자인 큰마음이 그를 흔들어 깨웠다. 그러자 노신사는 눈을 뜨더니 소리쳤다. "무슨 일이요? 당신은 누구요? 여기에서 무엇을 하는 겁니까?"

큰마음: "그렇게 흥분하지 말고 어서 일어나십시오. 우리는 모두 당신의 친구들입니다."

그러나 노인은 자리에서 일어나 방어 자세를 취하며 그들이 누구인지 계속해서 물었다. 그러자 안내자가 말했다. "내 이름은 큰마음입니다. 나는 이 순례자들의 안내자입니다. 그들은 천성으로 가고 있는 길입니다."

그러자 그 늙은 순례자인 정직(Honest)이 말했다. "나를 용서해 주십시오. 당신이 얼마 전 연약한 믿음에게서 돈을 훔쳐간 자들과 한패인 줄 알고 두려워서 그렇게 했습니다."

큰마음: "우리가 진짜로 그들과 한패였다면 어떻게 하려고 했습니까?"

정직: "어떻게 하려고 했냐고요! 아, 숨이 붙어 있는 한 끝까지

싸웠을 겁니다. 만일 내가 그렇게 했다면 당신은 나를 이기지 못했을 겁니다. 그리스도를 믿는 자는 스스로 포기하지 않는 한 아무도 무너뜨리지 못하는 자이기 때문입니다."

안내자가 말했다. "옳은 말씀입니다. 정직 씨, 당신의 말을 들으니 당신이 옳은 사람이라는 것을 알겠습니다. 당신이 말한 것이 모두 진리이기 때문입니다. 당신과 잘 만났습니다. 당신의 이름과 고향을 알려 주십시오."

정직: "내 이름은 말할 수 없지만 고향은 말할 수 있습니다. 나는 어리석음(Stupidity)의 도시에서 왔습니다. 그곳은 멸망의 도시(City of Destruction) 너머에 있습니다."

큰마음: "오! 당신이 그 마을 사람이란 말입니까? 그렇다면 당신이 누구인지 알 것 같군요. 당신의 이름은 '늙은 정직' 이지요, 그렇죠?"

그러자 노신사가 얼굴을 붉히며 말했다. "그렇습니다. 그리고 내 성품이 내 이름과 일치하기를 바랍니다."

노신사는 모든 순례자에게 거룩한 입맞춤으로 인사했다. 그리고 그들의 이름과 순례의 길에서 어떤 일들을 겪었는지를 물었다.

그들이 함께 길을 가고 있을 때 한 사람이 그들을 향해 달려오더니 외쳤다. "여러분, 살고 싶다면 다른 길로 가세요. 강도들이 당신들을 기다리고 있습니다."

그러자 큰마음이 말했다. "그들은 여기에서 연약한 믿음을 공격했던 세 악당입니다. 하지만 우리는 그들과 맞설 준비가 되어 있습니다." 그들은 길을 계속 가며 언제 악당들과 마주칠지 몰라 바짝

긴장하며 사방을 둘러보았다. 그러나 그 악당들이 큰마음의 말을 들었는지 아니면 다른 놀이에 빠져 있었는지 모르지만 그들은 순례자들에게 가까이 다가오지 않았다.

크리스티아나는 모두 지쳤기 때문에 묵을 만한 여관을 찾으려고 했다. 그러자 정직이 말했다. "앞으로 조금만 가면 여관이 하나 있습니다. 그곳에는 매우 존경받는 주님의 제자인 가이우스(Gaius)가 살고 있습니다." 그들은 노신사의 말을 듣고 모두 그곳으로 가기로 결정했다. 이윽고 여관 앞에 이르렀을 때 그들은 문을 두드리지도 않고 안으로 들어갔다. 여관 문은 두드리지 않고 들어가는 것이 일반적이었기 때문이다. 안으로 들어간 그들은 주인을 불렀다. 주인이 나오자 그들은 그날 밤 그곳에서 묵을 수 있는지를 물었다.

가이우스: "네, 여러분이 진실한 사람이라면 언제나 환영입니다. 내 집은 순례자들을 위한 집이기 때문입니다."

그러자 크리스티아나와 자비, 아이들은 더 기뻐했다. 여관 주인이 순례자들을 좋아했기 때문이다. 그들은 묵을 방을 청했다. 주인은 크리스티아나와 그녀의 아이들, 자비에게 방 하나를, 큰마음과 노신사에게 방 하나를 안내해 주었다.

그러자 큰마음이 말했다. "선한 가이우스, 저녁 식사로 무엇이 나옵니까? 이 순례자들은 먼 길을 오느라 많이 지쳐 있거든요."

"시간이 많이 늦어 음식을 구하러 밖에 나갈 수가 없습니다. 하지만 괜찮으시다면 지금 우리가 가진 것으로 드릴 수는 있는데 어떠신가요?"

큰마음: "그것이면 충분합니다. 내가 알기로 당신은 언제나 필

요한 것을 갖추어 놓고 있다고 들었습니다."

그러자 주인은 내려가서 요리사에게 많은 순례자가 먹을 수 있도록 저녁을 준비하라고 했다. 요리사의 이름은 미식가(Taste-that-which-is-good)였다. 얼마 후 주인이 다시 올라오더니 말했다. "어서 내려오세요. 선한 친구들이여, 여러분 모두를 환영합니다. 우리 집에서 여러분을 대접할 수 있어 얼마나 기쁜지 모르겠습니다. 그런데 이 나이 지긋한 부인은 누구의 아내이고 이 젊은 숙녀는 누구의 딸입니까?"

큰마음: "이 부인은 크리스천의 아내입니다. 우리보다 앞서 순례의 길을 간 사람이죠. 그리고 이들은 그의 네 아들입니다. 저 아가씨는 부인이 아는 사람인데 부인이 순례의 길을 가자고 청해서 오게 된 아가씨죠. 아이들은 모두 아버지를 닮아서 아버지의 뒤를 이어 길을 가길 원한답니다."

그러자 여관 주인이 말했다. "부인을 만나게 되어 참 기쁩니다, 크리스티아나. 그리고 함께 이곳에 온 부인의 친구 자비 양도 반갑습니다. 아주 사랑스럽고 보기 좋은 동행입니다. 내가 조언을 하고 싶은데 자비 양을 더 가까운 친척으로 삼으세요. 그녀가 좋다면 부인의 장남 매튜와 결혼을 시키는 것은 어떨까요?"

그러자 사무엘이 크리스티아나에게 속삭였다. "어머니, 이 집의 주인은 매우 선한 사람 같아요. 여기에서 한동안 머물기로 해요. 그리고 다시 여행을 떠나기 전에 매튜 형을 자비와 결혼시키세요."

그들은 한 달 넘게 그곳에 머물렀다. 그동안 매튜와 자비는 결혼식을 올렸다. 또한 가이우스는 자신의 딸 피비(Phebe)를 매튜의 동생 제임스와 결혼시켰다.

어느 날 아침 가이우스가 말했다. "지금 여러분이 이곳에 있고 내가 알기로 큰마음이 무기를 잘 다룬다고 하니 괜찮다면 밖으로 나가 좋은 일을 할 것이 있는지 보러 갑시다. 이곳에서 1마일 정도 떨어진 곳에 왕의 대로를 가로막고 순례자들을 괴롭히는 선한 자를 살해하는 자(Slay-good)라는 거인이 살고 있습니다. 나는 그가 어디에 잘 나타나는지 알고 있습니다. 그는 많은 도둑을 거느린 대장입니다. 그를 이곳에서 없애 버린다면 분명 좋은 일일 겁니다."

그들은 모두 동의하고 들판으로 나갔다. 큰마음은 검과 투구, 방패로 무장했고 다른 사람들은 창과 몽둥이를 들고 함께 길을 나섰다.

거인이 있는 곳에 이르렀을 때 그들은 그 거인이 연약한 마음(Feeble-mind)을 손아귀에 쥐고 있는 것을 보았다. 그는 거인의 부하들이 길에서 잡아온 자였다. 거인은 뼈를 걸러내려고 그를 샅샅이 뒤지고 있었다. 그는 날로 먹이를 먹는 자였다.

큰마음과 그의 친구들이 무기를 들고 동굴 입구에 서 있는 것을 보자 거인은 그들에게 무엇을 원하느냐고 물었다.

큰마음: "바로 너를 원한다. 우리는 네가 왕의 대로에서 끌어내어 살해한 순례자들의 원수를 갚아 주기 위해 이곳에 왔다. 그러니 어서 동굴에서 나와라."

거인은 단단히 무장을 하고 동굴 밖으로 나왔다. 그리고 그들은 즉시 전투를 벌이기 시작했다. 한 시간이 넘도록 치열한 전투를 벌인 후 그들은 잠시 휴전했다.

거인이 말했다. "왜 너희는 내 땅에 들어왔느냐?"

큰마음: "아까도 말했듯이 순례자들의 원수를 갚기 위해서다."

그들은 다시 싸움을 벌였고 거인이 힘껏 달려들자 큰마음이 뒤로 밀렸다. 그러나 큰마음은 다시 일어나 있는 힘껏 거인의 머리를 내리쳤다. 그러자 거인은 손에서 무기를 놓치고 나뒹굴었다. 큰마음은 거인의 목을 베어 여관으로 가지고 왔다. 그는 연약한 마음이라는 순례자도 여관으로 데리고 왔다. 여관에 도착한 그들은 거인의 머리를 가족들에게 보여 주었다. 그리고 악한 일을 하려는 자에게 경각심을 주기 위해 그것을 여관에 매달아 놓았다.

이제 그들이 길 떠날 시간이 되었다. 가이우스는 그들에게 잔칫상을 베풀어 주었다. 그들은 먹고 마시며 즐거운 시간을 보냈다. 이윽고 그들이 떠나야 할 시간이 되었을 때 가이우스는 모두와 작별 인사를 했다. 그리고 특별히 연약한 마음과도 작별 인사를 나누었다. 그는 연약한 마음에게 도중에 마실 음료를 주었다.

연약한 마음은 문을 나서기를 주저하며 그 자리에 서 있었다. 그것을 보고 큰마음이 말했다. "어서 갑시다. 연약한 마음, 우리와 함께 가야 해요. 내가 당신의 안내자가 되어 줄 게요. 그러면 당신도 다른 사람들처럼 안전하게 목적지에 도착하게 될 겁니다."

연약한 마음: "아! 나는 좋은 동행을 원해요. 당신은 열정도 많고 강해요. 하지만 나는 당신도 보다시피 연약합니다. 그러니 차라리 뒤에 남는 걸 택하겠어요. 내 연약함 때문에 나 자신뿐만 아니라 여러분에게도 짐이 될 거예요."

그들이 가이우스의 문 앞에 서 있을 때 망설임(Mr. Ready-to-halt)이 손에 목발을 짚고 절뚝거리며 다가왔다. 그도 순례의 길을 가고 있었다.

그러자 연약한 마음이 그에게 말했다. "이봐요, 당신은 어떻게 이곳에 오게 되었나요? 나는 내게 맞는 동행이 없다고 지금도 불평하고 있는 참이었어요. 당신이라면 내가 찾던 사람인 것 같군요. 환영합니다. 환영해요, 망설임."

망설임이 말했다. "당신과 동행하게 되어 나도 기쁩니다. 나나 내 목발이 필요하다면 언제라도 말씀만 하십시오. 연약한 마음."

그들은 함께 길을 갔다. 큰마음과 정직이 맨 앞에 갔고 크리스티아나와 그녀의 아들과 며느리들은 그 뒤를 이었으며 연약한 마음과 망설임은 목발을 짚고 맨 뒤를 따랐다.

얼마 지나지 않아 허영의 도시가 보이기 시작했다. 그곳은 허영 시장이 열리는 곳이었다. 그 도시에 가까이 이른 것을 알았을 때 그들은 그곳을 어떻게 지나갈 수 있을지 서로 의논했다. 마침내 큰마음이 말했다. "나는 여러분도 알고 있듯이 종종 순례자들을 이끌고 이 도시를 지나간 적이 있습니다. 그래서 이 도시에 사는 사람을 사귀어 놓았는데 그는 오랜 제자 구브로 사람 나손(Mnason)이라는 자입니다. 여러분만 괜찮다면 그의 집에서 유할 수 있을 겁니다(행 21:16)."

"아주 좋습니다."라고 정직이 말했다. "나도 좋습니다."라고 크리스티아나가 말했다. "나도 좋습니다."라고 연약한 마음도 말했다. 그들은 모두 찬성했다. 그들이 그 도시를 빠져나올 때는 이미 황혼 무렵이었다. 그러나 큰마음이 그 노인의 집으로 가는 길을 잘 알고 있었기 때문에 무사히 그 집에 도착할 수 있었다. 큰마음이 문

밖에서 주인을 부르자마자 안에 있는 노인이 그가 누구인지 알아보고는 문을 열어 주었다. 그들이 모두 안으로 들어가자 집주인인 나손이 말했다. "오늘은 얼마나 먼 길을 여행했습니까?" 그들이 말했다. "친구 가이우스의 집에서 오는 길입니다." "분명 땀도 많이 흘리고 지쳤겠군요. 어서 앉으세요." 그들은 모두 자리에 앉았다.

나손이 발을 구르자 딸 은혜(Grace)가 들어왔다. 그가 딸에게 말했다. "은혜야, 아버지 친구들인 회개(Mr. Contrite)와 거룩한 자 (Mr. Holy-man), 성도를 사랑함(Mr. Love-saint)과 진실함(Mr. Dare-not-lie), 참회(Mr. Penitent)에게 가서 우리 집에 그분들을 만나고 싶어하는 친구들이 와 있다고 전하렴." 은혜가 그들을 부르러 간 지 얼마 후에 그들이 찾아왔다. 그들은 서로 인사를 한 후 식탁에 앉았다. 그리고 이야기를 나누며 즐거운 시간을 보냈다.

그들은 상당히 오랫동안 나손의 집에 머물렀다. 그동안 그의 딸 은혜와 크리스티아나의 아들 사무엘이 결혼식을 올렸다. 그리고 그의 딸 마르다(Martha)와 조셉이 결혼했다.

이미 말했듯이 그들은 이곳에 아주 오랫동안 머물렀다. 그동안 순례자들은 이 도시의 많은 좋은 사람과 사귀었고 그들을 최선을 다해 섬겼다. 자비는 원하는 대로 맘껏 가난한 사람들을 위해 일했다.

그들이 그곳에 머무는 동안 숲에서 괴물이 습격해 와 도시 사람들을 많이 살해하는 일이 있었다. 이 괴물은 이 세상의 짐승처럼 보이지 않았다. 몸은 용 같고 일곱 개의 머리를 가졌으며 열 개의 뿔이 달려 있었다.

큰마음은 나손의 집으로 순례자들을 방문하러 온 사람들과 함께 도시 사람들을 그 포악스러운 괴물의 발톱과 입에서 구해 내기로 했다.

큰마음과 회개, 거룩한 자와 성도를 사랑함, 진실함과 참회는 무기를 들고 괴물을 찾아 나섰다. 괴물은 사납게 으르렁거리며 경멸하듯 그들을 쳐다보았다. 그들은 무기를 단단히 잡고 괴물을 공격했다. 그러자 괴물이 뒤로 주춤거리더니 멀리 달아나 버렸다. 그들은 나손의 집으로 다시 돌아왔다.

이 괴물이 밖으로 나오는 일정한 때가 있었다. 이 용감한 자들은 그때를 놓치지 않고 지키고 있다가 괴물을 공격해 중상을 입혔고 괴물은 다리를 절며 도망쳐 버렸다. 사람들은 결국 괴물이 그 부상으로 죽어 버렸다고 믿었다.

시간이 흘러 순례자들이 다시 길을 떠날 때가 되었다. 그들은 채비를 하고 길을 떠났다. 한동안 그들을 따라온 친구들은 주님의 축복을 빌어 주며 작별 인사를 나누었다.

순례자들은 길을 계속 갔고 큰마음이 앞장을 섰다. 오랜 여행으로 지친 여인들과 아이들은 어려움을 견디며 가야 했다. 망설임과 연약한 마음은 그들의 처지를 동정했다.

나는 길을 가던 그들이 이윽고 기쁨의 산맥이 있는 강가에 이르는 것을 보았다. 그 강에는 아름다운 나무들이 양편으로 길게 늘어서 우람하게 자라고 있었다. 또한 그곳에는 일 년 내내 푸른 초원이 펼쳐져 있었는데 누구든 편안히 누워 쉴 수 있었다. 그곳에는 맛 좋은 물과 싱그러운 초원, 어여쁜 꽃들과 다양한 나무들이 풍성했다. 게다가 그 나무들에는 맛 좋고 몸에도 좋은 열매들이 풍성히 맺혀 있었다. 그것은 바알세불의 정원에서 벽을 넘어 들어와 매튜가 먹었던 열매와는 전혀 달랐다. 그 열매는 건강하지 못한 자에게는 건강을 되찾아 주고 건강한 사람은 계속 건강을 유지할 뿐더러 더 건강하게 해 주는 열매였다.

계속 길을 가던 그들은 샛길 초원에서 크리스천이 소망과 함께 건넜던 계단에 이르렀다. 그 계단을 건넌 그들은 거인 절망에게 사로잡혀 한참 동안 의심의 성에 갇혀 있었다. 크리스티아나와 동료들은 어떻게 하는 것이 최선인지 의논하기 시작했다. 그들에게는 충분히 강한 힘을 가진 안내자 큰마음이 있었다. 그래서 거인 절망을 찾아가 그를 물리치고 성을 파괴해 혹시 그 안에 갇혀 있을지 모를 순례자들을 풀어 주는 것이 옳다는 주장이 나왔던 것이다. 각자의 의견이 분분했다. 어떤 사람은 거룩하지 않은 땅에 들어가는 것 자체가 불법이라며 문제를 제기했다. 다른 사람은 목적이 옳다면 그것도 가능하다고 주장했다. 그러나 큰마음이 말했다. "나는 죄에 항거하고 악을 이기며 믿음의 선한 싸움을 하라는 명을 받았습니다. 이런 내가 거인 절망과 싸우지 않는다면 누구와 맞서 선한 싸움을 싸워야 하겠습니까? 나는 그의 생명을 빼앗고 그의 성을 파괴할 것입니다. 누가 나와 함께 가겠습니까?" 그러자 정직이 말했다. "내가 가겠습니다." "우리도 같이 가겠습니다."라고 크리스티아나의 네 아들인 매튜, 사무엘, 제임스, 조셉이 말했다. 그들은 젊고 힘도 세었던 것이다. 그래서 그들은 길에 여인들을 남겨 두고 자신들이 돌아올 때까지 그들을 지켜 줄 자로 연약한 마음, 목발을 짚은 망설임을 남겨 두었다. 그곳은 거인 절망이 있는 곳과 가깝기는 했지만 어린아이라도 인도할 만큼 쉬운 길이었기 때문이다.

그래서 큰마음, 늙은 정직, 네 명의 청년이 거인 절망을 찾으러 의심의 성에 올라갔다. 성문에 이르자 그들은 아주 요란하게 문을 두드렸다. 그 소리에 늙은 거인이 문 앞으로 나왔다. 그의 아내 의기소침도 뒤를 따랐다. 거인이 말했다. "이렇게 무례하고 소란스럽게 거인 절망의 성 문을 두드리는 자가 누구냐?" 큰마음이 말했다. "나는 순례자들을 천성으로 인도하는 안내자 가운데 한 명인 큰마음이다. 그러니 내가 성에 들어가도록 어서 문을 열어라. 또한 속히 나와 싸울 준비를 해라. 나는 네 머리를 베고 의심의 성을 부수기 위해 왔다."

거인 절망은 아무도 거인인 자신을 이길 자가 없다고 생각했다. 그래서 그는 단단히 무장을 하고 밖으로 나갔다. 그는 머리에는 강철로 된 테 없는 모자를 쓰고 불로 된 흉배를 둘렀다. 그리고 동으로 된 신을 신고 손에는 거대한 곤봉을 들었다. 그가 나오자마자 여섯 용사가 그에게 달려들어 앞뒤를 포위했다. 거인의 아내 의기소침이 그를 도우러 나오자 늙은 정직이 그녀를 단칼에 베어 버렸다. 사력을 다해 싸운 거인 절망은 마침내 땅에 내동댕이쳐졌다. 그러나 그는 좀처럼 죽지 않고 힘겹게 버둥거렸다. 그러자 큰마음이 거인의 머리를 베어 완전히 목숨을 끊어 놓았다. 그런 다음 그들은 의심의 성을 무너뜨렸다. 거인 절망이 죽었기 때문에 그 성은 아주 쉽게 무너졌다. 그러나 성을 완전히 부수는 데는 칠 일이나 걸렸다. 그들은 그 속에 갇혀 있던 순례자들 가운데 낙담(Mr. Despondency)을 발견했다. 그는 굶어죽기 직전의 상태였다. 그리고 그의 딸 많은 두려움(Much-afraid)도 함께 있었다. 용사들이 그들을 발견했을 때 그들은 아직 목숨이 붙어 있었다. 그러나 뜰 안에 여기저기 흩어져 있는 많은 시체를 본다면, 그리고 지하 감옥이 얼마나 많은 시체의 뼈로 가득 찼었는지를 본다면 놀라지 않을 수 없을 것이다.

큰마음과 그의 동료들은 낙담과 그의 딸 많은 두려움을 함께 데리고 왔다. 그들이 폭군 거인 절망의 의심의 성에 사로잡힌 포로였지만 정직한 사람들이었기 때문이다. 그들은 거인의 머리를 들고(그의 시체는 돌무더기 밑에 묻어 놓았다) 그들과 함께 길을 내려왔다. 그리고 남겨 두고 온 일행에게 돌아와 그들에게 자신들이 한 일을 보여 주었다. 연약한 마음과 망설임은 그것이 정말로 거인 절망의 머리인 것을 알고는 기뻐서 어쩔 줄을 몰랐다. 기쁨에 겨운 크리스티아나는 비올라를 연주하고 그녀의 며느리 자비는 수금을 연주했다. 망설임은 그 음악에 맞춰 춤을 추었다. 그는 '많은 두려움' 이라는 낙담의 딸의 손을 잡고 길에서 춤을 추었다. 사실 그는 목발을 한 손으로 붙들고 춤을 추었지만 춤을 아주 잘 추었다. 낙담의 딸도 멋지게 춤을 추었다. 그녀는 아주 근사하게 음악의 리듬에 맞추어 춤을 추었다.

낙담은 음악을 들어도 춤을 추고 싶지 않았다. 그는 춤을 추는 것보다는 배가 고팠다. 그가 거의 죽기 직전의 상태였기 때문이다. 그래서 크리스티아나는 그에게 먼저 자신의 포도주를 조금 나눠 주었다. 그런 다음 그에게 먹을 것을 차려 주었다. 음식을 다 먹고 나자 노신사는 정신을 찾더니 아주 생생하게 기운을 차리기 시작했다.

나는 꿈속에서 큰마음이 거인 절망의 머리를 긴 장대에 끼워 길

한쪽에 매달아 놓는 것을 보았다. 그곳은 크리스천이 자신의 뒤에 오는 순례자들에게 그 땅으로 들어가지 않도록 경계하기 위해 세워 놓은 기둥 바로 맞은편이었다.

용감하게 의심의 성에 들어가 싸워 거인 절망을 죽인 후 그들은 계속해서 길을 갔고 마침내 기쁨의 산맥에 이르렀다. 그곳은 크리스천과 소망이 여러 곳을 보며 새롭게 힘을 얻은 곳이었다. 그들도 그곳의 목자를 알고 있었다. 목자들은 전에 크리스천에게 했던 것처럼 기쁨의 산맥으로 온 그들을 반갑게 맞아 주었다.

그들은 그곳을 떠나 길을 계속 갔다. 그리고 연약한 믿음이 전에 강도를 만났던 곳에서 검을 빼들고 얼굴은 온통 피투성이인 채로 서 있는 한 사람을 보았다. 큰마음이 물었다. "당신은 누구입니까?" 그가 대답했다. "나는 진리의 용사(Valiant-for-truth)입니다. 나는 순례자며 천성으로 가고 있었습니다. 그런데 길을 가고 있는 나를 세 악당이 습격해 왔습니다. 그들은 내게 다음의 세 가지를 제안했습니다. 첫째, 나도 그들과 한패가 될 것인가? 둘째, 내가 원래 살던 곳으로 돌아갈 것인가? 셋째, 그 자리에서 당장 죽을 것인가? 그들은 그 세 가지 중에서 하나를 택하라고 했습니다. 첫번째 제안에 나는 오랫동안 진실하게 살아온 사람이니 그들과 한패가 될 수 없다고 딱 잘라 말했습니다. 그러자 그들은 두 번째 제안에 대해 답하라고 요구했습니다. 나는 그들에게 내가 원래 살던 곳이 좋았다면 애당초 그곳을 떠나지도 않았을 것이라고 말했습니다. 그곳이 내가 있을 만한 곳이 못 된다는 것을 깨달은 이상 다시 돌아갈 수는 없다고 말했습니다. 그러자 그들은 세 번째 요구 사항에 어떻게 답할지를 물었습니다. 나는 그들에게 내 생명은 소중하기에 함부로 버릴 수 없다고 말했습니다. 그러자 그 세 악당, 즉 거친 머리(Wild-head), 경솔함(Inconsiderate), 잘난 체함(Pragmatic)은 내게 칼을 겨누었고 나도 그들을 향해 칼을 뽑았습니다. 우리는 싸움을 시작했고 거의 세 시간 동안이나 격렬한 싸움을 벌였습니다. 그리고 여러분도 보듯이 그들은 이렇게 용맹함의 흔적을 남겨 놓았습니다. 나도 그들에게 치명상을 입혔습니다. 그들은 방금 전에 이 자리를 떠났습니다. 아마도 당신들이 급히 달려오는 소리를 듣고 도망친 것 같습니다."

큰마음: "세 명이 한 사람을 상대로 싸우다니 너무 비겁하군요."

진리의 용사: "그렇습니다. 그러나 진리가 같은 편이 되어 주는 자에게 적의 수는 중요하지 않습니다."

큰마음: "이번 싸움은 당신의 승리로군요. 당신의 믿음의 승리 말이오."

진리의 용사: "그렇습니다. 내게는 믿음이 있었습니다. 그래서 나를 대적하는 모든 것과 싸웠고 그 믿음으로 이 자리까지 오게 된 것입니다."

"진정한 용사를 보고자 한다면
이곳에 오라.
이곳에 한 사람이 있으니
그는 바람이 불어도 날이 개도

낙담이 찾아와도

순례자가 되겠다는

자신의 첫 맹세를

후회하지 않으리.

우울하고 무서운 이야기로

그를 에워싸도

그들이 혼란에 빠질 뿐

그는 오히려 더 강해지리.

사자도 그를 해치지 못하고

거인도 그를 이길 수 없다네.

그는 순례자가 될

권리를 가질 거라네.

귀신도 악한 영도

그의 영혼을 괴롭히지 못하리.

그는 알고 있네.

마지막에 생명을 얻게 될 것을.

그때 헛된 망상은 사라져 버리네.

그는 사람들의 말을 두려워하지 않으며

밤낮 수고한다네.

순례자의 길을 가기 위해."

그 무렵 그들은 마법의 땅에 도착하게 되었다. 그곳의 공기 때문에 사람들은 졸음이 왔다. 더욱이 그곳은 일부를 제외하고는 온통 찔레나무와 가시로 덮여 있었다. 그곳에는 보기 좋은 정자가 하나 있었는데 그곳에 어떤 사람이 앉거나 잠이 들면 이 세상에서 다시 깨어날 수 있는지 아무도 알 수 없는 그런 정자였다. 그들은 이 숲을 지나 길을 갔다. 그들의 안내자인 큰마음이 그들을 앞장서 갔다. 그리고 진리의 용사가 혹 뒤에서 공격해 올지 모를 악마나 용, 거인, 강도를 대비해 맨 뒤에서 따라갔다. 그들은 모두 이곳을 지날 때 손에 검을 들고 경계를 늦추지 않으며 걸어갔다. 그곳이 매우 위험하다는 것을 알고 있었기 때문이다. 그들은 또한 서로를 격려하며 길을 갔다. 연약한 마음에게 큰마음은 자신의 뒤를 따라오라고 격려했고 낙담은 진리의 용사가 한시도 눈을 떼지 않고 지켜보며 갔다.

그런데 얼마 가지 않아 짙은 안개와 어둠이 갑자기 그들을 덮쳤다. 그들은 한동안 서로를 거의 볼 수조차 없는 짙은 안개 속에 갇혀 있었다. 앞을 보며 걸을 수 없었기 때문에 그들은 한동안 말로 서로를 확인할 수밖에 없었다.

길 역시 진흙투성이인데다가 미끄러웠기 때문에 여행자들은 매우 지치고 힘들었다. 게다가 지친 여행자가 쉬어 갈 만한 여관이나 식당도 전혀 없었다. 오직 불평과 숨이 차서 헐떡거리는 소리와 한숨만이 들릴 뿐이었다. 그러다 한 사람이 그만 덤불에 걸려 넘어졌다. 다른 사람도 진흙에 빠져 갇혀 버렸다. 아들 몇몇은 진흙 속에서 신발을 잃어버렸다. 한 사람이 "나 물에 빠져 죽을 것 같아."라고 소리치자 다른 사람이 "너 어디 있니?"라고 소리쳤다. 그러자 세 번째 사람이 "덤불에 걸려서 도저히 빠져 나올 수가 없어."라고 소리쳤다.

나는 그때 꿈속에서 이 고독한 땅을 계속 가던 그들이 길을 잃기 쉬운 곳에 이르는 것을 보았다. 날이 환하게 밝았다면 그들의 안내자가 잘못된 길로 가지 않도록 피하는 법을 충분히 가르쳐 주었을 것이다. 그러나 어둠 속에 갇혀 있었기 때문에 그는 그 자리에서 꼼짝도 할 수 없었다. 그러나 그의 주머니에는 천성으로 가는 길과 다른 길로 가는 모든 길이 그려진 지도가 들어 있었다. 그는 불을 켜고 (그는 여행을 갈 때마다 반드시 부싯돌 상자를 갖고 다녔다) 지도를 들여다보았다. 그 지도에는 여기에서 오른쪽으로 돌아서 가지 않도록 조심하라고 나와 있었다. 만일 그가 지도를 주의 깊게 보지 않았다면 모두 진흙 구덩이에 빠져 목숨을 잃었을 것이다. 그들 바로 앞에 깊이를 알 수 없고 온통 진흙으로만 가득한 구덩이가 있었기 때문이다. 그곳은 순례자들을 파괴하기 위해 일부러 만들어 놓은 함정이었다.

그러자 나는 '어느 길로 가야 할지 몰라 당황할 때 꺼내 볼 수 있도록 순례자는 반드시 이런 지도를 가지고 다녀야겠구나.'라고 생각했다.

그들은 마침내 이 마법의 땅을 통과해 또 다른 정자가 있는 곳에 이르렀다. 그것은 큰길 옆에 세워져 있었다. 그런데 그 정자에 두 사람이 누워 있었다. 그들의 이름은 부주의함(Heedless)과 무모함(Too-bold)이었다. 그 두 사람은 순례의 길을 가던 길이었다. 그러나 이곳에서 여행에 지친 몸을 잠시 쉬어 간다는 것이 그만 이렇게 깊은 잠에 빠지고 말았던 것이다. 그들을 본 순례자들은 가던 걸음을 멈추고 어떻게 할까 생각했다. 그곳에서 잠을 잔다는 것이 얼마나 위험한지 알고 있었기 때문이다. 그들은 잠자는 자들을 그냥 버려두고 갈 것인지 아니면 그들을 깨울 것인지 의논했다. 결국 그들은 깨우기로 결정했다. 그들은 자신들도 그곳에 앉지 않도록 조심하면서 가까이 다가갔다.

가까이 다가간 순례자들이 그들의 이름을 불렀다(안내자가 그들을 알고 있었기 때문이다). 그러나 아무 대답도 들을 수 없었다. 그러자 안내자가 그들을 흔들어 깨웠다. 그는 최선을 다해 그들을 깨워 보려고 했다. 그러자 누워서 잠을 자던 자들 가운데 한 명이 말했다. "돈을 벌면 그때 지불하겠소." 그 말에 안내자가 머리를 저었다. "내 손에 검이 있는 한 싸울 것이다."라고 다른 사람이 말했다. 그 말에 아이들 가운데 하나가 웃음을 터뜨렸다.

그러자 크리스티아나가 말했다. "이것은 무슨 말인가요?" 안내자가 말했다. "그들은 잠꼬대를 하고 있는 겁니다. 당신도 사람이 잠자면서 말을 할 때는 믿음이나 이성의 통제를 받지 않고 말한다는 것을 알 것입니다. 그러니까 이것은 아무 의미 없는 말이지요. 부주의한 자들이 순례의 길을 갈 때는 이렇게 되기가 쉽습니다. 이 마법의 땅이 순례자의 원수가 가진 마지막 은신처 가운데 하나이기 때문입니다. 그들은 이 어리석은 자들이 지쳐서 언제 쉴 곳을 찾을지 알고 있습니다. 그들의 여행이 막바지에 이르렀을 때가 가장 지쳐 있는 때라는 것을 말이지요."

그러자 순례자들은 무서워하며 길을 떠나자고 했다. 그들은 불빛의 도움을 받아 남은 순례 길을 무사히 갈 수 있도록 안내자에게 부싯돌을 부딪쳐 불을 밝혀 달라고 했다. 큰마음이 부싯돌로 불을 밝히자 깊은 어둠 속에서도 그들은 남은 길을 무사히 지나갈 수 있었다.

그러나 아이들은 점점 지치기 시작했다. 그들은 순례자를 사랑하는 분에게 길을 좀 더 편하게 갈 수 있게 해 달라고 부르짖었다. 그렇게 간구하며 그들이 얼마쯤 길을 갔을 때 갑자기 바람이 일더니 안개가 걷혔다. 이제 공기는 더 맑고 신선해졌다.

그러나 아직 마법의 땅을 벗어난 것이 아니었기 때문에 그들은 단지 서로의 얼굴과 그들이 가야 할 길을 알아볼 수 있는 정도였다.

그들이 마법의 땅을 거의 빠져나올 무렵 그들 앞쪽에서 깊은 시름에 빠진 한 사람의 엄숙한 목소리가 들려왔다. 그들은 길을 재촉해서 앞으로 갔다. 그리고 보라! 그들은 한 사람이 무릎을 꿇고 손과 눈을 위로 향한 채 간절히 위에 계신 분에게 호소하는 모습을 보았다. 그들은 그에게 가까이 다가갔지만 그가 무슨 말을 하는지는 알 수 없었다. 그래서 그들은 그가 기도를 마칠 때까지 조용히 다가갔다. 기도를 마치자 그는 자리에서 일어나 천성을 향해 달려가기 시작했다. 그러자 큰마음이 그를 불렀다. "이봐요, 당신도 천성으로 가는 것 같은데 우리와 함께 갑시다." 그 남자가 걸음을 멈추자 그들이 가까이 다가갔다. 정직이 그를 보자마자 말했다. "나는 이 사람을 알아요. 그는 내가 살던 곳에서 온 사람입니다. 그의 이름은 견고함(Stand-fast)입니다. 그는 분명히 옳고 선한 순례자입니다."

그런 후에 나는 그들이 뿔라라는 땅으로 들어가는 것을 보았다. 그곳은 밤낮 해가 밝게 비추고 있었다. 몹시 지쳤기 때문에 그들은 잠시 쉬러 그곳으로 들어갔다. 이 마을이 순례자들에게 항상 열려 있었고 그곳의 과수원과 포도원이 천성의 왕에게 속한 것이었기 때문에 그들은 마음껏 과일을 따 먹을 수 있었다. 그들은 곧 새 힘을 얻었지만 종소리가 아름답게 울려 퍼지고 나팔이 끊임없이 아름다운 곡조를 만들어 내어 잠을 잘 수가 없었다. 그러나 그들은 마치 숙면을 취하고 난 것처럼 몸이 가뿐해진 것을 느꼈다.

그때 길에서 걷는 자들이 모두 외쳤다. "또 다른 순례자들이 이곳에 들어왔다!" 그러자 다른 사람이 "수많은 사람이 강을 건너 오늘 정금 문 안으로 들어갔다."라고 화답했다. 그들은 다시 "지금 막 빛나는 무리가 이곳으로 들어왔다. 그것으로 이곳에 또 다른 순례자가 들어왔다는 것을 알 수가 있다. 여기에서 그들을 기다리자. 모든 슬픔에서 그들을 위로하러 이곳에 왔으니!"라고 외쳤다. 그 말을 듣고 순례자들은 자리에서 일어나 걸었다. 그러나 지금 그들의 귀는 천상의 소리로 가득하고 그들의 눈은 천상의 모습으로 즐거워하고 있었다! 이 마을에서 그들은 그들을 해치는 어떤 것도 듣지 않고 보지 않으며 느끼지 않고 냄새 맡지도 않으며 맛보지 않았다. 다만 그들이 건너야 할 강물을 맛보았을 때 약간 쓰다고 생각했다. 그러나 입 안으로 삼키고 나자 달콤해졌다.

이곳에는 옛날에 여행을 마친 순례자들의 이름과 그들이 행한 유명한 행적을 담은 기록이 있었다. 그리고 어떤 사람들이 강을 건널 때는 강물이 가장 높고 또 다른 사람들이 건널 때는 가장 낮았는지에 대해 이야기를 나누었다. 강물은 어떤 사람들이 건널 때는 말라 있고 또 어떤 사람들이 건널 때는 강둑까지 범람하곤 했다.

이곳에서 마을 아이들은 왕의 정원에 들어가 놀곤 했다. 그리고 순례자들을 위해 꽃다발을 모아 사랑을 듬뿍 담아 전해 주곤 했다. 여기에는 또한 장뇌, 감송, 사프란, 창포, 육계 같은 약초와 유향, 몰약, 침향 등의 온갖 향나무가 자라고 있었다. 이런 약초와 나무들로 순례자들의 방은 그들이 머무는 동안 향으로 가득했다. 그리고 때가 되면 강을 건널 준비를 위해 그것으로 몸에 향유를 발랐다.

그들이 이곳에 머물며 강을 건널 때를 기다리는 동안 천성에서 한 통의 편지가 왔다는 소식이 전해졌다. 마을은 온통 그 소식으로 떠들썩했다. 그 편지는 순례자 크리스천의 아내인 크리스티아나에게 온 것이었다. 전달자는 그녀가 있는 집을 찾아내 편지를 전달했다. 그 편지의 내용은 다음과 같았다. "선한 여인이여, 그대를 환영합니다! 주님께서 당신을 부르셨으며 열흘 안에 영원히 썩지 않는 옷을 입고 그분의 임재 앞에 서게 될 것을 기대하고 계신다는 소식을 전해 드립니다."

편지를 읽어 주며 그는 자신이 진정한 전달자임을 입증하는 증표도 함께 주었다. 그러면서 그녀에게 서둘러 가라고 재촉했다. 그가 준 증표는 화살이었다. 그녀의 마음속에 쉽게 들어갈 수 있도록 끝이 사랑으로 날카롭게 되어 있었다. 그 화살은 그녀의 마음속에서 매우 효과적으로 역사해 정해진 시간이 왔을 때 그녀는 기쁜 마음으로 길을 떠날 수 있었다.

이제 크리스티아나가 가야 할 때가 왔다. 그녀가 떠나는 모습을 보기 위해 길은 많은 인파로 가득했다. 보라! 강 너머의 모든 강둑은 그녀를 천성 문으로 데려가기 위해 하늘에서 내려온 말과 마차로 가득했다. 그녀는 앞으로 나왔고 강가까지 그녀를 따라온 사람들에게 손짓으로 작별 인사를 한 후 강물 속으로 들어갔다. 그녀는 마지막으로 말했다. "주님, 당신과 함께 거하며 당신을 찬양하기 위해 제가 왔습니다." 이윽고 그녀는 남편 크리스천이 앞서 행한 모든 기쁨의 의식과 함께 성문으로 들어갔다.

그녀가 떠나자 그녀의 아이들은 눈물을 흘렸다. 그러나 큰마음과 진리의 용사는 아름다운 곡조로 기쁨의 노래를 연주했다. 그리고 모든 사람이 각자 자기 자리로 떠났다.

시간이 흘러 마을에 또다시 편지가 배달되어 왔다. 그 편지는 망설임에게 온 것이었다. 그를 찾아낸 전달자가 말했다. "비록 목발을 짚고 절뚝거리기는 했지만 당신이 사랑하며 따라온 분의 이름으로 이렇게 왔습니다. 내가 전달할 소식은 부활절 다음 날 당신이 그분의 나라에서 함께 성찬식에 참여할 것을 그분이 기대하고 계신다는 것입니다. 그러니 여행을 떠날 준비를 하십시오."

그러자 망설임은 동료 순례자들을 불러 다음과 같이 말했다. "나는 하나님의 부르심을 받았습니다. 그리고 그분은 분명히 여러분도 찾아오실 것입니다." 그는 진리의 용사에게 자신의 유서를 써 달라고 부탁했다. 그는 남은 자들에게 줄 것이 오직 목발과 축복뿐이라며 다음과 같이 말했다. "나보다 더 잘 걸어 주기를 간절히 바라며 이 목발을 내 발자취를 따라 걸어올 아들에게 물려준다."

그런 다음 그는 친절하게 안내를 해 준 큰마음에게 감사를 표했다. 이제 그는 여행길에 올랐다. 강둑에 이르자 그가 말했다. "이제 나는 더 이상 목발이 필요 없습니다. 저기 나를 태우려고 마차와 말들이 왔기 때문입니다." 그가 남긴 마지막 말은 "환영합니다, 생명이여!"였다. 그는 그렇게 강을 건넜다.

그 후 연약한 마음이 전달자가 호각을 불며 자기에게 편지를 가지고 왔다는 소식을 들었다. 그는 집에 들어와 이렇게 말했다. "당신의 주인이 당신을 원하시며 곧 당신이 그분의 얼굴을 밝은 빛 속에서 보게 될 것이라고 전하려고 왔습니다."

그러자 연약한 마음은 친구들을 불러 말했다. "아무것도 남겨줄 것이 없으니 유언장을 만들 이유가 없네요. 오직 내 연약한 마음만을 남겨 두고 떠납니다. 내가 이제 갈 곳에는 그런 것은 필요 없기 때문입니다. 게다가 그것은 순례자들에게 물려줄 만한 것도 못 됩니다. 그러니 내가 떠나고 없을 때 진리의 용사가 그것을 배설물 통에 묻어 주기를 바랍니다." 이 말을 마치고 떠날 날이 오자 그도 다른 사람들처럼 강을 건넜다. 그가 남긴 마지막 말은 "끝까지 견디세요. 믿음과 인내여!"였다. 그렇게 그도 강 건너 세계로 건너갔다.

많은 세월이 지나고 낙담이 부르심을 받았다. 전달자가 찾아와 그에게 다음의 소식을 전했다. "두려움에 떨고 있는 자여! 다음 성찬식 때 모든 의심에서 당신을 구원해 주신 분으로 인해 기쁨의 환호성을 지르며 왕과 함께 있을 준비를 하십시오."

낙담의 딸인 '많은 두려움'은 자초지종을 들었을 때 자신도 아버지와 함께 가겠다고 했다. 그러자 낙담이 친구들에게 말했다. "여러분도 나와 내 딸이 어떤 사람이었는지, 우리가 사람들에게 얼마나 많은 걱정을 끼쳤는지 알 것입니다. 나와 내 딸의 유언은 우리의 낙담과 맹목적인 두려움을 우리가 세상을 떠난 후 아무도 물려받지 않기를 바라는 것입니다. 내가 죽은 후 다른 사람들이 그것을 물려

받을까 봐 걱정이 되기 때문입니다. 솔직히 얘기하면 그것은 우리가 순례의 길을 떠났을 때부터 줄곧 우리를 괴롭힌 유령이었습니다. 우리는 아무리 그것을 떨쳐 버리려고 해도 역부족이었죠. 그것은 순례자들의 주변을 돌아다니며 그들을 괴롭힙니다. 그러니 부디 그것이 들어오지 못하게 문을 단단히 닫아 주세요."

떠날 때가 되자 그들은 강가로 갔다. 낙담이 남긴 마지막 말은 "잘 가거라 밤이여, 어서 오너라 낮이여!"였다. 그의 딸은 노래를 부르며 강을 건넜다. 그러나 아무도 그녀가 말하는 것을 이해하지 못했다.

얼마 후 정직을 찾아 전달자가 마을을 방문했다. 그는 정직을 방문해 그의 손에 다음의 편지를 전달했다. "오늘 밤 7시에 하늘 아버지의 집에서 주님 앞에 나타날 준비를 하라는 명령이 내려졌습니다." 그러자 정직은 친구들을 불러 말했다. "나는 죽지만 아무 유서도 남기지 않을 것입니다. 나는 내 정직함과 함께 갈 것입니다. 나중에 오는 자들에게 이 말을 전해 주십시오." 떠날 날이 오자 그는 강을 건널 준비를 했다. 그런데 강이 범람해 군데군데에서 강둑 위로 물이 넘치고 있었다. 그러나 전에 그곳에서 정직과 만나기로 약속한 선한 양심(Good-conscience)이 그를 도와주어 무사히 강을 건널 수 있었다. 정직이 남긴 마지막 말은 "은혜가 다스린다."였다. 그렇게 그는 세상을 떠났다.

이 일 후에 전달자가 진리의 용사를 찾아왔다는 소문이 온 마을에 자자했다. 그도 역시 친구들을 불렀다. 그리고 그들에게 자신이 부름 받았다는 것을 전하며 말했다. "나는 내 아버지 집으로 갑니다.

내 검을 내 순례 길을 이어받을 자에게 줍니다. 내 용기와 싸움 기술은 그것을 얻을 만한 자에게 주겠습니다. 내 상처와 흔적들은 내가 지니고 갑니다. 그것이 내 상급자가 되어 주실 분을 위해 그분의 전쟁에서 내가 싸웠다는 증거가 되기 때문입니다." 그가 떠나야 할 날이 다가오자 많은 사람이 그를 강가까지 배웅 나왔다. 강물 속에 들어가며 그가 말했다. "사망아 너의 쏘는 것이 어디 있느냐"(고전 15:55). 더 깊은 곳으로 들어갔을 때 그가 말했다. "사망아 너의 이기는 것이 어디 있느냐?" 그렇게 그는 강을 건넜다. 강 건너편에서는 그를 위해 모든 나팔이 웅장하게 울려 퍼졌다.

그런 다음 견고함을 부르러 전달자가 왔다. 이 견고함은 순례자들이 마법의 땅에서 무릎을 꿇고 있는 모습을 발견한 그 사람이었다. 전갈 내용은 더 이상 그의 주인이 그와 멀리 떨어져 있고 싶지 않으니 삶의 변화를 준비하라는 것이었다.

모든 것을 정리하고 떠나야 할 때가 오자 견고함도 강으로 내려갔다. 강물은 매우 고요했다. 견고함은 강을 반 정도 건넜을 때 한동안 가만히 서서 그가 떠나는 것을 보고 있는 이들에게 말했다.

"이 강은 많은 사람에게 두려움을 주었습니다. 그 생각을 할 때마다 나는 자주 두려움에 떨곤 했습니다. 그런데 지금 나는 아주 쉽고 편하게 이 자리에 서 있습니다. 강물은 정말 입에 쓰고 차갑습니다. 하지만 앞으로 할 일들과 강 너머에서 나를 기다리고 있는 호위병들을 생각하니 마음속에 따끈한 숯불을 품고 있는 것 같습니다. 이제 이 여행의 끝이 보입니다. 그동안 땀 흘려 수고한 날들이 이제 끝이 났습니다. 나는 이제 나를 위해 가시 면류관을 쓰셨던 분의 이마와 침 뱉음을 당하신 그분의 얼굴을 보러 갑니다. 나는 주님에 대한 이야기를 듣기를 좋아했습니다. 그리고 이 세상에서 그분의 발자취가 있는 곳마다 나도 그곳에 내 발자취를 남기기를 원했습니다. 그분의 이름은 내게 향유 상자와 같았습니다. 아니, 모든 향유를 합친 것보다 더 향기로웠습니다. 그분의 음성은 내게 가장 달콤했습니다. 햇살을 갈망하는 사람들보다 나는 그분의 얼굴 보기를 더 갈망했습니다. 그분의 말씀은 내 양식이었으며 쇠약해 가는 내게 새 힘을 주는 약초와 같았습니다. 그분은 나를 붙잡아 주셨고 내가 죄를 짓지 않게 나를 지켜 주셨습니다. 그분은 그분의 길을 가는 내 발걸음에 힘을 주셨습니다."

이야기를 하던 그의 얼굴빛이 갑자기 변하더니 "나를 데려가소서. 내가 당신께 왔나이다!"라고 말했다. 그런 후 그는 눈을 감았다.

하늘이 열리며 말과 마차로 가득 차는 것을 보는 것은 얼마나 영광스러운가! 나팔수들과 피리 부는 자들이 노래하고 현악기를 연주하는 자들과 함께 순례자들을 맞이하며 천성의 아름다운 문 앞에서 오르락내리락하는 모습은 얼마나 황홀하고 영광스러운가!

나는 크리스티아나가 데려온 네 아들이 그들의 아내, 아이들과 함께 천성으로 갈 때까지 꿈속에 머물지는 않았다. 그러나 그들이 아직 살아 있으며 그들이 살고 있는 지역에서 교회를 부흥시키기 위해 살고 있다는 얘기를 들었다.

여기에서 못다한 이야기를 듣고 싶어하는 독자들에게 전해 줄 수 있도록 다시 그곳으로 보내 주십시오!

그때까지 독자들이여 안녕히!

SELECTIONS FROM BUNYAN

거룩한 전쟁

세상이라는 대도시를 얻기 위해 악마를 공격한
전지전능하신 하나님의 거룩한 전쟁 이야기 혹은
빼앗겼던 맨소울이라는 도시를 되찾는 거룩한 전쟁 이야기

"맨소울 도시와 그 상황에 대해
그 도시가 어떻게 빼앗겼고 사로잡혔으며 종이 되었는지
어떻게 그를 대적해 그 도시를 구해 내었는지에 대해
내가 하려고 하는 이야기에 귀를 기울이십시오.
당신은 내가 주는 열쇠가 없이는 일하러 갈 수 없습니다.
(비밀 속에서 사람들은 곧 길을 잃고 말기 때문입니다)
내 수수께끼를 알고 싶다면
내 암소로 밭을 갈고 싶다면
내가 주는 열쇠를 오른쪽으로 돌리십시오.
창문에 놓을 테니. 안녕히, 그대여!
내가 할 다음 일은 그대의 조종을 울리는 것입니다."

디아볼러스(Diabolus)가 맨소울(Mansoul)을 빼앗다

많은 지역과 나라를 여행하던 나는 우연히 유명한 우주 대륙에 들어가게 되었다. 그곳은 매우 광대한 나라였다. 두 극 사이에 위치해 있는 그곳은 하늘의 네 지점의 한가운데 위치해 있었다. 그곳은 물의 양이 풍부하고, 많은 아름다운 언덕과 계곡이 웅장한 용태를 맘껏 자랑하고 있는 곳이었다. 그곳의 대부분은(적어도 내가 있는 곳은) 열매가 매우 풍성했다. 그곳의 사람들도 좋았고 공기도 아주 달콤했다.

사람들은 다양한 피부색을 갖고 있었다. 다른 곳과 마찬가지로 그곳에도 좋은 사람들과 악한 사람들이 공존해 있었다.

이 나라에서 여행하는 것이 내 운명이었다. 그것도 그곳의 생활 풍습과 그들의 언어까지 익힐 만큼 꽤 오랫동안 그 나라를 여행했다. 사실 나는 그들 속에서 보고 듣는 것을 좋아했다. 내 주인이 일 문제로 나를 부르지만 않았다면 분명 그들 속에서 살다가 생을 마쳤을 것이다.

우주의 화려하고 찬란한 이 나라에는 아름답고 우아한 도시가 있었다. 그 도시는 맨소울이라고 불리는 도시 자치체였다. 그곳에는 아주 독특한 건물이 많았다. 그리고 매우 넓고 편리한 곳에 위치한 그 도시는 유익한 특권으로 유명했다. 그래서 나는 그 도시에 대해 "하늘 아래 이와 같은 곳은 없다."라고 말할 정도였다.

이 도시는 두 세계의 중간에 위치해 있다. 내가 수집한 가장 탁월하고 권위 있는 기록을 보면, 그 도시를 처음 세우고 건설한 자가 바로 샤다이(히브리 족장들이 하나님을 부를 때 사용한 이름), 전능하신 하나님이다. 그분은 자기의 기쁨을 위해 그 도시를 세우셨다. 그리고 그 도시를 그분이 만드신 모든 것을 비추는 거울이자 영광으로 만드셨다. 그분은 그 도시를 다른 어떤 것보다도 뛰어나게 최고의 걸작품으로 만드셨다. 맨소울이 처음에 건설되었을 때는 대단히 아름답고 좋은 도시였기 때문에 그 도시를 세울 때 신들이 보러 내려와 기쁨의 노래를 불렀다고 한다. 또한 그분은 그 도시를 보기 좋게 만드셨을 때 주변의 모든 나라를 다스릴 권세를 그 도시에 주셨다. 모두가 맨소울을 자기들의 중심 도시로 인정했으며 그 도시에 경의를 표하고 충성을 다하도록 명령을 받았다. 맨소울 도시 자체가 모든 나라에 자기를 섬길 것을 요구하며 어떤 식으로든 그것을 거부하는 나라에 대해서는 복종을 강요할 권한을 부여받았다.

도시 한가운데는 가장 유명하고 웅장한 궁전이 세워졌다. 그 궁전은 매우 강력하고 튼튼해서 성으로 부를 수 있을 정도였다. 또한 그 궁전은 모든 이에게 커다란 즐거움을 주었기 때문에 모두들 그곳을 이상향이라고 불렀다. 더욱이 그 궁전은 어마어마한 규모여서 온 세상을 다 담을 수 있을 만큼 광대했다. 샤다이 왕은 오직 자신을 위해 이곳을 지으셨다. 그곳이 그분의 기쁨을 위한 곳이기 때문이며 이방인이 그 도시를 공격하지 못하게 하기 위해서였다. 또한 샤다이는 이 궁전을 요새로 만드셨다. 그러나 그 도시를 지키는 일은 오직 그 도시 사람들에게만 맡기셨다.

도시의 벽은 대단히 튼튼했다. 매우 단단하고 견고하게 짜여서 도시 사람들이 스스로 허물지만 않는다면 절대로 흔들리거나 부서질 염려가 없었다. 맨소울은 도시 사람들이 스스로 동의하지만 않는다면 아무리 강력한 적이 공격을 해 와도 벽이 무너지거나 도시가 무너질 염려가 전혀 없었다.

유명한 도시 맨소울에는 다섯 개의 문이 있었는데 그 문을 통해 사람들이 드나들었다. 이 문들은 모두 벽과 잘 조화를 이루었다. 즉 이 문도 안에 살고 있는 사람들의 허락이 없이는 어느 누구도 강제로 열 수 없는 난공불락의 문이었기 때문이다. 그 문들의 이름은 '귀의 문' '눈의 문' '입의 문' '코의 문' '감각의 문' 이었다.

맨소울 도시에 속한 다른 것들을 여러분이 가까이에서 본다면 그 영광과 힘 앞에서 놀라움을 금치 못할 것이다. 그 도시는 언제나 벽 안에서 모든 곳이 풍성히 공급되고 있었다. 그곳에는 세상에 존재하는 가장 선하고 온전하며 탁월한 법이 있었다. 그 벽 안에는 악당, 사기꾼, 반역자가 존재하지 않았다. 도시 사람들은 모두 진실하며 서로 친밀하고 단단하게 연합되어 있었다. 이것은 이 도시에서 매우 중요한 부분이었다. 그러나 무엇보다도 이 도시는 샤다이 왕에게 진실함을 지키는 한 그분의 지지와 보호를 받을 수 있었다. 그것이 샤다이 왕에게는 커다란 기쁨이었던 것이다.

아주 오래전부터 디아볼러스라는 강력한 거인이 살고 있었다. 그런데 그 거인이 이 유명한 맨소울을 습격해 왔다. 그리고는 그 도시를 차지해 자기 소유로 만들어 버렸다. 이 거인은 검은 어둠의 왕이며 광란으로 날뛰는 왕자였다. 여러분이 원한다면 이제 이 디아볼러스의 기원에 대한 것으로 이야기를 시작하려고 한다. 그리고 그가 이 유명한 맨소울 도시를 어떻게 찬탈했는지에 대해 이야기하겠다.

디아볼러스는 대단히 크고 강력한 왕자며 동시에 가난한 거지다. 그의 기원에 대해 말한다면, 그도 처음에는 샤다이 왕을 섬긴 신하들 가운데 한 명이었다. 왕은 그를 가장 높고 막강한 권세를 부리는 자리에 앉게 해 주었다. 그분의 영토와 지배지 가운데 가장 좋은 곳을 그에게 주어 다스리게 했던 것이다. 디아볼러스는 '아침의 아들'이었으며 훌륭한 나라를 다스리고 있었다. 만일 그가 탐욕을 부려 스스로를 지옥으로 변질시키지만 않았다면 그의 높은 지위와 권세로 인해 그는 엄청난 빛과 영광을 누렸을 것이다.

그러나 크고 영광스러운 높임을 받자 그의 마음속에 더 높아지려는 욕구가 일어났다. 그래서 어떻게 하면 스스로 만물을 다스리는 자가 되어 샤다이 왕 아래 유일한 권력을 소유한 자가 될 수 있을지 궁리하게 되었다(그러나 그 권세는 왕이 자신의 아들을 위해 고이 간직해 온 것으로 이미 아들에게 부여한 권한이었다). 그래서 그는 처음에는 혼자서 어떻게 하는 것이 가장 좋을지를 생각했고 그 다음에는 자기 생각을 다른 동료들에게도 나누었다. 그러자 그들도 그의 뜻에 동조했다. 그러자 그 권한을 자기 것으로 만들기 위해 디아볼러스는 왕의 아들을 무너뜨리기로 했다. 즉 반역을 꾀하기로 한 것이다. 시기를 정하고 신호가 떨어지자 반역자들은 한데 모여 공격을 감행했다. 그러나 모든 것을 알고 보는 왕과 그의 아들은 자신이 다스리는 나라 안에서 어떤 상황이 벌어지고 있는지 다 알고 있었다. 왕은 언제나 자기 아들을 자신처럼 사랑했기 때문에 디아볼러스의 일로 크게 진노했다. 왕은 그들이 계략을 꾸미고 행동으로 옮긴 모든 것을 배신과 끔찍한 반역, 음모의 죄로 규정하고 그들에게서 신뢰와 은혜, 영광과 사랑의 지위를 박탈해 버렸다. 그리고 그들을 궁전에서 추방하고 사슬에 꽁꽁 묶인 채 더 이상 어떤 은혜도 기대할 수 없는 끔찍한 구덩이 속으로 밀어 넣어 버렸다. 이제 그들에게 남은 것은 그분이 정하신 심판과 형벌을 영원히 받는 것뿐이었다.

자신들이 모든 신뢰와 은혜, 영광의 자리에서 쫓겨나 영원히 왕의 은혜에서 버림받았음을 알고 있었기 때문에(그분의 궁전에서 쫓겨나 끔찍한 구덩이 속으로 던져졌기 때문에) 그들이 이제 이전에 품었던 교만에 샤다이와 그분의 아들에 대한 악의와 분노까지 더해져 있었다. 그들은 왕에게 복수하고 마침내 우주의 광대한 나라로 다시 들어오기 위해 곳곳에서 불같은 화를 내며 돌아다녔다. 그래서 왕의 소유를 찾아 망가뜨릴 계략으로 활활 타오르던 그들은 마침내 맨소울 도시를 향해 방향을 돌렸다. 그 도시가 샤다이 왕이 가장 심혈을 기울여 만든 그분의 가장 기뻐하는 작품이라고 생각한 그들은 모여 계략을 꾸민 후 공격을 감행했다. 그들은 맨소울이 샤다이의 소유라는 것을 알고 있었다. 그분이 자기를 위해 그 도시를 지으시고 아름답게 하셨을 때 그들도 그 자리에 함께 있었기 때문이다. 그 도시를 발견했을 때 그들은 좋아서 끔찍한 탄성을 발했다. 그리고 먹이를 향해 달려드는 사자처럼 그 도시를 보고 포효하듯 말했다. "이제 우리는 먹이를 찾았다. 샤다이 왕이 우리에게 행한 것에 대해 그에게 복수할 방법도 알겠다." 그들은 작전 회의를 열고 맨소울이라는 유명한 도시를 손에 넣을 가장 좋은 방법을 모의했다.

작전 회의가 끝나자 그들은 자리에서 일어나 모의한 대로 실행에 옮겼다. 그들은 맨소울을 향해 진군했다. 그러나 전면에 내세운 한 사람만 제외하고 다른 사람들은 철저하게 눈에 보이지 않게 했다. 그도 그 도시에 자신의 모습으로 접근하지 않고 용의 모습으로 가장해 은밀히 접근했다.

그들은 도시에 점점 가까이 다가가 귀의 문 앞에 숨어 앉았다. 눈의 문이 도시 밖을 내다보는 곳이었다면 귀의 문은 도시 밖의 모든 소리를 들을 수 있는 곳이었기 때문이다. 용의 모습을 한 디아볼러스는 꼬리를 길게 늘어뜨리고 문으로 가까이 다가가더니 문을 타고 미끄러지듯 올라갔다. 그리고 그 도시의 화살이 미치는 거리에서 도시를 지키고 있는 저항 장군(Captain Resistance)을 대비해 자기의 복병을 숨겨 놓았다. 그는 맨소울에 사는 위인으로 거인 디아볼러스와 그의 수하들이 맨소울 전체의 모든 사람을 합쳐 놓은 것보다 더 두려워하는 사람이었다. 문을 타고 올라간 거인은 맨소울 사람들을 향해 자기 말을 들으라고 외쳤다. 그는 잘못된 중단(Ill-pause)이라는 부하 하나만을 데리고 맨소울로 들어갔는데, 모든 어려운 상황을 만날 때마다 그의 대변인 역할을 했다. 그는 문에 가까이 오더니 사람들을 모으기 위해 나팔을 불었다. 그 소리에 맨소울의 수장들, 즉 순결함 경(my Lord Innocence), 의지 경(my Lord Will-be-will), 시장(my Lord Mayor), 판사(Mr. Recorder), 저항 장군은 누가 무슨 일로 왔는지 알아보기 위해 벽으로 달려왔다. 의지 경은 밖을 내다보더니 문 앞에 서 있는 자에게 어디에서 온 누구이며 왜 맨소울 시에 와서 그런 이상한 소리를 내며 소란을 피우는지를 물었다.

그러자 디아볼러스는 마치 자신이 어린양인 것처럼 가장하며 연설을 늘어놓기 시작했다. "유명한 도시 맨소울의 신사 여러분, 나는 여러분이 사는 곳에서 멀지 않은 곳에 살고 있는 자입니다. 그곳은 단지 내가 여러분에게 경의를 표하고 모든 섬김을 다하게 하려고 왕이 경계를 지어 나누어 놓은 곳일 뿐 여기에서 아주 가까운 곳에 있습니다. 그래서 여러분을 더 잘 섬기고 맡은 임무를 더 충실히 수행하기 위해 여러분에게 전해 드릴 말씀이 하나 있습니다. 그러니 잠시만 내 얘기를 들어 주십시오. 먼저 내가 지금부터 하려고 하는 것은 나 자신을 위한 것이 아니라 바로 여러분의 유익을 위한 것임을 분명히 말씀드립니다. 신사 여러분, (여러분에게 진실을 말하는데) 여러분은 모르고 있지만 여러분이 사로잡혀 있고 노예처럼 지배를 받고 있는 속박에서 어떻게 하면 완전한 자유를 얻을 수 있는지 여러분에게 보여 드리기 위해 이렇게 왔습니다." 그 말에 맨소울 시는 귀를 쫑긋 세우고 듣기 시작했다. "그것이 무엇입니까? 부디 말씀해 주시오." 그러자 그가 말했다. "나는 여러분의 왕과 그의 법, 그리고 여러분 자신에 대해 여러분에게 할 말이 있습니다. 먼저 여러분의 왕에 대해 말씀드리면, 나는 그가 위대하고 강력한 능력을 갖고 있다는 것을 알고 있습니다. 그러나 그가 여러분에게 말한 모든 것은 사실도 아니고 여러분의 유익을 위한 것도 아닙니다. 첫째, 그가 지금까지 여러분에게 겁을 주며 금지한 것은 사실 여러분이 그 일을 한다고 해도 아무 일도 일어나지 않을 일입니다. 설사 위험이 있다고 해도 작은 과일 하나 먹은 사소한 죄로 가장 크고 무서운 심판을 받을까 두려워한다면 그것이야말로 노예 같은 삶이 아닙니까? 둘째, 그의 법에 대해서는 할 말이 더 많습니다. 그의 법은 비합리적이고 이해하기가 어려우며 가혹합니다. 앞에서도 넌지시 비추었듯이 그의 법은 비합리적입니다. 죄에 비해 형벌이 지나치게 무겁기 때문입니다. 사과를 먹었다고 생명을 빼앗는다는 것은 말이 되지 않습니다. 그러나 샤다이의 법에 의하면 사과 하나를 먹으면 곧 생명을 잃게 됩니다. 게다가 그의 법은 이해하기가 어렵습니다. 그는 처음에는 여러분이 모든 나무의 실과를 먹을 수 있다고 말하더니 다음에는 하나의 과일을 먹는 것을 금한다고 말했습니다. 그것은 이해가 되지 않습니다. 마지막으로 그의 법은 너무 가혹하니다. 그가 여러분에게 먹지 말라고 금한 과일에 대해 진실을 말씀드리면, 여러분이 그 과실을 먹으면 아직까지 몰랐던 좋은 것을 알게 해 줄 것입니다. 그 나무의 이름만 보아도 그것을 쉽게 알 수 있습니다. 그 나무는 선악을 알게 하는 나무라고 불립니다. 여러분은 선악을 안다는 것이 어떤 것인지 알고 있습니까? 전혀 모르지 않습니까? 만일 여러분이 샤다이 왕의 명령을 지키려고 하는 한 지혜롭게 되는 것이 얼마나 좋고 즐거우며 얼마나 탐나는 일인지 결코 알 수가 없습니다. 여러분은 계속해서 무지와 눈먼 상태에 붙잡혀 있길 원합니까? 여러분의 지식과 이해의 폭이 더 넓어져서는 안 될 이유가 없지 않습니까? 그리고 오, 맨소울의 시민들이여, 내가 여러분에게 단언하건대 여러분은 결코 자유인이 아닙니다! 여러분은 속박과 노예 상태에 묶여 있습니다. 그런데 여러분에게 금지되었던 바로 그 일을 하기만 하면 지혜와 영광을 얻을 수 있는 것입니다. 그때 여러분의 눈이 열릴 것이고 여러분의 왕 같은 신이 될 것입니다. 이것이 엄연한 사실이라면 지금 여러분이 살아가고 있는 모습보다 더 노예 같은 삶, 더 구속받는 삶이 어디 있겠습니까? 여러분은 노예의 삶을 살았습니다. 그리고 꽁꽁 묶인 부자유 속에 갇혀 있었습니다. 어둠 속에 갇혀 있는 것보다 더 큰 속박이 어디 있겠습니까? 여러분의 이성이 스스로에게 말하지 않습니까? 눈이 없어 못 보는 것보다 눈이 있어 보는 것이 낫고 어둡고 악취가 나는 동굴에 갇혀 있는 것보다 자유롭게 사는 것이 낫다고 말하지 않습니까?"

디아볼러스가 맨소울에게 이런 말을 하고 있을 때 티시포네(Tisiphone, 그리스 신화에 나오는 복수의 여신 중 한 사람)가 저항 장군을 겨냥했다. 그는 문 앞에 서 있었는데 그만 머리에 중상을 입고 말았다. 그는 시민들이 놀라 우왕좌왕하고 디아볼러스가 독려하는 가운데 벽 너머로 쓰러져 목숨을 잃었다. 저항 장군이 죽자(그는 이 도시의 유일한 용사였다) 가엾은 맨소울은 완전히 용기를 잃고 말았다. 게다가 맨소울은 이제 저항할 마음조차 잃어버렸다. 그것이야말로 사탄이 바라던 것이었다. 그때 디아볼러스가 데리고 온 '잘못된 중단'이 앞으로 나왔다. 그는 디아볼러스의 대변인이었다. 그는 맨소울 시에 직접 연설을 했다. 그는 낭랑한 목소리로 다음과 같은 연설을 했다.

"신사 여러분, 오늘 이렇게 뛰어나고 훌륭한 연설을 하게 된 것을 내 주인이 매우 기뻐할 것입니다. 우리는 여러분이 그토록 훌륭한 조언을 무시하지 않기를 바랍니다. 내 주인은 여러분을 매우 사랑합니다. 그래서 샤다이 왕의 진노를 살 수 있다는 것을 알면서도 여러분에 대한 사랑 때문에 위험을 무릅쓰고 이렇게 여러분을 찾아온 것입니다. 그가 말한 것이 사실이라는 것은 입증할 필요조차 없습니다. 그가 한 말에 이미 그것이 사실임을 입증하는 증거가 들어 있기 때문입니다. 따라서 나는 내 주인의 허락하에 여러분에게 단지 조언 한 가지만을 덧붙이고자 합니다(그 말을 하며 그는 디아볼러스에게 머리 숙여 인사를 했다). 그의 말을 깊이 생각해 보십시오. 선악을 알게 하는 나무와 약속의 열매를 보십시오. 또한 여러분이 아는 것이 거의 없고 그 열매를 먹는 것만이 더 많은 것을 알게 되는 길임을 기억하십시오. 만일 여러분이 그렇게 훌륭한 조언을 받아들이지 않는다면 여러분은 내가 생각하는 그런 이성적이고 분별력 있는 자들이 아닙니다."

시민들이 그 나무가 먹음직도 하고 보암직도 하며 지혜롭게 할 만큼 탐스럽다는 것을 보았을 때, 그들은 늙은 '잘못된 중단'이 충고한 대로 그 열매를 따 먹었다. 그런데 사실 잘못된 중단이 시민들에게 연설을 하고 있을 때 순결함 경이(거인의 진영에서 쏜 화살을 맞았기 때문인지 아니면 갑자기 불안감이 그를 엄습해서였는지 아니면 배반자 악당인 늙은 잘못된 중단이 내뿜은 독기 때문이었는지) 그만 그 자리에 풀썩 주저앉고 말았다. 그리고는 다시 깨어나지 못했다. 그렇게 용감한 두 사람이 죽고 말았다.

나는 그들을 용감한 사람들이라고 부른다. 그들이 생전에 맨소울의 아름다움과 영광이었기 때문이다. 이제 맨소울에 고결한 영혼은 더 이상 남아 있지 않았다. 그들은 모두 디아볼러스에게 무릎을 꿇고 복종했다. 그리고 결국 그의 노예가 되고 부하가 되었다.

두 사람이 죽자 남은 시민들은 걷잡을 수 없이 거인의 말에 현혹당하기 시작했다. 그들은 먼저 잘못된 중단이 가르쳐 준 대로 따라했다. 그들은 금지된 과일을 따서 먹었다. 그러자 그들은 금세 그 과일에 취해 '귀의 문'과 '눈의 문'을 모두 활짝 열어 버렸다. 그리고 선한 샤다이와 그분의 법, 그분의 법을 어긴 것에 대해 그들이 받게 될 심판을 완전히 잊어버린 채 디아볼러스와 그의 모든 수하가 도시 안으로 들어오게 했다.

문을 통해 도시로 당당히 들어온 디아볼러스는 자기가 그 도시를 완전히 정복했음을 나타내고 사람들이 자기를 반기고 있음을 확인하기 위해 도시 한가운데로 진군해 들어왔다. 그는 "쇠가 뜨겁게 달

구어졌을 때 처라."라는 말처럼 시민들에게 기만적인 연설을 계속했다. "아! 나의 가엾은 맨소울이여! 나는 여러분의 명예를 높이고 자유를 증진시키기 위해 이 일을 했습니다. 그러나 아! 가엾은 맨소울이여! 여러분은 이제 여러분을 옹호해 줄 자가 필요합니다. 샤다이가 여기에서 이루어진 일을 듣게 될 때 이곳을 찾아올 것이기 때문입니다. 여러분이 자기와의 약속을 깼다는 것을 알게 된다면 그는 분명 화를 낼 것입니다. 그리고 여러분과의 관계를 끊어 버리려고 할 것입니다. 그때 여러분은 어떻게 하시겠습니까? 여러분은 이렇게 얻은 특권을 다시 빼앗기겠습니까? 아니면 그것을 더욱 굳게 지키겠습니까?"

그러자 그들은 모두 한목소리로 이 가시나무에게 말했다. "너는 와서 우리의 왕이 되라"(삿 9:14). 그는 그 제안을 받아들여 결국 맨소울 시의 왕이 되었다. 그 다음에는 성의 소유권을 넘겨주었고 도시 전체의 지배권을 넘겨주었다. 그는 성으로 들어갔다(그 성은 맨소울에 샤다이가 자기의 기쁨과 즐거움을 위해 지은 곳이었으나 이제는 거인 디아볼러스의 소굴이 되고 말았다).

웅장한 궁전 혹은 성을 차지한 디아볼러스는 그곳을 자신의 주둔지로 삼아 버렸다. 그리고 샤다이 왕이나 그 성을 되찾아 순복하게 하려는 자들을 대적하기 위해 온갖 것을 공급해 강하고 튼튼한 성으로 방비했다.

그런 후에도 여전히 안전하다는 생각이 들지 않자 이번에는 도시 전체를 완전히 새롭게 개조하기로 마음먹었다. 그는 도시 곳곳에 자기 마음대로 옛 건물들을 부수고 새로운 건물들을 세웠다. 그것으로도 성이 안 찼는지 그는 시장인 이해 경(my Lord Understanding)과 판사인 양심(Mr. Conscience)에게서 직책과 권한을 박탈해 버렸다.

시장인 '이해 경'은 이해심이 많은 사람으로 거인을 도시에 들어오게 하자는 맨소울 시민들의 뜻에 동의한 사람이었다. 그러나 디아볼러스는 그를 예전의 영광과 광채에 그대로 두는 것이 합당치 않다고 여겼다. 그가 통찰력이 있는 사람이라는 것을 알고 있었기 때문이다. 그래서 디아볼러스는 그의 직책과 권력을 빼앗았을 뿐만 아니라 햇살이 비추는 곳과 시장의 집 창문 사이에 높고 강한 탑을 세워 그가 있는 곳을 어둡게 만들어 버렸다. 그로 인해 그의 집과 그 집에 사는 모든 사람이 칠흑같이 어두운 곳에 갇혀 버리고 말았다. 빛을 보지 못하게 되자 그는 나면서 눈이 보이지 않는 사람처럼 되고 말았다. 게다가 그는 감옥처럼 집에 갇히고 말았다. 설사 가석방된다고 해도 그는 절대 그의 영지를 벗어나선 안 되었다. 그런 상황에서 그가 맨소울을 돕고 싶은 마음이 아무리 간절하다 해도 무엇을 할 수 있겠는가? 맨소울이 디아볼러스의 지배를 받고 있는 한(누군가 맨소울을 그의 지배에서 구해 내지 않는 한) 시장은 맨소울을 돕기보다는 오히려 방해만 될 뿐이었다.

판사인 '양심'은 맨소울 시가 점령당하기 전 왕의 법에 능통한 자로 그의 법을 늘 읽던 자였다. 그는 어떤 경우에도 진리를 말하는 용감하고 신실한 사람이었다. 게다가 그의 머리는 올바른 판단력으로 가득했으며 그의 입은 헝가리인처럼 용감하게 진리를 말했다. 따라서 디아볼러스는 그를 맨소울 시에 살게 할 수 없었다. 그가 비록 자신이 들어오는 것을 찬성하기는 했지만 자신이 어떤 계략, 시도, 술책, 방책을 사용해도 결코 완벽하게 자신의 부하로 삼을 수 없는 자이기 때문이었다. 사실 그는 예전의 왕의 법에서 떠나 거인의 법에서 많은 즐거움을 누리고 있었다. 그러나 그럼에도 불구하고 그는 완전히 디아볼러스의 부하가 될 수는 없었다. 그는 가끔 샤다이를 떠올렸다. 그리고 그분의 법이 자신에게 어떤 벌을 내릴지를 생각하며 두려움에 떨었다. 그럴 때면 그는 마치 포효하는 사자처럼 강력하게 디아볼러스를 비난하곤 했다. 그리고 그는 가끔 발작을 일으키곤 했는데(그는 가끔 심한 발작을 일으켰다) 그럴 때마다 맨소울 시 전체가 그의 소리로 흔들릴 정도였다. 그래서 새로운 맨소울의 지배자는 그를 계속 맨소울에 살게 할 수가 없었다.

디아볼러스는 맨소울에 남아 있는 어떤 사람보다도 판사를 두려워했다. 그가 발작을 일으킬 때마다 도시 전체가 뒤흔들렸기 때문이다. 그의 외침은 진동하는 천둥처럼, 내리치는 벼락처럼 온 도시에 쩌렁쩌렁하게 울려 퍼졌다. 그를 완전히 자기 부하로 만들 수 없었던 거인은 고심 끝에 결국 그를 방탕하게 만들기로 작정했다. 방탕함으로 그의 이성을 마비시키고 허영심으로 그의 마음을 단단히 굳게 만들어 버린 것이다. 그런 그의 시도는 즉시 성공을 거두었다. 디아볼러스는 그를 방탕에 물들게 했다. 그리고 조금씩 조금씩 그를 죄와 사악함 속으로 끌어들였다. 마침내 그는 방탕함에 완전히 빠져 버렸고 그 결과 죄에 대해 전혀 양심의 가책을 느끼지 않게 되어 버렸다. 그러나 거기까지가 디아볼러스가 그에게 할 수 있는 최고의 술책이었다. 그래서 그는 다른 계략을 생각해 냈다. 그것은 바로 맨소울 시민들에게 판사가 미쳤으니 그의 말에 주의를 기울이지 않아도 된다고 믿게 하는 것이었다. 그는 그에 대한 근거로 그의 발작을 들며 말했다. "그가 만일 제정신이라면 왜 그렇게 매일같이 발작을 일으키겠는가? 미친 사람들이 발작을 일으키고 헛소리를 하듯 이 노망한 늙은이도 발작을 일으키고 헛된 소리를 지껄이는 것이다."

그렇게 그는 온갖 수단을 동원해 판사가 말하는 모든 것을 맨소울 사람들이 무시하고 멸시하게 만들어 버렸다. 그 외에도 디아볼러스는 이 노신사가 유흥에 빠져 있을 때 자신이 발작을 일으킬 때 했던 모든 말을 철회하게 하고 부인하게 하는 방법도 사용했다. 사실 이것은 사람들로 하여금 그를 비웃게 하고 아무도 그를 존경하지 못하게 하는 방법이었다. 또한 다른 때 같으면 평안을 유지했을 일에도 그는 금세 화를 내곤 했다. 그렇게 그의 행동에는 일관성이 없었다. 때로 그는 깊은 잠에 빠져 있는 것처럼 혹은 마치 죽은 사람처럼 보일 때가 있었다. 그럴 때면 맨소울 시 전체는 허영을 좇으며 거인의 피리 소리에 맞춰 춤을 추곤 했다.

이따금 맨소울이 판사의 우레 같은 음성에 놀라 디아볼러스에게 이야기하면 그는 그 노인네가 말하는 것은 맨소울을 사랑하거나 긍휼히 여겨서 하는 말이 아니라 단지 너무 어리석고 정신이 온전하지 못해 그냥 무의미한 말을 늘어놓는 것에 불과하다고 일축해 버리곤 했다.

유명한 맨소울 시에는 또 다른 신사 의지 경이 살고 있었다. 그는 맨소울의 다른 사람들처럼 높은 가문 출신이었다. 그리고 그들처럼 많은 땅을 소유한 자유 토지 보유자였다. 게다가 그에게는 다른 사람에게는 없는 특권이 있었다. 그 특권과 더불어 그는 강력한 힘과 결단력, 용기를 갖고 있었다. 그러나 이 모든 것을 가진 그는 자신이 맨소울에서 노예로 산다는 것을 용납할 수 없었다. 그래서 그는 맨소울에서 소지배자가 되기 위해 디아볼러스 밑에서 직책을 맡기로 결심했다. 그는 디아볼러스가 '귀의 문'에서 연설할 때 그의 말에 동의해 그에게 문을 열어 주자고 한 자들 가운데 한 명이었다. 그래서 디아볼러스는 그에게 자리를 마련해 주는 등 그를 특별히 잘 대해 주었다. 그의 용맹함과 강인함을 알아보고는 그를 가장 중요한 문제를 처리하는 주요 부하 중 하나로 삼으려고 했다.

그래서 디아볼러스는 그에게 사람을 보내 오게 하고는 가슴속에 있는 비밀 문제를 그에게 이야기했다. 그러나 그를 자기편으로 만드는 데는 오랜 시간이 필요 없었다. 처음에도 디아볼러스가 도시로 들어오는 것을 적극적으로 환영한 사람이었던만큼 이번에도 기꺼이 그의 부하가 되려고 했기 때문이다. 폭군은 그가 자신을 기꺼이 섬기려 한다는 것과 그의 마음이 이미 그 길을 향해 있다는 것을 눈치 채고는 그를 성의 관리인이자 벽을 통제하는 자, 맨소울의 문을 지키는 자로 세웠다. 그야말로 맨소울 도시 전역에서 그가 없이는 아무것도 이루어질 수 없게 된 것이다. 이렇게 해서 맨소울 시에서 의지 경은 디아볼러스 다음의 권력자가 되었다! 맨소울 시 전역에서 그가 하려고 하지 않고 원하지 않는 일은 어떤 것도 이루어질 수가 없었다. 그는 의향(Mr. Mind)을 자신의 부하로 두었다. 그는 모든 면에서 그의 주인과 닮은 사람이었다. 그와 그의 주인은 원칙적으로 하나여서 둘로 나눈다는 것이 사실 불가능했다. 맨소울은 의지와 의향이 자신들의 욕심을 성취시키는 도구로 전락해 버렸다.

그러나 권력을 손에 넣었을 때 의지가 얼마나 그것을 필사적으로 지키려고 했는지 아마 상상할 수도 없을 것이다. 먼저 그는 자신의 옛 왕에게 탄원을 하거나 그를 섬기는 것을 단호히 거부했다. 그리고 자신의 주인인 디아볼러스에게 충성을 맹세했다. 그가 높은 자리에 앉은 후 맨소울에서 얼마나 괴이한 일들을 했는지 직접 보지 않는다면 믿지 않으려고 할 것이다!

먼저 그는 판사를 비방해 죽음으로 몰아갔다. 그는 그를 보는 것도 참을 수 없었고 그의 입에서 나오는 말은 더더욱 견딜 수가 없었다. 그는 판사를 볼 때면 눈을 감고 그가 말을 할 때면 귀를 틀어막았다. 또한 그는 샤다이의 법 파편이라도 도시 어딘가에 있는 것을 참지 못했다. 한 예로 그의 부하인 의향이 샤다이의 법이 적힌 낡고 해진 조각보 몇 개를 갖고 있었다. 의지는 조각보를 보자마자 그것을 멀리 던져 버렸다. 사실 판사는 서재에 샤다이의 법을 담은 책을 몇 권 갖고 있었다. 그러나 의지는 그 사실을 전혀 몰랐다. 그는 시장 집 창문이 밝은 것이 맨소울 시에 해롭다며 촛불조차 켜지 못하게 했다. 그는 자기의 주인인 디아볼러스가 싫어하는 것이라면 무엇이든 제거하려고 수단과 방법을 가리지 않았다.

또한 그처럼 열심히 거리에서 디아볼러스의 용맹함과 지혜로움, 위대한 영광을 선전하며 다닌 사람도 없었다. 그는 자기의 뛰어난 주인을 찬양하고 그의 용맹함을 높이기 위해 천한 악당들과 어울려 맨소울의 모든 거리를 돌아다니는 것도 서슴지 않았다. 언제 어디서나 그런 악당들을 발견하면 그는 망설임 없이 그들과 어울렸다. 그는 온갖 악한 길에서 스스로 알아서 악한 행동을 일삼았다.

거인은 이렇게 맨소울 시를 자신의 요새로 만들어 버리고 자기에게 충성을 맹세하는 자들에게 권력을 주어 높은 자리에 세워 놓고는 자신은 교묘히 뒤로 숨어 버렸다. 원래 맨소울에는 시장이 있고 성문 위에 샤다이 왕의 형상이 그려져 있었다. 이 형상은 매우 세밀하고 정확하게 그려져 있어서(금으로 새겨져 있었다) 당시 세상에 존재하는 어떤 것보다도 샤다이 왕을 가장 많이 닮았다. 디아볼러스는 그것을 지우라고 명했다. 그 일은 비진리(Mr. No-truth)가 직접 담당했다. 디아볼러스의 명령에 따라 비진리가 직접 자기 손으로 샤다이의 형상을 지우고 나자 그는 이번에는 옛 왕을 철저히 경멸하고 맨소울 시를 타락시키기 위해 그 자리에 대신 자신의 무시무시한 형상을 세우라고 명령했다.

이제 디아볼러스는 스스로 안전하다고 생각했다. 그는 맨소울을 점령해 그 안에 자신의 요새를 든든히 세웠다. 그는 옛 관리들을 자리에서 물러나게 하고 자기가 뽑은 새 관리들을 그 자리에 세웠다. 그는 샤다이의 형상을 지워 버리고 자기의 형상을 그 자리에 세웠다. 그는 옛 법전을 훼손하고 자기의 헛된 거짓을 선전했다. 그는 새 판사와 새 행정 장관을 세웠다. 이 모든 것은 선한 샤다이나 그의 아들이 공격하러 올 때를 대비해 스스로를 지키기 위한 방책이었다.

임마누엘이 맨소울을 탈환하다

한편 그동안 내내 선한 샤다이 왕은 거짓 왕 디아볼러스의 폭정에서 맨소울 시를 되찾기 위해 군대를 보낼 준비를 하고 있었다. 그러나 그는 맨소울의 상황을 보고 다시 그들의 왕에게 순종하게 할 수 있는지 보기 위해 처음에는 그의 용감한 아들 임마누엘이 지휘하는 군대를 보내지 않고 장군 몇몇을 보내 일을 맡기는 것이 좋다고 생각했다. 파병할 군대는 모두 진실한 병사들로 이루어져 있었으며 4만이 넘었다. 그들은 왕의 궁전에서 온 자들로 왕이 직접 선별한 병사들이었다.

그들은 네 명의 건장한 장군의 지휘를 받아 맨소울로 진격해 갔다. 장군마다 각기 만 명의 병사를 통솔했다. 그들의 이름과 깃발은 다음과 같다. 첫 번째 장군의 이름은 보아너게(Boanerges), 곧 '우레의 아들'이었다. 두 번째 장군의 이름은 죄의 자각(Captain Conviction)이었다. 세 번째 장군은 심판(Captain Judgement)이었고, 네 번째 장군은 형 집행(Captain Execution)이었다. 이들이 샤다이가 맨소울을 탈환하라고 보낸 장군이었다.

이미 말했듯이 왕은 맨소울을 되찾기 위해 먼저 이 네 장군을 보내는 것이 합당하다고 생각했다. 사실 그동안 모든 전쟁에서 그는 이 네 장군을 선봉대로 보내곤 했다. 그들이 강한 용사이기 때문이었다. 그들은 돌파구를 찾기에도 적합했으며 검으로 싸움을 용맹하게 이끌었다. 그들의 병사들도 그들과 마찬가지로 용맹하게 싸웠다.

각각의 장군들에게 왕은 깃발을 주었다. 그들이 맨소울에서 수행할 선하고 의로운 명분을 나타내는 깃발이었다.

먼저 사령관인 보아너게 장군에게 만 명의 병사를 주었다. 그의 기수는 천둥(Mr. Thunder)이었다. 그가 든 깃발에는 검은 바탕에 세 개의 불붙은 천둥이 그려져 있었다.

두 번째 장군은 죄의 자각이었다. 그에게도 만 명의 병사를 주었다. 그의 기수는 슬픔(Mr. Sorrow)이었다. 그가 든 깃발에는 흰 바탕에 불꽃이 나오는 법전이 펼쳐져 있는 그림이 그려져 있었다.

세 번째 장군은 심판이었다. 그에게도 만 명의 병사를 주었다. 그의 기수는 두려움(Mr. Terror)이었다. 그가 든 깃발에는 붉은 바탕에 불길이 활활 타오르는 풀무가 그려져 있었다.

네 번째 장군은 집행이었다. 그에게도 만 명의 병사를 주었다. 그의 기수는 정의(Mr. Justice)였다. 그가 든 깃발에는 붉은 바탕에 도끼가 뿌리에 박혀 있는 열매 없는 나무가 그려져 있었다.

이 네 장군은 각자 만 명의 병사를 거느리고 있었다. 그들 모두 왕에게 충성을 맹세한 자들로 용맹하고 강인한 병사들이었다.

왕은 군대를 소집하고 각 장군들에게 임무를 맡겼다. 왕은 그것을 모든 병사가 듣는 앞에서 선포했다. 그것은 신실하고 용맹하게 실행해야 할 왕의 명령이었다. 그들의 임무는, 형식은 모두 같지만 이름과 직함, 지위와 내용에서 조금씩 차이가 있었다. 다음은 그 한 예다.

"위대한 샤다이, 맨소울의 왕이 내린 명령.
신뢰할 수 있는 고결한 보아너게 장군에게
맨소울 시에 전쟁을 일으킬 것을 명한다.

오, 너 보아너게여, 만 명의 용맹하고 신실한 종들을 통솔할 나의 강하고 천둥 같은 장군이여! 내 이름으로 군대를 거느리고 비참한 맨소울 시로 들어갈 것을 명한다. 그곳에 이르면 먼저 그들에게 화평을 청하라. 그리고 사악한 디아볼러스의 멍에와 통치를 벗어 버리고 그들의 의로운 왕이자 주인인 내게로 돌아오라고 명하라. 또한 맨소울 시에서 디아볼러스가 점령한 모든 것에서 스스로를 정결케 하라고 명하라. 그런 다음 그들이 진정으로 순종하는지 살피라. 네가 그들에게 명령했을 때 (그들이 진실로 그 명령에 순종하면) 너는 맨소울에 나를 위해 온 힘을 다해 요새를 세우라. 만일 그들이 스스로 내게 순복한다면 너는 그 안에 살며 숨 쉬는 단 한 생명도 해쳐서는 안 된다. 대신 그들을 친구와 형제처럼 대하라. 그 모든 이를 내가 사랑하며 내게 소중한 자이기 때문이다. 그리고 내가 곧 가서 그들에게 내가 자비로운 왕임을 알게 할 것이라고 말하라.

그러나 그들이 너의 부름과 권위에도 불구하고 너에게 저항하고 대적한다면 네 모든 지략과 능력, 권능, 힘을 사용해 그들을 치라."

나머지 장군들에게 내린 위임장의 내용도 위와 같다.

왕에게 각각 명령과 권위를 부여받은 장군들은 정해진 일시와 장소에 목적과 부르심에 합당한 용감한 모습으로 나타났다. 샤다이에게 새 힘을 얻은 그들은 맨소울 시를 향해 진군했다. 보아너게 장군이 선봉에 섰고 그 뒤를 죄의 자각 장군과 심판 장군이 뒤따랐으며 집행 장군이 맨 뒤에서 진군했다. 그들은 먼 길을 가야 했기 때문에 (맨소울 시는 샤다이 궁전에서 멀리 떨어져 있었다) 진군하는 동안 많은 사람이 사는 지역과 나라들을 지나갔다. 그러나 도중에 그들을 해치거나 상하게 하는 일은 결코 없었다. 오히려 가는 곳마다 그들은 사람들을 축복했다. 진군하는 동안 내내 그들의 식량은 모두 왕이 공급해 주었다.

여러 날을 여행한 끝에 마침내 맨소울이 보이기 시작했다. 장군들은 한참 동안 그 도시의 비참한 상황을 보며 애통해하지 않을 수 없었다. 그곳이 어떻게 디아볼러스의 뜻과 방식에 굴복했는지를 금세 알 수 있었기 때문이다.

도시 앞에 가까이 온 장군들은 '귀의 문'까지 진군했다(그곳이 밖의 소리를 들을 수 있는 곳이었기 때문이다). 그들은 그곳에 장막을 치고 참호를 만든 후 본격적으로 공격하기 시작했다.

왕의 군대가 맨소울 앞에 진을 친 지 사흘이 되었을 때 보아너게 장군이 나팔수에게 '귀의 문'에 내려가 위대한 샤다이의 이름으로 맨소울 사람들을 모으라고 명령했다. 그리고 주님의 이름으로 그들에게 전할 것이 있음을 알리게 했다. 그 명령에 잘 들으라(Take-heed-what-you-hear)라는 이름을 가진 나팔수가 '귀의 문'에 올라가 모든 사람이 듣도록 나팔을 불었다. 그러나 대답하거나 주의를 기울이는 사람이 한 사람도 없었다. 디아볼러스가 이미 그렇게 하도록 지시했던 것이다. 그래서 나팔수는 장군에게 돌아와 자신이 본 것을 그대로 보고했다. 그러자 장군은 시름에 잠겼다. 그러나 나팔수에게 진영으로 돌아가라고 명령했다.

보아너게 장군은 다시 나팔수를 귀의 문으로 보냈다. 그러나 그들은 문을 닫아걸고 밖으로 나오지 않았을 뿐더러 아무 대답도 하지 않았다. 그들은 자기들의 왕인 디아볼러스의 명령을 철저히 지켰던 것이다.

장군들은 맨소울이 왕의 군대와 전쟁을 하기로 결정한 것을 알았을 때 그들의 뜻을 받아들이기로 했다. 그리고 전쟁을 승리로 이끌 것을 다짐했다. 우선 그들은 '귀의 문'을 뚫기 위해 더 막강한 군대로 정비했다. 문을 뚫지 못하면 그 도시에 아무 선한 일도 할 수 없다는 것을 알았기 때문이다. 그런 다음 병사들을 각각 자리에 배치시킨 후 다음과 같이 선포했다. "네가 거듭나야 하겠다"(요 3:7). 이제 그들이 나팔을 불자 맨소울 사람들이 소리를 외쳐 대항했다. 마침내 전쟁이 시작되었다. 맨소울 사람들은 '귀의 문' 너머에 있는 탑 위에 두 대의 거대한 대포를 세웠다. 하나는 높아진 마음(High-mind)이고 다른 하나는 무모함(Heady)이었다. 이 두 대의 대포를 보며 그들은 자신만만해했다[그 대포들은 우쭐댐(Mr. Puff-up)이라는 디아볼러스의 주물공이 성에 세운 것으로 매우 위협적인 무기였다]. 그러나 샤다이의 군대는 경계를 늦추지 않았기 때문에 가끔 대포알이 윙 소리를 내며 그들의 귓가를 스쳐 가기도 했지만 아무 해도 입지 않고 진군해 갈 수 있었다. 이 두 대의 대포로 맨소울 사람들은 샤다이의 진영을 크게 소란케 하고 문을 안전히 지켜 줄 것이라고 굳게 믿었다. 그러나 그런 그들의 믿음이 얼마나 헛된 것이었는지 얼마 안 있어 드러났다.

맨소울에는 그 외에도 다른 작은 무기들이 있었다. 시민들은 샤다이의 진영을 공격하기 위해 그것을 이용했다.

샤다이 왕의 군대는 용맹하고 강력하게 귀의 문을 공격했다. 귀의 문을 부수어 열지 못한다면 벽을 무너뜨리는 것이 헛수고라는 것을 알았기 때문이다. 왕의 장군들은 물매 몇 개와 두세 개의 공성퇴(성벽 파괴용 대형 망치)를 가지고 왔다. 그들은 물매로 도시의 집과 사람들을 쳤다. 그리고 공성퇴를 가지고 귀의 문을 부수려고 했다.

 왕의 군대와 맨소울은 몇 차례 사소한 충돌을 빚더니 맹렬한 전투를 벌였다. 왕의 장군들은 기구를 가지고 '귀의 문'을 부수고 들어가 그 너머에 있는 탑을 깨뜨리려고 여러 차례 시도했다. 그러나 맨소울은 디아볼러스의 분노, 의지의 용맹, 늙은 의심 많음(Incredulity)과 시장, 선을 망각함(Mr. Forget-good), 판사의 지휘 아래 완강히 버텼다. 왕은 여름 전쟁에 조달한 물자가 거의 고갈되었다는 것을 알았다. 장군들은 상황을 보고 퇴각했고 겨울 막사로 잠시 물러났다. 병거와 함께 참호 속에 들어간 그들은 왕에게 가장 유익하고 적에게 가장 큰 타격을 입힐 수 있는 방법으로 맨소울에게 시기적절한 경고를 울리기로 했다. 그들의 계획은 상당히 효과가 있었다. 그들의 작전으로 맨소울이 잠시도 쉬지 못하고 괴롭힘을 당했기 때문이다. 맨소울은 예전처럼 편안히 잠을 잘 수 없었다. 그리고 전처럼 편안히 방탕과 유흥을 즐기러 갈 수도 없게 되었다. 샤다이의 진영에서 수시로 경계의 소리를 발하며 그들을 놀라게 했기 때문이다. 처음에는 한 문에서, 다음에는 다른 문에서 경고를 발하더니 나중에는 동시에 모든 문에서 경고를 발했다. 그래서 맨소울 사람들은 전처럼 평온을 누릴 수 없었다. 왕의 군대는 수시로 그들에게 경고의 소리를 울렸다. 맨소울 시에게 겨울은 가장 혹독한 계절이었다.

때로는 나팔 소리가 울려 퍼지고 때로는 도시 안으로 물맷돌이 날아 들어왔다. 때로는 왕의 병사 만 명이 맨소울의 벽을 타고 올라가 한밤중에 전쟁을 알리는 소리를 높이 올리기도 했다. 때로는 도시 사람들 일부가 부상을 입기도 했다. 그래서 도시 안에서는 울부짖는 소리와 탄식하는 소리가 들려왔다. 그로 인해 점점 쇠약해져 가는 맨소울은 더 괴롭힘을 당했다. 그러자 공격으로 난관에 처한 디아볼러스도 평안한 삶을 더 이상 누릴 수 없게 되었다.

그 무렵 서로 갈등을 일으키는 새로운 생각들이 맨소울 시민들의 마음을 사로잡기 시작했다. 어떤 이가 말했다. "이건 사는 게 아니야." 그러자 다른 사람이 답했다. "이런 상황은 곧 끝날 거야." 그러자 또 다른 사람이 일어서서 대답했다. "샤다이 왕에게 돌아갑시다. 그리고 이 괴로운 상황을 끝냅시다." 그러자 또 다른 사람이 두려움에 질린 모습으로 말했다. "그분이 우리를 받아줄 리가 없지 않소." 디아볼러스가 맨소울을 점령하기 전 판사로 있던 노신사가 큰 소리로 말하기 시작하자 맨소울 시민들에게 그의 말이 우렁찬 천둥 소리처럼 들렸다. 병사들의 소리도, 장군들의 외치는 소리도 그의 소리만큼 맨소울 사람들을 괴롭히지는 않았다.

게다가 맨소울의 모든 것이 바닥이 나기 시작했다. 맨소울이 탐했던 모든 것이 도시를 떠나고 있었다. 맨소울에게 그토록 기쁨을 주었던 모든 것이 한날 바람에 불과했던 것이다. 아름다움이 있던 자리에는 재만 남아 있을 뿐이었다. 맨소울 시민들의 얼굴에는 주름과 죽음의 그림자만 가득했다. 이제 맨소울은 설사 세상에서 가장 비참한 상황에 놓인다 할지라도 마음의 평안과 만족만 누릴 수 있다면 더 바랄 것이 없을 것 같았다!

　장군들은 이 깊은 겨울 동안에 보아너게의 나팔수의 입을 통해 맨소울 사람들에게 위대한 왕 샤다이에게 다시 순복하라는 소식을 전했다. 그들은 계속해서 그 소식을 보냈다. 언젠가 그들이 자신들의 명령에 기꺼이 순복할 때 초대의 깃발을 휘날리기 위해서였다. 늙은 의심 많음이 반대하지 않고 의지 경이 변덕스럽게 생각을 바꾸지만 않았어도 맨소울은 항복했을지 모른다. 그러나 디아볼러스도 사납게 소리치는 상황에서 맨소울은 항복하는 것에 대해 마음을 하나로 모을 수가 없었다. 그들은 계속해서 당황스럽고 두려운 상황에서 고통스러워하고 있었다.

　장군들은 맨소울을 디아볼러스의 폭정에서 구해 내기 위해 어떻게 해야 할지 자유롭게 논의했다. 모두들 의견이 분분했다. 그때 죄의 자각이라는 올바르고 고결한 장군이 자리에서 일어나 말했다. "내 형제들이여, 내 의견은 이렇습니다. 먼저 계속해서 물매를 사용해 돌을 도시 안으로 던져 넣어 사람들을 밤낮 괴롭히고 놀라게 하는 것입니다. 그렇게 함으로써 우리는 광포하고 자유분방한 정신이 자라나는 것을 막을 수 있을 것입니다. 사자를 길들이듯이 말이지요. 그 다음에는 만장일치로 우리 주 샤다이 왕께 탄원서를 올리는 것입니다. 그것을 통해 맨소울의 상황과 대치 상태를 알려 드리고 우리가 승리를 거두지 못한 것에 대해 용서를 구한 후 간절히 그분의 도우심을 구하는 것입니다. 그리고 우리에게 더 큰 힘과 능력을 보내 달라고 구하며 우리를 이끌 더 용맹하고 언변이 뛰어난 군대 장관을 보내 달라고 간절히 구하는 것입니다. 왕께서 맨소울을 되찾는 일을 온전히 성취할 수 있도록 말입니다."

죄의 자각 장군의 말에 모두 동의했다. 그들은 탄원서를 작성하고 신속히 샤다이 왕에게 보냈다.

탄원서는 맨소울을 사랑하는 선한 자의 손을 통해 신속히 왕에게 전달되었다.

왕의 궁전에 도착한 탄원서는 왕이 아닌 왕의 아들에게 전달되었다. 그것을 받아 읽은 그는 탄원서의 내용에 흡족해했다. 그래서 그가 보기에 합당하게 직접 수정하고 보충한 후에 그것을 왕에게 가져갔다. 그가 경의를 표하며 탄원서를 전달했을 때 왕이 말했다. "너도 나처럼 맨소울 시의 상황과 우리가 하려고 하는 것, 그리고 네가 그 도시를 구속하기 위해 한 일을 알고 있다. 자, 이제 가거라, 내 아들아! 그리고 전쟁을 준비하거라. 네가 맨소울에 있는 나의 군대를 이끌어야 할 것이다. 너는 맨소울 시를 정복하고 승리를 거둘 것이다."

그러자 왕의 아들이 말했다. "아버지의 법은 내 마음속에 있습니다. 나는 즐거이 아버지의 뜻을 행할 것입니다. 이날이야말로 제가 기다리고 갈망한 날입니다. 그리고 그 일이야말로 그동안 줄곧 기다려 온 일입니다. 그러니 아버지의 지혜로 합당하다고 생각하시는 군대를 제게 허락해 주십시오. 그러면 제가 가서 디아볼러스와 그의 권세에서 아버지의 죽어 가는 맨소울 시를 구해 내겠습니다."

왕의 아들은 맨소울을 구하기 위해 왕의 궁전을 떠나야 했다. 왕은 그를 군대장관으로 삼았다. 떠나야 할 때가 오자 그는 진군하기 시작했다. 그리고 그를 돕기 위해 다섯 명의 고결한 장군과 그들의 군대가 함께 갔다.

첫 번째 장군은 유명한 장군이었다. 바로 고결한 신용 장군(Captain Credence)이었다. 그의 깃발은 붉은색이었고 기수는 약속(Mr. Promise)이었다. 문양은 거룩한 어린양과 황금 방패였다. 그는 수하에 만 명의 병사를 거느렸다.

두 번째 장군은 유명한 선한 소망 장군(Captain Good-hope)이었다. 그의 깃발은 푸른색이었고 기수는 기대(Mr. Expectation)였다. 문양은 세 개의 황금 닻이었다. 그도 수하에 만 명의 병사를 거느리고 있었다.

세 번째 장군은 용맹한 자선 장군(Captain Charity)이었다. 그의 기수는 긍휼(Mr. Pitiful)이었다. 그의 깃발은 녹색이었고 문양은 세 명의 벌거벗은 고아가 품에 안겨 있는 모습이었다. 그도 수하에 만 명의 병사를 거느리고 있었다.

네 번째 장군은 용감무쌍한 순결함 장군(Captain Innocent)이었다. 그의 기수는 무해함(Mr. Harmless)이었다. 그의 깃발은 흰색이었고 문양은 세 마리의 황금 비둘기였다.

다섯 번째 장군은 진실하고 충성스러우며 깊은 사랑을 받는 인내 장군(Captain Patience)이었다. 기수는 오래 참음(Mr. Suffer-long)이었다. 그의 깃발은 검은색이었고 문양은 황금 심장을 뚫고 있는 세 개의 화살이었다.

이들은 모두 임마누엘의 장군이었다. 그들의 기수와 깃발, 문양, 병사들은 모두 그의 지휘를 받았다. 용감한 왕자는 그들 모두를 이끌고 맨소울 시를 향해 진군했다. 신용 장군이 선봉에 섰고 인내 장군이 후미를 맡았다. 나머지 세 장군은 병사들과 함께 가운데에서 진행했다. 왕자는 병거를 타고 그들을 이끌었다.

그들이 진군하기 위해 출발하자 나팔이 울리고 갑옷이 빛나며 깃발이 바람에 물결쳤다! 왕자의 갑옷은 모두 금으로 되어 있었는데 하늘에 빛나는 태양처럼 눈부신 빛을 발했다. 장군들의 갑옷은 꿰뚫을 수 없는 갑옷이었으며 반짝이는 별처럼 찬란했다. 샤다이 왕에 대한 사랑과 맨소울 시의 복된 구원을 바라며 궁정에서 자원병으로 온 자들도 함께했다.

임마누엘은 맨소울 시를 회복하러 출정할 때 아버지의 명령과 54개의 공성퇴, 돌을 던질 수 있는 12개의 물매를 가지고 갔다(합하면 성경 66권과 같음). 이것은 모두 순금으로 이루어졌는데, 군대는 맨소울을 향해 나갈 때 줄곧 그들의 마음과 몸에 지니고 나갔다.

진군해 간 임마누엘의 군대는 맨소울에서 얼마 떨어지지 않은 곳에 이르렀다. 그들은 그곳에 잠시 머물며 앞서 온 장군들에게 자신들이 온 것을 알렸다. 이윽고 그들이 맨소울에 도착했다. 새로운 군대가 왔다는 소식을 듣자 진영에 있던 옛 병사들은 다시 맨소울 시의 벽 앞에서 크게 외쳤다. 그러자 디아볼러스는 또다시 전쟁을 하기 위해 나왔다. 새로운 군대는 전과 같이 맨소울의 문을 향해 앉은 것이 아니라 도시를 사방에서 포위했다. 이제 맨소울은 사방 어디를 보더라도 자기를 에워싸고 있는 막강한 군대만 보일 뿐이었다. 게다가 도시 양 옆에는 높은 산이 싸여 있었다. 한쪽에는 은혜의 산(Mount Gracious)이, 다른 한쪽에는 공의의 산(Mount Justice)이 있었다. 거기에 명백한 진리의 언덕(Plain-truth Hill)과 죄 없음 강둑(No-sin Banks) 같이 몇 개의 작은 둑과 언덕이 있었다. 그곳에 도시를 향해 많은 물매를 설치했다. 은혜의 산 위에 네 개, 공의의 산 위에 네 개, 나머지는 도시 주변의 여러 적당한 곳에 설치했다. 가장 좋고 큰 공성퇴 가운데 다섯 개는 문을 부수기 위해 '귀의 문' 옆에 단단히 쌓아 올린 경청함 산(Mount Hearken)에 설치했다.

선한 왕자 임마누엘은 맨소울을 포위하고 나자 먼저 은혜의 산에 설치한 황금 물매 가운데 백기를 꽂았다.

그래서 세 마리의 황금 비둘기가 그려진 백기가 이틀 동안 세워져 있었다. 맨소울 사람들에게 생각할 시간을 주기 위해서였다. 그러나 그들은 자신들과는 아무 상관이 없다는 듯 왕자의 호의적인 신호에 아무 답변도 하지 않았다.

그러자 그는 붉은 깃발을 공의의 산 위에 꽂게 했다. 그 깃발은 심판 장군의 붉은 깃발이었다. 문장은 불붙은 풀무였다. 이 깃발도 며칠 동안 바람에 나부끼며 세워져 있었다. 그러나 백기 때처럼 그들은 여전히 무관심했다.

그러자 그는 다시 부하들에게 전쟁의 도발이라는 검은색 깃발을 걸라고 명령했다. 그 깃발의 문양은 세 개의 불타는 번개였다. 그러나 맨소울은 앞의 두 깃발처럼 여전히 무관심했다.

그러자 왕자가 말했다. "이제 내 검의 능력을 보여 주어야겠구나. 나는 여기에서 물러나지 않을 것이다. 기필코 내 맨소울을 적에게서 구해 낼 것이다." 그리고 그는 신호를 선포하라고 명령했다. 신호는 임마누엘이었다. 경고의 소리가 울리자 공성퇴를 설치하고 물매를 사용해 돌을 도시 한가운데로 쏘았다. 드디어 전쟁이 시작되었다. 이번에는 디아볼러스가 직접 모든 문마다 사람들을 지휘했다. 그 때문인지 그들의 저항은 더 거세고 공격적이었다. 선한 왕자는 디아볼러스와 며칠 동안 전쟁을 벌였다. 이 전쟁에서 샤다이의 장군들의 활약상을 살펴보는 것도 흥미로울 것이다.

먼저 보아너게 장군은(다른 장군들을 과소평가하는 것은 아니다) '귀의 문'의 기둥을 흔들기 위해 그 문에 세 차례 맹렬한 공격을 가했다. 죄의 자각 장군은 보아너게만큼 빠르게 군대를 정비해 공격했다. 두 장군 모두 문이 무너지기 시작하는 것을 보자 공성퇴를 설치하라고 명령했다. 그러나 문에 아주 가까이 접근한 죄의 자각 장군은 강력한 힘에 밀려나며 입에 큰 부상을 입었다.

왕자는 용맹하게 싸운 두 장군을 자기의 장막으로 불러 잠시 휴식을 취하라고 명령했다. 그것으로 그들은 다시 힘을 얻을 수 있었다. 특별히 죄의 자각 장군이 입은 상처를 치유하는 데 왕자는 세심한 관심을 쏟았다. 왕자는 그들 각각에게 금목걸이를 주며 용기를 내라고 격려했다.

선한 소망 장군과 자선 장군도 이 필사적인 전투에서 뒤에 머물러 있지 않았다. 그들은 '귀의 문'에서 임무를 훌륭히 수행해 문을 완전히 여는 데 많은 기여를 했다. 이들의 용맹함도 다른 장군들과 마찬가지로 왕자에게 상급을 받았다.

이 전투에서 디아볼러스의 부하 몇 명이 죽고 맨소울 사람들도 부상을 입었다. 디아볼러스의 부하 가운데 호언장담 장군(Captain Boasting)이 죽임을 당했다. '호언장담'은 어느 누구도 귀의 문을 흔들거나 디아볼러스의 심장을 뚫지 못할 거라고 장담했던 자다.

그의 옆에는 걱정 없음 장군(Captain Secure)이 죽어 있었다. '걱정 없음'은 맨소울에 사는 눈멀고 다리 저는 자들이 임마누엘의 군대에 대항해 도시의 문들을 지켜 줄 것이라고 말하곤 했다. 그는 두 손으로 다루는 검을 가지고 죄의 자각 장군과 싸웠다. 그 싸움으로 죄의 자각 장군은 입에 큰 상처를 입었지만 걱정 없음의 머리를 베어 무찔렀다.

이 외에도 허풍쟁이 장군(Captain Bragman)이 있었다. 그는 아주 맹렬히 싸우는 자였는데, 불붙은 관솔과 화살, 죽음을 던지는 자들의 무리를 통솔하고 있었다. 그도 귀의 문에서 선한 소망 장군의 손으로 가슴에 치명적인 부상을 입었다.

또한 감정(Mr. Feeling)이 있었다. 그는 장군은 아니었지만 맨소울에게 저항하도록 부추기는 잔소리꾼이었다. 보아너게의 병사가 그에게 눈에 부상을 입힌 후 보아너게 장군이 그를 제거했다.

그러나 '의지 경'만큼은 결코 순순해지고 기가 꺾이는 법이 없었다. 그는 자기가 하고 싶지 않은 일은 결코 하지 않았다. 어떤 이는 그가 다리에 부상을 입었다고 했고 몇몇 왕자의 병사들은 그가 절뚝거리며 가는 것을 분명히 보았다고도 했다.

맨소울에서 죽은 자들의 이름은 일일이 열거하지 않겠다. 중상을 입어 장애가 되거나 죽은 자가 헤아릴 수 없이 많기 때문이다. 귀의 문이 흔들리고 눈의 문이 무너져 내리며 장군들이 죽는 것을 보자 디아볼러스를 따르는 자들이 두려움에 압도당해 목숨을 잃었던 것이다. 그 가운데에는 황금 물매를 사용해 맨소울 시 한가운데로 던진 돌에 맞아 죽은 자도 많았다.

맨소울 시민 가운데 선을 사랑하지 않음(Love-no-good)이 있었다. 그는 맨소울 시민이었지만 디아볼러스를 추종했다. 그도 맨소울에서 치명적인 부상을 당했지만 이내 죽지는 않았다.

디아볼러스가 맨소울을 점령하고 맨 처음 왔을 때 함께 도시로 들어온 '잘못된 중단'도 머리에 중상을 입었다. 그의 두개골이 깨어졌다고 말하는 이도 있었다. 분명한 것은 그가 전처럼 맨소울에 못된 짓을 하는 것을 볼 수 없었다는 것이다. 그 외에도 늙은 편견(Prejudice)과 아무거나(Mr. Anything)도 도망쳐 버렸다.

전쟁이 끝나자 왕자가 맨소울 시 어디에서나 볼 수 있도록 다시 한 번 백기를 은혜의 산 위에 세우라고 명령했다. 임마누엘이 비참한 맨소울에 은혜를 품고 있음을 보여 주기 위한 것이었다.

그러나 디아볼러스는 샤다이와 그의 아들을 향한 죄와 분노, 악의의 온상을 자신 안에 품고 있었기 때문에 왕자 임마누엘에게 새로운 전쟁을 걸 힘을 모으는 데 전력을 기울였다. 그래서 맨소울 시를 완전히 회복하기까지는 한 번의 싸움이 더 남아 있었다.

도시의 성벽에서 전투를 지휘하던 디아볼러스가 맨소울 시 중앙에 있는 그의 요새로 물러났기 때문에 임마누엘도 막사로 돌아왔다. 그리고 각자 여러 가지 방법으로 전쟁에 임하기 위한 태세를 갖추었다.

디아볼러스는 손아귀에 쥐고 있는 맨소울을 놓치지 않으려고 필사적이었기 때문에 왕자의 군대와 맨소울에 (그 일을 할 수만 있다면) 자신이 할 수 있는 모든 악한 행위를 하기로 마음먹었다. 아! 디아볼러스가 계획한 일은 결코 무력한 도시 맨소울의 행복이 아니었다. 오히려 그는 맨소울을 철저히 파괴할 생각이었다. 그는 부하들에게 맨소울을 더 이상 지킬 수 없다고 판단되면 즉시 할 수 있는 모든 방법을 동원해 온갖 해와 악한 일을 감행하라고 명령했다. 그는 그곳의 남자와 여자, 어린아이들을 모두 갈기갈기 찢어 놓으라고 명령하며 이렇게 말했다. "이곳을 임마누엘에게 빼앗기느니 차라리 철저히 파괴해 폐허로 만들어 버리는 게 낫다."

임마누엘은 자신이 맨소울을 되찾은 후 다시 전쟁이 일어날 것을 알고 있었기 때문에 모든 신하, 장군, 병사에게 디아볼러스와 그의 모든 추종자를 대적하라고 명령했다. 그러나 맨소울의 옛 거민들에게는 호의적이고 온유하게 대하며 자비를 베풀라고 명했다. 고결한 왕자인 임마누엘이 말했다. "최전방에서 디아볼러스와 그의 수하들을 물리치기 위해 전력을 기울이라."

드디어 그날이 오자 명령이 내려졌다. 왕자의 부하들은 용감하게 전투 준비를 하고 전처럼 귀의 문과 눈의 문에 주요 부대를 배치시켰다. 신호가 떨어졌다. "맨소울을 탈환하자!" 그러자 그들은 맨소울에 총공격을 감행했다. 디아볼러스도 할 수 있는 한 가장 신속하게 온 힘을 다해 저항했다. 그의 수하들은 한동안 아주 치열하게 왕자의 군대에 맞서 싸웠다.

그러나 왕자와 그의 고결한 장군들이 공성퇴로 서너 차례 강력하게 문을 두드리자 귀의 문이 부서지며 열렸다. 그동안 그렇게 단단히 닫혀 있던 빗장과 걸쇠가 산산조각 나며 부서졌다. 그러자 왕자의 나팔이 울리고 장군들이 소리를 높여 외쳤다. 도시 전체가 진동하며 디아볼러스가 자기 요새로 퇴각했다. 군대가 문을 부수고 들어갔을 때 왕자가 친히 입성해 왕좌를 안에 세웠다. 그리고 전에 물매를 설치하기 위해 쌓았던 언덕 위에 깃발을 꽂았다. 그 언덕의 이름은 귀 기울임 산(Mount Hear-well)이었다. 왕자는 그곳에 성을 향해 황금 물매를 설치하라고 명령했다. 디아볼러스가 퇴각해 그 성에 숨어 있었기 때문이다. 귀의 문에서 디아볼러스가 맨소울을 점령하기 전에 판사로 있던 사람이 살던 집까지 곧바로 길이 나 있었다. 그의 집은 디아볼러스가 오랫동안 자신의 요새로 삼았던 성 옆에 있었다. 그래서 장군들은 그 길이 도시 중앙까지 이어지도록 물매를 사용해 신속히 길을 청소했다. 그러자 왕자는 보아너게 장군과 죄의 자각 장군, 심판 장군에게 그 길을 통해 도시로 진군해 노신사의 문 앞으로 가라고 명령했다. 그러자 장군들은 용맹하고 당당하게 맨소울 시로 들어갔다. 깃발을 휘날리며 진군해 들어간 그들은 이윽고 판사의 집 앞에 이르렀다. 그의 집은 성만큼 견고했다. 그들은 공성퇴를 성문을 향해 세웠다. '양심'의 집에 이르렀을 때 그들은 문을 두드리며 들어가게 해 달라고 했다. 노신사는 아직 그들의 의도가 어떤지 완전히 몰랐기 때문에 전쟁이 벌어지는 내내 문을 닫고 있었다. 그래서 보아너게가 그의 문에서 들어가게 해 달라고 요구했던 것이다. 아무 대답도 들리지 않자 보아너게는 공성퇴로 문을 세게 쳤다. 그 때문에 노신사의 마음이 크게 흔들렸다. 그의 집도 진동하며 기우뚱했다. 그러자 판사였던 노신사가 문으로 내려와 떨리는 목소리로 밖에 누가 왔는지를 물었다. 보아너게가 대답했다. "우리는 위대한 샤다이와 그의 아들인 찬양받으실 임마누엘의 장군이다. 고결한 왕자께서 네 집을 사용하실 수 있도록 어서 문을 열어라." 그 말을 하며 공성퇴로 문을 치자 집 전체가 진동했다. 그러자 노신사는 더욱더 두려움에 떨며 문을 열 수밖에 없었다. 그러자 왕의 군대, 즉 앞에서 언급한 세 용맹한 장군이 진군해 들어갔다. 이제 판사의 집은 임마누엘이 사용하는 주둔지가 되었다. 그곳은 튼튼하고 넓을 뿐만 아니라 디아볼러스가 숨어 있는 성 바로 앞에 위치해 있었기 때문에 여러 가지로 편리했다.

디아볼러스는 성에서 나오는 것을 두려워했다. 장군들은 집주인인 판사를 사로잡았다. 그러나 그는 임마누엘의 위대한 계획에 대해 전혀 몰랐기 때문에 어떤 판단을 내려야 할지, 그리고 이런 엄청난 전쟁의 결말이 어떻게 될지 전혀 몰랐다. 판사의 집을 임마누엘의 장군들이 차지했다는 소식이 전해지자 도시 전체에 큰 소란이 벌어졌다. 사람들은 그 소식을 듣자마자 크게 놀라며 다른 친구들에게도 전했다. 그리고 왕자가 맨소울에 온 이유가 오직 파괴하기 위해서라고 여기게 되었다. 그들이 그렇게 생각한 근거는 왕자가 공격해 오자 판사가 두려워 떨었고 왕자의 장군들이 그런 판사를 사로잡았다는 것이다. 자초지종을 알기 위해 많은 사람이 판사의 집으로 몰려왔다. 그리고 판사의 집에 있는 장군들과 그 집을 공격할 때 사용한 공성퇴를 직접 눈으로 보자 그들은 자신들의 두려움을 실제로 믿게 되었다. 게다가 판사는 이런 두려움을 더욱 부추겼다. 그가 만나는 사람마다 오직 사망과 파멸만이 맨소울을 덮칠 것이라고 말했기 때문이다.

이 용맹한 장군들이 늙은 판사의 집에서 분주히 보내는 동안 집행장군은 맨소울의 다른 지역에서 뒷골목과 벽을 점령하느라 분주히 지냈다. 그는 의지 경을 샅샅이 찾아다녔는데 그 때문에 의지 경은 잠시도 쉴 수가 없었다. 그래서 의지 경은 차라리 부하들을 모두 내쫓고 구멍 속에 머리라도 박고 숨어 버리고 싶은 심정이었다. 또한 이 강력한 투사는 의지 경의 부하 세 명을 쳐서 쓰러뜨렸다. 그 가운데 한 명이 늙은 편견이었다. 그는 의지 경이 귀의 문을 지키게 했지만 결국 집행 장군의 손에 제거되었다. 또 한 명은 헛된 뒷걸음질(Mr. Backward-to-all-but-naught)이었다. 그는 귀의 문 너머에 설치되었던 두 대의 대포를 관리한 장군이었으나 집행 경의 칼에 베여 죽었다. 세 번째 사람은 바로 반역 장군(Captain Treacherous)이었다. 그는 아주 비열한 자로 의지 경이 매우 신뢰한 자였다. 그러나 그도 역시 집행 장군이 다른 두 사람과 마찬가지로 칼로 베어 죽였다.

집행 장군은 의지 경의 병사들을 많이 죽였다. 디아볼러스를 위해 기민하게 움직이며 활약한 자들도, 강하고 힘센 자들도 많이 부상을 입히고 죽였다. 그러나 그들은 모두 디아볼러스의 추종자였다. 부상한 자들 가운데 맨소울의 시민은 한 명도 없었다.

다른 장군들의 활약상도 대단했다. '눈의 문'에서는 선한 소망 장군과 자선 장군이 많은 일을 했다. 선한 소망 장군은 직접 자기 손으로 문을 지키고 있던 눈속임 장군(Captain Blindfold)을 죽였다. 눈속임 장군은 천 명을 거느린 장군이었으며 그들 모두 큰 나무 망치로 싸움을 했다. 그는 그의 부하들을 추격해 수많은 사상자를 냈다. 남은 자들은 모두 구석으로 숨어 버렸다.

그 문에는 '잘못된 중단'도 있었다. 그는 허리까지 닿는 긴 수염

이 있는 노인으로 디아볼러스의 대변인이었다. 맨소울에서 많은 악행을 저지른 그는 결국 선한 소망 장군의 손에 제거되었다.

맨소울 안에 살아남아 있는 자가 아직도 많았지만 이제 디아볼러스 추종자들의 시체를 도시 곳곳에서 볼 수 있었다.

그러자 왕자가 보좌에서 일어나 원정대를 뽑아 함께 옛 판사의 집까지 맨소울 거리를 진군해 들어갔다.

왕자는 금으로 된 갑옷을 입고 깃발을 휘날리며 도시로 진군해 들어갔다. 그러나 가는 내내 그는 자신의 얼굴을 보여 주지 않았다. 사람들이 그의 얼굴을 보고 사랑이나 증오를 쏟지 않게 하기 위해서였다. 그가 거리를 지날 때 사람들이 집집마다 나와서 그를 보았다. 그들은 그의 인격과 영광을 보고 마음을 빼앗기지 않을 수 없었다. 그러나 그가 얼굴을 가린 것을 보고는 의아하게 여겼다. 그는 말이나 표정으로 말하기보다는 행동으로 보여 주는 분이었다. 그러나 그들은 다음과 같이 생각했다. '임마누엘이 우리를 사랑한다면 그것을 말이나 태도로 보여 주었을 거야. 하지만 그는 어떤 것도 보여 주지 않았어. 그러니 임마누엘은 우리를 미워하는 게 틀림없어. 그가 우리를 미워한다면 결국 맨소울을 모두 파괴하고 말 거야. 그러면 맨소울은 황폐한 곳이 되고 말겠지.' 그들은 자신들이 임마누엘의 아버지의 법을 어겼다는 것을 알고 있었다. 그리고 그에게 대적해 그의 적 디아볼러스와 함께 있었다는 것도 알고 있었다. 그들은 또한 임마누엘 왕자가 이 땅 위에서 일어나는 모든 일을 아는 하나님의 사자이기 때문에 자신들이 한 일도 모두 알고 있다는 것도 알았다. 그래서 그들은 선한 왕자가 자신들을 완전히 파멸시킬 거라고 믿게 되었다.

그들은 생각했다. '그가 맨소울을 손에 쥐고 있으니 우리는 이제 어떻게 해야 한단 말인가?' 그러나 맨소울 시민들은 그가 도시 안으로 진군해 들어오면 굽실거리고 엎드리며 절하리라 마음먹고 있었다. 그들은 그가 자신들의 왕자이자 대장군이 되어 주기를, 자신들의 보호자가 되어 주기를 얼마나 바랐는지 모른다. 그들은 또한 그의 높은 인격에 대해, 그리고 그가 세상의 왕자보다 영광과 용맹에서 얼마나 더 뛰어난지에 대해 이야기하곤 했다. 그러나 그들의 변덕스러운 생각은 곧 극단적으로 흐르곤 했다. 흔들리는 그들의 마음을 따라 맨소울은 회오리바람 앞에 이리저리 흔들리는 낙엽 같았다.

이윽고 성문에 이르렀을 때 임마누엘은 디아볼러스에게 밖으로 나와 항복하라고 명령했다. 그러나 그 짐승은 필사적으로 모습을 나타내려고 하지 않았다! 그는 자기 성을 붙잡고 매달려 있었다! 그가 몸을 웅크리고 있는 모습을 보았어야 하는데! 그러나 결국 그는 왕자에게 모습을 나타냈다. 그러자 임마누엘이 명령했다. 그들은 디아볼러스를 사로잡고 그를 쇠사슬로 결박했다. 그리고 그가 마땅히 받아야 할 심판 아래 놓이게 했다. 그러나 디아볼러스는 왕자에게 자신을 깊은 구덩이로 보내지 말고 조용히 맨소울을 떠날 수 있게 해 달라고 애원했다.

임마누엘은 그를 사로잡아 쇠사슬로 결박한 후 시장으로 끌고 갔다. 그리고 맨소울 시민이 보는 앞에서 그가 그토록 자랑했던 갑옷을 벗겨 버렸다. 그것은 적에 대한 임마누엘의 승리를 보여 주는 행동이었다. 거인의 갑옷을 벗기는 동안 왕자는 줄곧 황금 나팔을 힘있게 불었다. 장군들도 소리 높여 외쳤고 병사들은 기쁨의 노래를 불렀다.

임마누엘은 맨소울 시민들에게 그들이 그토록 의지하고 자랑했던 자를 임마누엘이 어떻게 물리쳤는지 보게 했다.

디아볼러스를 맨소울 시민들과 왕자의 장군들 앞에서 벌거벗긴 후 임마누엘은 자신의 마차 바퀴에 그를 쇠사슬로 꽁꽁 묶으라고 명령했다. 그리고 (디아볼러스의 추종자들이 다시 공격해 올 것에 대비해) 성문을 지키도록 군대 일부를 남겨 둔 후 임마누엘은 디아볼러스가 묶여 있는 승리의 마차를 타고 맨소울 시를 통과해 귀의 문으로 나왔다. 그리고 그의 진영이 있는 들판으로 갔다.

폭군이 고결한 왕자의 병거 바퀴에 묶인 채 끌려온 것을 보았을 때 임마누엘 진영에서 얼마나 큰 함성과 환호성을 발했는지 아마 상상도 할 수 없을 것이다! 그들이 말했다. "그분이 사로잡힌 포로를 끌고 왔다. 그분이 주권과 권력을 빼앗았다. 디아볼러스는 그분의 능력의 검 앞에 복종했다. 그는 이제 모든 이의 조롱거리가 되었다."

전쟁을 보러 온 자들도 큰 함성을 발하더니 곧 아름다운 곡조로 노래를 부르기 시작했다. 그 모습이 어찌나 영광스러웠던지 그 광경을 보려고 가장 높은 천체에 거하는 자들이 창문을 열고 머리를 내밀어 볼 정도였다.

하늘과 땅의 허다한 무리가 그 광경을 보려고 나왔기 때문에 맨소울 시민들은 마치 자신들이 하늘과 땅 사이에 있는 것 같았다. 사실 그들은 그 상황이 어떻게 결말이 날지 아직 모르고 있었다. 그러나 모든 상황이 맨소울을 향해 웃어 주는 것 같았다. 그리고 그들이 임마누엘의 질서를 보고 있는 동안 그들의 눈, 머리, 마음, 지성 등 그들이 가진 모든 것이 회복되었다.

이렇듯 용맹한 왕자가 그의 적 디아볼러스에게 첫 승리를 거두었을 때 그는 맨소울에 대한 권리가 더 이상 그에게 없음을 분명히 했다. 그리고 그를 경멸과 수치 가운데 빠져 버리게 만들어 버렸다. 그러자 디아볼러스는 임마누엘과 그의 진영을 떠나 소금의 나라에 있는 메마른 땅으로 떠났다. 그러나 그곳에서도 그는 결코 안식을 누릴 수 없었다.

디아볼러스 추종자들의 재판

그 후 임마누엘이 세 명의 가장 강력한 디아볼러스 추종자를 체포하라는 명령을 내렸다. 그들은 전 시장 두 명과 판사인 선한 것을 잊어버림(Mr. Forget-good)이었다. 이들 외에도 디아볼러스가 시의원과 시 참사회원으로 삼은 자들도 몇 명 포함되었다. 그들은 무신론(Atheism), 굳은 마음(Hard-heart), 거짓 평안(False-peace), 비진리(Mr. No-truth), 무자비함(Mr. Pitiless), 오만함(Mr. Haughty)이었다. 임마누엘은 이들을 모두 감옥에 가두라고 명령했다. 교도관의 이름은 진실한 사람(Mr. True-man)이었다.

그런 다음 왕자는 시장—그는 디아볼러스가 도시를 점령한 후 직책에서 축출당한 '이해 경'으로 임마누엘이 되찾은 후 복직되었다—과 시 참사회원들에게 교도관인 '진실한 사람'이 지키고 있는 디아볼러스 추종자들을 재판할 법정을 소집하라고 명령했다.

법정이 정비되자 '진실한 사람'은 죄인들을 법정으로 데리고 오라는 명령을 받았다. 맨소울 시의 관습대로 죄인들은 함께 쇠사슬에 결박되었다. 그들이 시장과 판사, 또 다른 영예로운 재판관들 앞에 서자 먼저 배심원이 선출되고 증인들이 선서했다. 배심원의 명단은 다음과 같다. 믿음(Mr. Belief), 진실한 마음(Mr. True-heart), 올바름(Mr. Upright), 악을 미워함(Mr. Hate-bad), 하나님을 사랑함(Mr. Love-God), 진리를 봄(Mr. See-truth), 천상의 마음(Mr. Heavenly-mind), 절제(Mr. Moderate), 감사(Mr. Thankful), 선한 일(Mr. Good-work), 하나님을 향한 열정(Mr. Zeal-for-God), 겸손함(Mr. Humble)이었다.

증인들의 이름은 모든 것을 앎(Mr. Know-all), 진리를 말함(Mr. Tell-true), 거짓을 미워함(Mr. Hate-lies)이었다. 필요하다면 부를 수 있도록 의지 경과 그의 부하도 증인으로 채택했다.

이윽고 죄인들이 법정에 끌려 나왔다. 그러자 옳게 행함(Mr. Do-right)이 말했다(그는 시의 서기관이었다). "교도관, 무신론을 법정에 세우시오." 무신론이 법정에 서자 서기관이 말했다. "무신론, 손을 들고 선서하라. 너는 '무신론'(맨소울 시의 침입자)의 이름으로 기소당해 이 자리에 섰다. 너는 하나님이 존재하지 않기 때문에 종교에 관심을 기울일 필요가 없다고 가르쳤다. 그러나 그것은 파괴적이고 어리석기 짝이 없는 주장이다. 너는 왕의 존재와 존귀, 영광을 부인하며 맨소울 시의 평화와 안전을 해치는 일을 했다. 너는 이 기소에 대해 어떻게 반론을 제기하겠느냐? 너는 유죄인가, 무죄인가?"

　　무신론: "나는 무죄입니다."

　　정리(廷吏): "'모든 것을 앎', '진리를 말함', '거짓을 미워함'을 법정으로 부르시오."

그들이 법정에 나타났다.

그러자 서기관이 말했다. "여러분은 왕의 증인입니다. 법정에 선 죄인을 보십시오. 여러분이 아는 자입니까?"

그러자 '모든 것을 앎'이 말했다. "네, 그를 알고 있습니다. 그의 이름은 무신론입니다. 그는 오랫동안 비참한 도시 맨소울에 많은 해악을 끼친 자입니다."

　　서기관: "여러분은 분명히 그를 알고 있습니까?"

　　모든 것을 앎: "분명히 알고 있습니다! 나는 지금까지 그와 자주 어울렸기 때문에 그를 모를 리가 없습니다. 그는 디아볼러스의 추종자며 디아볼러스 추종자의 아들입니다. 나는 그의 조부와 그의 아버지를 알고 있습니다."

　　서기관: "알겠습니다. 그는 무신론이라는 이름으로 기소당했습니다. 그는 하나님이 존재하지 않으므로 종교에 관심을 기울일 필요가 없다고 가르치고 주장했다는 죄목으로 기소당했습니다. 당신은 왕의 증인으로서 이것에 대해 무엇을 말하겠습니까? 그가 유죄입니까, 무죄입니까?"

　　모든 것을 앎: "나와 그는 한때 악인의 골목길(Villain's Lane)에 살았습니다. 그는 당시 여러 의견을 활발히 주장하고 다녔습니다. 그때 그곳에서 나는 그가 하나님이 없다고 말하는 것을 분명

히 들었습니다. 그는 이렇게 말했습니다. '하지만 내가 속한 무리와 상황이 나를 종교적으로 몰고 갔다면 나도 종교인이 될 수도 있었습니다.'"

서기관: "그가 그렇게 말했다고 확실히 말할 수 있습니까?"

모든 것을 앎: "분명히 맹세할 수 있습니다. 나는 그가 그렇게 말하는 것을 직접 들었습니다."

그러자 서기관이 말했다. "진리를 말함, 당신은 법정에 선 죄인에 대해 왕의 재판관들에게 무엇을 말하겠습니까?"

진리를 말함: "나는 전에 그와 자주 어울렸습니다(지금은 그것을 매우 후회하고 있지만 말입니다). 나는 그가 하나님은 존재하지 않으며 천사도 영도 없다고 말하는 것을 종종 들었습니다. 그것도 아주 자신 있게 말하는 것을 말입니다."

서기관: "당신은 어디에서 그가 그렇게 말하는 것을 들었습니까?"

진리를 말함: "검은 입의 골목길(Blackmouth Lane)과 신성 모독자의 길(Blasphemer's Row), 그 밖에도 여러 곳에서 들었습니다."

서기관: "당신은 그를 잘 알고 있습니까?"

진리를 말함: "그는 디아볼러스의 추종자입니다. 그의 아버지도 디아볼러스 추종자이지요. 그는 하나님을 부인하는 극악무도한 자입니다. 그의 아버지의 이름은 결코 선하지 않음(Never-be-good)입니다. 무신론은 그의 유일한 독자이지요. 그것이 내가 그에 대해 말할 수 있는 전부입니다."

그러자 재판관이 말했다. "교도관, 그를 끌고 나가고 '선한 것을 잊어버림'을 법정에 세우시오."

선한 것을 잊어버림이 법정에 섰다.

서기관: "선한 것을 잊어버림, 너는 '선한 것을 잊어버림'이라는 이름으로 기소당해 이 자리에 섰다. 너는 맨소울 시의 모든 일을 네 손에 담당하고 있을 때 선한 것으로 그들을 섬기는 것을 철저하게 잊었다. 그리고 폭군 디아볼러스와 함께 샤다이 왕을 배반하고 그의 장군들과 군대에 대적했다. 너는 그것으로 샤다이를 욕되게 하고 그의 법을 어기며 맨소울을 위험에 빠뜨렸다. 너는 이 기소에 대해 어떻게 반론을 제기하겠느냐? 너는 유죄인가, 무죄인가?"

그러자 '선한 것을 잊어버림'이 말했다. "신사 여러분, 그리고 재판관 여러분, 내가 기소당한 이유는 나이가 들어 잘 잊어버리기 때문이지 부주의한 탓이 아닙니다. 그러니 비록 죄를 지었다고 해도 큰 자비로 용서해 주시기 바랍니다."

그러자 재판관이 말했다. "선한 것을 잊어버림, 선한 것을 잊어버림, 네가 선한 것을 잊어버리는 것은 약점이 아니라 일부러 하는 것이다. 너는 마음속에 중요한 것을 담아 두기를 싫어한다. 너는 악한 것은 잘 지키지만 좋은 것은 생각하는 것조차 싫어한다. 따라서 네 나이를 핑계 대며 미친 척하는 것은 네가 재판관의 눈을 속이고 네 악한 행위를 숨기려고 하는 것이다. 이제 피고에 대해 왕의 증인들의 말을 들어 보겠다. 그가 유죄입니까? 무죄입니까?"

거짓을 미워함: "나는 선한 것을 잊어버림이 선한 것은 잠시라

도 생각할 수조차 없다고 말하는 것을 들었습니다."

서기관: "어디에서 그가 말하는 것을 들었습니까?"

거짓을 미워함: "천박한 골목길(All-base Lane)에서였습니다. 뜨거운 쇠로 화상을 입어 무뎌진 양심이라는 간판이 있는 집 옆 집이었지요."

서기관: "모든 것을 앎, 당신은 왕의 증인으로서 법정에 서 있는 피고에 대해 무엇을 말하겠습니까?"

모든 것을 앎: "그는 내가 잘 아는 사람입니다. 그는 디아볼러스의 추종자입니다. 그의 아버지도 디아볼러스의 추종자이지요. 그의 아버지의 이름은 헛된 것을 사랑함(Love-naught)입니다. 나는 그가 선함에 대한 생각 자체를 세상에서 가장 무거운 짐으로 여기고 있다고 말하는 것을 자주 들었습니다."

서기관: "그가 그런 말을 하는 것을 어디에서 들었습니까?"

모든 것을 앎: "교회 바로 맞은편에 있는 육체의 골목길(Flesh Lane)에서입니다."

그러자 서기관이 말했다. "나오십시오. 진리를 말함, 피고가 신성한 법정에 출두하게 된 이유에 대해 당신이 아는 대로 증언하십시오."

진리를 말함: "나는 그가 성경에 있는 것보다 악한 것을 생각하는 것이 낫다고 말하는 것을 자주 들었습니다."

서기관: "어디에서 그가 그렇게 극악한 말을 하는 것을 들었습니까?"

진리를 말함: "어디냐고요? 굉장히 많은 곳에서 들었습니다. 특

별히 구역질 나는 거리(Nauseous Street), 철면피의 집(Shameless), 불결한 골목길(Filth Lane)에서 그리고 지옥으로 내려감(Descent into the Pit) 옆집인 타락자(Reprobate)라는 간판이 있는 곳에서 들었습니다."

재판관: "신사 여러분, 여러분은 기소 사유와 피고들의 변론, 증인들의 증언을 들었습니다. 교도관, 굳은 마음을 법정으로 끌고 나오시오."

그가 법정에 섰다.

서기관: "굳은 마음, 너는 '굳은 마음' (맨소울 시의 침입자)이라는 이름으로 기소당해 이 자리에 섰다. 너는 가장 악랄한 방법으로 맨소울 시를 완고함과 냉혹함으로 점령했다. 그리고 찬양받으실 샤다이 왕에게 반역한 것을 전혀 후회하거나 슬퍼하지 못하게 했다. 너는 이 기소에 대해 어떻게 반론을 제기하겠느냐? 너는 유죄인가? 무죄인가?"

굳은 마음: "나는 평생 후회나 슬픔을 모르고 살았습니다. 나는 다른 사람을 이해하거나 용납하는 사람이 아닙니다. 나는 다른 사람에게 전혀 관심이 없으며 그들의 근심을 이해할 수도 없습니다. 그들의 신음이 내 마음속까지 뚫고 들어올 수 없기 때문입니다. 내가 누구에게 잘못을 하거나 해를 끼쳐 다른 사람들이 슬퍼해도 나는 즐거울 뿐입니다."

재판관: "여러분은 이제 그가 디아볼러스의 추종자라는 것을 알 것입니다. 그도 스스로 그것을 증명했습니다. 교도관, 그를 데리고 나가고 '거짓 평안'을 법정에 세우시오."

서기관: "거짓 평안, 너는 '거짓 평안'이라는 이름(맨소울 시의 침입자)으로 기소되어 이곳에 서 있다. 너는 가장 악랄하게 맨소울 시를 배신과 악한 반역으로 몰고 갔으며 그 안에 머물게 했다. 아무 근거 없는 위험한 평안으로 맨소울을 저주받을 안전 불감증에 빠지게 했으며 그것으로 맨소울이 샤다이 왕을 욕되게 하고 그의 법을 어기게 했다. 너는 이 기소에 대해 어떻게 반론을 제기하겠느냐? 너는 이 기소에 대해 유죄인가? 무죄인가?"

그러자 거짓 평안이 말했다. "신사 여러분, 그리고 재판관으로 임명받은 여러분, 내 이름이 평안이라는 것은 인정합니다. 그러나 내 이름이 거짓 평안이라는 것은 전적으로 부인합니다. 존경하는 여러분이 나를 잘 아는 사람 가운데 누구를 데려오더라도, 혹은 내가 세례를 받을 때 있었던 대모나 대부를 데려오더라도 그들은 내 이름이 거짓 평안이 아니라 평안이라는 것을 증명해 줄 것입니다. 따라서 내 이름을 바르게 기입하지 않는 한 답변할 수 없습니다. 게다가 나는 언제나 조용히 살기를 좋아하는 사람입니다. 그리고 내가 좋아하는 것을 다른 사람도 좋아한다고 믿었습니다. 그래서 이웃 가운데 누구라도 평안하지 않은 모습을 보면 나는 최선을 다해 그를 도우려고 애썼습니다. 내가 그렇게 도운 사람은 수없이 많습니다."

그러자 서기관이 말했다. "정리(廷吏), 선포하시오."

정리: "들으시오. 피고가 기소장에 언급된 이름과 본인의 이름이 다르다고 부인합니다. 이곳에 죄수의 태생과 이름에 대해 증언할 자가 있다면 앞으로 나와 주십시오."

그러자 두 사람이 법정에 들어오더니 피고에 대해 증언할 수 있도록 발언권을 요청했다. 한 사람은 진리를 구함(Search-truth)이고 다른 사람은 진리를 증명함(Vouch-truth)이었다. 법정은 이 두 사람에게 피고에 대해 아는 것을 말하게 했다.

먼저 '진리를 구함' 이 말했다. "나는……."

재판관: "잠깐만요! 그에게 먼저 선서를 하게 하시오."

그래서 그는 먼저 선서를 한 후 말을 계속했다.

진리를 구함: "재판장님, 나는 피고를 아주 어렸을 때부터 알고 있습니다. 그의 이름은 분명히 '거짓 평안' 입니다. 나는 그의 아버지도 알고 있는데 그의 이름은 아첨꾼(Mr. Flatter)입니다. 그의 어머니는 결혼 전 이름이 안심시킴(Mrs. Soothe-up)이었습니다. 두 사람이 결혼한 후 곧 그를 낳았습니다. 그가 태어났을 때 그의 부모는 그를 '거짓 평안' 이라고 이름 지었습니다. 나는 그의 어릴 적 놀이친구였습니다. 내가 그보다 몇 살 더 나이가 많았을 뿐이니까요. 그의 어머니가 밖에서 놀고 있는 그를 집으로 부를 때면 늘 이렇게 말하곤 했습니다. '거짓 평안아, 거짓 평안, 거짓 평안, 어서 집으로 돌아오너라. 그렇지 않으면 내가 너를 데리러 가겠어.' 아직 어리기는 했지만 나는 그의 어머니가 그와 함께 문 앞에 앉아 있을 때나 그를 품 안에 안고 놀며 그를 이렇게 불렀던 것을 기억합니다. '내 아기, 거짓 평안! 내 어여쁜 아기 거짓 평안!' '오, 내 귀여운 꼬마 악당, 거짓 평안!' '내가 너를 얼마나 사랑하는지!' 그의 대부와 대모도 그것을 잘 알고 있습니다. 그가 이렇게 법정에서 그 사실을 부인하고 있지만 말입니다."

그런 다음 '진리를 증명함' 이 앞으로 나왔다. 그도 역시 선서를 했다.

'진리를 증명함'이 말했다. "재판장님, 앞의 증인이 말한 것은 모두 사실입니다. 그의 이름은 '거짓 평안'으로 '아첨꾼'과 '안심시킴'의 아들입니다. 나는 전에 그가 자기를 다른 이름으로 부르는 자들에게 매우 화를 내는 것을 본 적이 있습니다. 그는 다른 이름이 모두 자신을 조롱거리나 우스갯거리로 만든다고 말했습니다. 그러나 그것은 모두 '거짓 평안'이 그와 디아볼러스 추종자들이 맨소울에서 권력을 잡고 있을 때의 일입니다."

재판관: "신사 여러분, 여러분은 두 사람이 피고에 대해 한 증언을 모두 들었습니다. 이제 거짓 평안 너에게 말한다. 너는 네 이름이 '거짓 평안'이라는 것을 부인했다. 그러나 이 정직한 두 사람이 그것이 네 이름이라고 증언했다. 너는 이웃을 화평케 하는 자이기 때문에 기소당한 것이 아니다. 너는 맨소울 시를 그들의 왕에게 반역하게 하고 저주받을 거짓 평안에 빠뜨려 샤다이의 법을 어기게 한 죄로, 그리고 맨소울 시를 비참한 파멸이라는 위험으로 이끌었을 뿐만 아니라 계속해서 그런 상태에 처하게 했기 때문에 기소당했다. 너는 계속해서 네 이름을 부인하는 진술만 하고 있다. 그러나 너도 보다시피 여기에는 네가 '거짓 평안'임을 입증하는 증인들이 있다. 네가 이웃들 속에서 그토록 자랑한 평안은 진리나 거룩함과 함께한 평안이 아니라 아무 근거와 기초가 없는 거짓 평안이었다. 위대한 샤다이가 말했듯이 그것은 거짓에 기초하고 다른 사람을 속이는 저주받을 평안이었다. 따라서 네 진술로는 네가 무죄라고 판명할 수 없다. 그러나 너에 대해 더 확실한 증

언을 더 들어 보기로 하겠다."

서기관: "모든 것을 앎, 당신은 피고에 대해 어떤 증언을 할 수 있습니까?"

모든 것을 앎: "재판장님, 나는 그가 오랫동안 맨소울 시를 방탕, 추악, 불결, 혼란 속에서 거짓 평안을 누리게 하는 일을 자기 업으로 삼아 온 것을 알고 있습니다. 그는 이렇게 말했습니다. '자, 자, 모든 어려움에서 나와 평안하고 조용한 삶을 삽시다. 설사 그럴 이유가 없다고 해도 말이지요.'"

서기관: "거짓을 미워함, 당신은 무슨 말을 하겠습니까?"

거짓을 미워함: "재판장님, 나는 그가 평안이 비록 불의의 길에 있다 해도 진리로 마음이 괴로움을 당하는 것보다 낫다고 말하는 것을 들었습니다."

서기관: "그가 어디에서 그렇게 말하는 것을 들었습니까?"

거짓을 미워함: "단순함(Mr. Simple)의 집에 있는 어리석음의 뜰(Folly-yard)에서 들었습니다. 그 집은 자기기만(Self-deceiver)이라는 간판이 붙어 있는 곳의 옆집입니다. 그는 그런 말을 그곳에서 스무 번도 더 했습니다."

서기관: "이제 증인은 더 이상 세우지 않겠습니다. 이것만으로도 증거는 충분합니다. 비진리, 너는 여기에 '비진리'(맨소울 시의 침입자)라는 이름으로 기소당해 서 있다. 너는 언제나 샤다이를 욕되게 하고 맨소울 시를 위험에 빠뜨렸다. 그리고 맨소울이 자기 왕을 배반하고 폭군 디아볼러스에게 항복한 후 맨소울에 남아 있는 샤다이의 모든 형상과 그의 법을 말살하고 철저하게 훼손

했다. 너는 이것에 대해 어떻게 반론을 제기하겠느냐? 너는 유죄냐, 무죄냐?"

비진리: "무죄입니다."

그러자 증인들을 불렀고 모든 것을 앎이 제일 먼저 그에 대해 증언했다.

모든 것을 앎: "재판장님, 이 자는 샤다이 형상을 무너뜨린 자입니다. 그가 직접 그 일을 했습니다. 나는 그 옆에 서서 그가 하는 것을 지켜보았습니다. 그는 디아볼러스의 명령에 따라 그 일을 했습니다. 사실 비진리는 그 외에도 많은 악행을 저질렀습니다. 그는 샤다이의 형상을 무너뜨린 자리에 짐승 같은 디아볼러스의 뿔 달린 형상을 세웠습니다. 디아볼러스의 명령을 따라 그는 남아 있는 왕의 법을 모두 찢고 불태워 버렸습니다."

서기관: "당신 외에 그가 그 일을 하는 것을 누가 보았습니까?"

거짓을 미워함: "내가 보았습니다, 재판장님. 나 외에도 많은 사람이 보았습니다. 그가 그 일을 은밀하게 하지 않고 모두가 지켜보는 가운데 했기 때문입니다. 그는 그 일을 하는 것을 매우 자랑스럽게 여겼기 때문에 공개적으로 했습니다."

서기관: "비진리, 너는 이런 악한 일을 공개적으로 해 놓고 어떻게 무죄라고 주장할 수 있느냐?"

비진리: "나도 할 말이 있습니다. 물론 내 이름에 걸맞은 진술을 할 것입니다. 나는 지금까지 내 이름으로 많은 이익을 누려 왔습니다. 지금도 바로 그런 이익을 얻어야 할 때인 것 같습니다."

서기관: "그를 데리고 나가시오, 교도관. 그리고 무자비함을 법

정에 세우시오. 무자비함, 너는 '무자비함'(맨소울 시의 침입자)이라는 이름으로 기소당해 이 자리에 섰다. 너는 가장 반역적이고 사악하게 모든 긍휼의 마음을 닫아 버렸다. 너는 또한 맨소울이 의로운 왕을 저버렸을 때 그 비참한 상황을 안타까워하기는커녕 도망쳤다. 그리고 언제나 맨소울의 마음에서 회개로 이끄는 생각들을 떨쳐 버리게 하려고 했다. 이제 너는 이 기소에 대해 어떻게 반론을 제기하겠느냐? 네가 유죄인가, 무죄인가?"

무자비함: "내가 무자비하다는 것에 대해 무죄임을 주장합니다. 나는 오직 내 이름처럼 사람들을 격려했을 뿐입니다. 내 이름은 '무자비함'이 아니라 바로 격려입니다. 게다가 나는 맨소울이 슬퍼하거나 침울해지는 것을 보지 못하는 사람입니다."

서기관: "어떻게 그런 말을 할 수 있단 말이냐! 너는 네 이름이 '무자비함'이 아니라 '격려'라고 주장한단 말이냐? 증인을 부르시오. 증인, 이 자의 진술에 대해 할 말이 있소?"

모든 것을 앎: "서기관님, 그의 이름은 '무자비함'이 맞습니다. 그는 문서를 작성할 때마다 '무자비함'이라는 이름으로 서명했습니다. 그러나 디아볼러스 추종자들은 자신의 이름을 속이기를 좋아합니다. 탐욕스러움(Mr. Covetousness)도 자신을 선한 보호자(Good-husbandry)나 그와 비슷한 이름으로 가장합니다. 교만함(Mr. Pride)도 필요할 때마다 스스로를 말쑥함(Mr. Neat)이나 준수함(Mr. Handsome) 같은 이름으로 가장합니다. 다른 이들도 마찬가지입니다."

서기관: "진리를 말함, 당신은 무슨 말을 하겠습니까?"

진리를 말함: "그의 이름은 '무자비함'입니다. 서기관님, 나는 그와 어렸을 때부터 알고 지낸 사이입니다. 그는 지금 기소당한 대로 모든 사악한 일을 일삼았습니다. 그러나 그런 사악한 일을 하면서도 정작 심판의 위험은 전혀 모르는 사람들이 있습니다. 그래서 그들은 자신이 처해 있는 위험을 피해야 함에도 정작 그런 것에 대해 진지한 생각을 하는 자들을 침울한 자들이라며 비웃습니다."

서기관: "교도관, 오만함을 법정에 세우시오. 오만함, 너는 '오만함'(맨소울 시의 침입자)이라는 이름으로 기소되어 여기에 서 있다. 너는 가장 반역적이고 악랄하게 맨소울 시민들에게 샤다이 왕의 장군들이 부르는 소리를 교만하고 완고하게 거부하도록 가르쳤다. 너는 또한 맨소울 시민들에게 위대한 왕 샤다이에 대해 경멸하며 비방하도록 가르쳤다. 그리고 말과 행동으로 본을 보이며 맨소울 시민들에게 샤다이 왕과 그의 아들 임마누엘에게 무력으로 반기를 들게 부추겼다. 이제 너는 이것에 대해 어떻게 반론을 제기하겠느냐? 너는 무죄인가, 유죄인가?"

오만함: "신사 여러분, 나는 언제나 격려와 용기를 주는 사람이었습니다. 그리고 가장 짙은 구름 아래 있을 때도 파피루스처럼 고개를 숙이거나 알랑거리지 않았습니다. 또한 나는 언제나 사람들이 적에게 고개를 숙이는 것을 좋아하지 않았습니다. 적이 그들보다 더 유리한 입장에 있고 더 강해 보인다고 해도 말입니다. 누가 내 적이고 내가 어떤 명분을 옹호해야 하는지는 내게 전혀 중요하지 않습니다. 나는 오직 용감하게 자신의 일을 수행하고

싸움에서 승리하기만 하면 그것으로 충분합니다."

재판관: "오만함, 너는 용맹한 사람이기 때문에 기소되어 여기에 온 것이 아니다. 절망의 시기에 격려와 불굴의 강건함을 보여주었기 때문에 온 것도 아니다. 너는 거짓 용기로 맨소울 시민들을 부추겨 위대한 왕과 그의 아들 임마누엘에게 반역하게 했기 때문에 여기에 온 것이다. 그것이 네가 지은 죄이고 기소당한 이유다."

그러나 그는 그 말에 대해 아무 답변도 하지 않았다.

이제 모든 심리가 끝나고 배심원의 평결만이 남아 있었다. 그러자 배심장이 다음과 같이 말했다.

"배심원 여러분, 여러분은 이곳에서 피고들을 보았습니다. 그리고 그들에 대한 기소장과 그들의 변론, 증인들의 증언도 들었습니다. 이제 남은 일은 여러분이 모든 자료를 가지고 깊이 논의한 후 진실하고 의로운 평결을 내리는 것입니다."

그러자 배심원단, 즉 '믿음' '진실한 마음' '올바름' '악을 미워함' '하나님을 사랑함' '진실을 봄' '천상의 마음' '절제' '감사' '겸손함' '선한 일' '하나님을 향한 열정'은 논의하기 위해 자리를 옮겼다. 그들은 문을 닫고 평결문을 작성하기 위해 비밀리에 의견을 나누었다.

얼마 후 '믿음'(그가 배심장이었기 때문에)이 다음과 같이 말했다. "배심원 여러분, 법정에 선 피고들에 대해 나는 그들 모두 사형선고를 받아 마땅하다고 믿습니다." '진실한 마음' 이 말했다. "옳습니다. 배심장님 의견에 전적으로 동의합니다." "오, 그런 악당들이 체포되다니 얼마나 자비로운 일인지요!"라고 '악을 미워함'이 말했다. 그러자 '하나님을 사랑함'이 말했다. "아! 오늘은 내 평생 가장 기쁜 날 중 하나입니다." '진실을 봄'이 말했다. "우리가 그들에게 사형선고를 내린다면 우리의 평결이 샤다이 왕께 도달할 것이라고 믿습니다." '천상의 마음'이 말했다. "나도 그것을 확신합니다." 그는 계속해서 말했다. "이런 짐승 같은 자들은 맨소울 시에서 추방해야 마땅합니다. 그렇게 된다면 맨소울은 얼마나 좋은 도시가 될까요!" 그러자 '절제'가 말했다. "성급하게 판단을 내리는 것은 내 방식이 아닙니다. 하지만 이들에 대해서는 죄가 워낙 악질이고 그들에 대한 증언도 대단히 명백하기 때문에 사형을 선고해야 합니다. 만일 그것을 반대하는 자가 있다면 그 사람이야말로 눈먼 자일 것입니다." '감사'가 말했다. "반역자들을 안전하게 옥에 가두신 하나님이여, 찬양받으소서!" "나도 무릎 꿇고 당신과 함께 하나님을 찬양하기를 원합니다."라고 '겸손함'이 말했다. "나도 기꺼이 그렇게 하겠습니다."라고 '선한 일'이 말했다. 그러자 따뜻하고 진실한 마음을 가진 '하나님을 향한 열정'이 말했다. "그들을 베어 버리십시오. 그들은 역병과 같은 존재였습니다. 그들은 맨소울을 멸망시키려고 한 자들이었습니다."

만장일치로 평결을 내린 그들은 즉시 법정으로 돌아왔다.

서기관: "선하고 진실한 배심원 여러분, 모두 자리에서 일어나 평결을 내려 주십시오. 여러분 모두 이 평결에 동의하십니까?"

배심원: "네, 그렇습니다."

서기관: "누가 대표로 말씀해 주시겠습니까?"

배심원: "우리의 배심장입니다."

서기관: "배심원 여러분은 우리 주 왕을 대신해 생사의 문제를 다루기 위해 배심원으로 선출되었습니다. 여러분은 법정에 선 각 피고의 재판 내용을 들었습니다. 이제 평결을 발표해 주십시오. 그들이 기소당한 죄가 유죄입니까, 무죄입니까?"

배심장: "유죄입니다."

서기관: "죄수들을 잘 감시하시오, 교도관."

평결은 아침에 있었다. 오후에 그들은 법에 따라 사형선고를 받았다.

그들은 선고에 따라 맨소울의 역병이자 근심이었고 상처였던 디아볼러스 추종자들을 십자가에 못 박았다.

맨소울에게 전하는 임마누엘의 연설

맨소울 시가 수많은 적과 평안을 해치는 파괴자들을 제거했을 때 임마누엘 왕자는 사람을 보내어 자기가 언제 올지를 그들에게 알려 주었다. 왕자는 시장에서 맨소울의 모든 시민을 만날 것이며, 그곳에서 맨소울 시민들에게는 더 큰 안전과 위로를 주고 그들 가운데 디아볼러스를 추종했던 자들에게는 심판과 파멸을 주기 위해 연설을 하겠다고 했다. 드디어 정한 날이 오자 시민들이 자리에 모두 모였다. 임마누엘도 병거를 타고 내려왔다. 그리고 그의 모든 장군이 좌우에서 그를 수종 들었다. 들을지어다! 모두가 조용히 하는 가운데 왕자가 연설을 시작했다.

"나의 맨소울 시민이여, 그리고 내 마음에 사랑하는 자들이여, 내가 너희에게 베푼 특권이 얼마나 크고 많은가! 나는 수많은 사람 가운데서 너희를 구별해 내고 내 백성으로 택했다. 그것은 너희가 그럴 만한 가치가 있어서가 아니라 나 자신을 위해 그렇게 한 것이었다. 나는 또한 내 아버지의 법의 두려움에서뿐만 아니라 디아볼러스의 손에서도 너희를 구속했다. 내가 이 일을 한 것은 너희를 사랑하기 때문이고 너희에게 선한 일을 하도록 내 마음을 정했기 때문이다.

또한 너희 맨소울 시민들은 너희의 타락을 내가 어떻게 모른 체하고 지나갔는지 알 것이다. 그리고 내가 너희를 어떻게 치유해 주었는지도 알 것이다. 진정 나는 너희에게 진노했었다. 그러나 나는 내 진노를 너희에게서 거두었다. 내가 여전히 너희를 사랑하기 때문이다. 그리고 내 진노와 분을 너의 적들을 파멸하는 일에 쏟았다. 오, 맨소울이여! 너희의 죄악으로 내 얼굴을 숨기고 내 임재를 거둔 후 내가 너희에게 다시 오게 된 것은 너희의 선함 때문이 아니다. 너희는 타락의 길을 택했지만 너희를 다시 회복시키는 길은 오직 나만 알고 있기 때문이다. 나는 너희가 다시 돌아올 수 있는 길을 열어 놓았다. 너희가 내가 기뻐하지 않는 곳으로 가려고 했을 때 울타리와 담을 쌓아 막은 자가 바로 나였다. 너희 입에 달콤했던 것을 쓰게 하고 너희의 낮을 밤이 되게 하며 너희의 평탄한 길을 가시밭길로 만들고 너희의 파멸을 구하는 모든 자를 혼란스럽게 만든 것도 바로 나였다. 하나님께 대한 경외심이 맨소울 안에서 역사하도록 한 것도 나였다. 애통한 파멸의 날이 임한 후 너희의 양심과 이해심을 흔들고 너희의 의지와 감정을 흔든 자도 나였다. 너희에게 생명을 불어넣어 준 것도 나였다. 오, 맨소울이여, 나에게 부르짖으라. 나를 찾을 수 있도록! 너의 강건함과 행복, 구원을 찾을 수 있도록! 디아볼러스 추종자들을 맨소울에서 내쫓은 것도 나였다. 그들을 이긴 자도 나였다. 그들을 너희의 면전에서 괴멸시킨 것도 나였다.

나의 맨소울이여! 나는 평강 속에서 너희에게 돌아왔다. 이제 나를 대적해 지은 너희의 모든 죄악이 지워졌다. 또한 전처럼 너희 속에 더 이상 거하지 못할 것이다. 나는 처음에 너희가 받은 것보다 더 좋은 것으로 너희에게 줄 것이다. 그러나 오, 나의 맨소울이여, 얼마 동안(나의 말을 듣고 상심하지는 말아라) 이 유명한 도시 맨소울을 이곳에 있게 할 것이다. 그리고 때가 되었을 때 이곳의 돌도, 나무도, 벽도, 먼지도, 거민도 모두 내 나라로, 내 아버지의 나라로 인도해 갈 것이다. 그리고 이곳에서는 결코 볼 수 없는 크고 강하고 영광스러운 나라로 세울 것이다. 나는 내 아버지의 백성들을 위해 그 나라를 세울 것이다. 그리고 그 나라를 경이로운 광경, 자비의 기념지, 긍휼의 감탄지로 만들 것이다. 그곳에서 맨소울의 시민들은 여기서는 전혀 보지 못한 것들을 보게 될 것이다. 여기에서는 그들보다 뛰어났던 자들이라고 해도 그곳에서는 어깨를 나란히 하게 될 것이다. 그리고 그곳에서 너희 맨소울은 나와, 내 아버지와 이곳에서는 결코 누려 본 적도, 누릴 수도 없었던 교제를 나누게 될 것이다. 너희는 천 년 동안 우주에서 살게 될 것이다.

오, 내 맨소울이여! 그곳에서 너희는 살인자를 더 이상 두려워하지 않을 것이다. 디아볼러스 추종자들도, 그들의 위협도 더 이상 두려워하지 않을 것이다. 그곳에는 너희를 대적하는 음모도, 계략도,

계획도 더 이상 없을 것이다. 오, 내 맨소울이여! 그곳에서 너희는 악한 소식도, 디아볼러스 추종자들의 소란스러운 소리도 듣지 않게 될 것이다. 그곳에서 너희는 디아볼러스 추종자들의 기수도, 디아볼러스의 깃발도 보지 않게 될 것이다. 그들은 너희를 대적해 어떤 언덕도 쌓아 올리지 못할 것이다. 너희를 겁주려고 그곳에 디아볼러스의 깃발을 세우지도 못할 것이다. 그곳에서 너희는 장군도, 무기도, 병사도, 군함도 필요 없게 될 것이다. 그곳에서 너희는 어떤 슬픔도, 근심도 겪지 않을 것이다. 디아볼러스와 그 추종자들이 다시는 너희 옷자락 속으로 기어 들어오지 못할 것이며, 너희의 담을 파고 들어오지 못할 것이고 네 경계 안으로 들어오지 못할 것이다. 너희는 그곳에서 영원한 생명을 누리게 될 것이다. 그것은 언제나 달콤하고 새로울 것이며 영원토록 방해받지 않을 것이다.

오, 맨소울이여! 너희는 그곳에서 너희와 같은 자들을 많이 만나게 될 것이다. 너희의 슬픔에 함께 참여한 자들을 만나게 될 것이다. 그리고 내 아버지의 궁전과 성시에서 살 자들로 내가 너희처럼 택하고 구속하고 구별한 자들을 많이 만나게 될 것이다. 그들은 모두 너희를 보며 기뻐할 것이다. 너희도 그들을 만날 때 마음속에 기쁨이 넘칠 것이다.

오, 나의 맨소울이여! 지금까지 너희에게 앞으로 내가 행할 일을 보여 주었다. 너희가 듣고 이해할 수 있다면 진리의 말씀대로 내가 다시 너희를 데리러 올 때까지 너희가 해야 할 일이 무엇인지 알려 주겠다.

첫째, 내가 너희를 떠나기 전에 너희에게 준 옷을 더 희고 깨끗하게 유지하기를 명한다. 그 일을 하라. 내가 말한다. 그것이 너희의 지혜이기 때문이다. 그 옷은 질 좋은 세마포로 되어 있다. 그러나 너희는 그 옷을 희고 깨끗하게 유지해야 한다. 그것이 너희의 지혜가 되고 영예가 될 것이다. 그때 그것은 내 영광이 될 것이다. 너희의 옷이 흴 때 세상은 너희를 나의 소유로 여길 것이다. 또한 너희의 옷이 흴 때 나는 너희로 인해 기뻐할 것이다. 너희가 들고 날 때마다 번갯불과 같은 광채가 날 것이다. 그래서 그 자리에 있는 모든 사람이 다 너희를 보게 될 것이다. 또한 그들은 그 빛이 눈이 부셔 눈도 제대로 뜨지 못할 것이다. 그러니 내 명령에 따라 네 자신을 단장하라. 그리고 내 법에 따라 너희의 발을 곧게 하라. 그러면 너희의 왕이 너희의 아름다움을 크게 기뻐할 것이다. 그가 너희의 하나님이 되시고 너희는 그분을 경배하게 될 것이다.

내가 너희에게 내린 명령을 따를 수 있도록 나는 너희에게 옷을 빨 샘을 주었다. 그러니 너희는 자주 내 샘에 가서 옷을 빨고 더러운 옷으로 다니지 않도록 하라. 너희가 더러운 옷을 입고 다니면 그것이 내 불명예가 되고 수치가 되며 너희의 비탄이 되기 때문이다. 그러니 내 옷, 너희의 옷, 내가 너희에게 준 옷을 더럽히지 않게 하라. 너희의 옷을 항상 희게 하라. 그리고 너희의 머리에 기름이 부족하지 않게 하라.

오, 나의 맨소울이여! 나는 살았고 죽었다. 그리고 이제 나는 다시 살았고 더 이상 죽지 않을 것이다. 내가 산 것은 너희를 영원히 살게 하기 위해서다. 내가 살아 있기 때문에 너희도 살 수 있다. 나는 내 십자가의 피로 너희를 내 아버지와 화목케 했다. 화목케 된 너희는 나로 인해 영원히 살 것이다. 나는 너희를 위해 기도할 것이고 너희를 위해 싸울 것이다. 그리고 너희에게 선한 일을 할 것이다.

죄 외에는 아무것도 너희를 해칠 수 없다. 죄 외에는 아무것도 나를 근심케 할 수 없다. 오직 죄 외에는 아무것도 너희를 적 앞에서 엎드리게 할 수 없다. 죄를 주의하라. 나의 맨소울이여!

내게 너희의 사랑을 보여 다오, 나의 맨소울이여. 그리고 너희 안에 있는 자들이 영혼의 구속자에 대한 너희의 사랑을 앗아 가지 않게 하라. 디아볼러스 추종자들을 보며 나에 대한 너희의 사랑을 더욱 크게 하게 하라. 나는 너희를 죽이려고 날아온 독화살에서 너희를 구속하려고 왔다. 내 친구, 나의 맨소울이여! 나의 편에 서서 디아볼러스를 대적하라. 그러면 내가 내 아버지와 그의 궁전에 있는 모든 자 앞에서 너의 편을 들어 주겠다. 유혹에 맞서 싸우고 나를 사랑하라. 그러면 너희의 연약함에도 불구하고 내가 너희를 사랑해 줄 것이다.

오, 나의 맨소울이여! 내 장군들과 내 병사들, 내 도구들이 너희를 위해 행한 모든 것을 기억하라. 그들은 너희를 위해 싸웠고 너희로 인해 고통당했다. 그들은 너희에게 선을 행하기 위해 수고를 아끼지 않았다. 오, 맨소울이여! 그들이 너희를 돕지 않은 적이 있었느냐? 디아볼러스는 너희를 이용만 했을 뿐이다. 그러니 맨소울이여, 내 장군들과 병사들에게 양식을 주라. 너희가 건강하면 그들도 건강할 것이다. 너희가 아프면 그들도 아프고 약해질 것이다. 내 장군들을 아프게 하지 말아라. 오, 맨소울이여! 그들이 아프면 너희도 건강하지 못할 것이요, 그들이 연약하면 너희도 강하지 못할 것이기 때문이다. 그들이 힘이 없으면 너희도 강건하고 용감해질 수 없기 때문이다. 오, 맨소울이여! 감각적으로 살지 말고 내 말에 의지해 살아야 한다. 오, 내 맨소울이여! 내가 너희를 떠나도 여전히 너희를 사랑하고 내 마음에 영원히 새기고 품고 있음을 믿어야 한다.

그러니 오, 나의 맨소울이여! 기억하라. 너희가 나의 사랑을 받는 자임을! 내가 너희에게 경계하고 싸우고 기도하며 적들과 대적하라고 가르쳤듯이 이제는 내가 너희를 끊임없이 사랑한다는 것을 믿으라. 오, 나의 맨소울이여! 내 마음에 너희를 향한 사랑을 얼마나 뜨겁게 품고 있는지 기억하라! 깨어 경계하라! 보라! 너희가 이미 가진 것 외에 다른 아무 짐도 너희에게 지우지 않았다. 그러니 내가 올 때까지 믿음을 단단히 붙잡아라!"

독자에게 알림

어떤 이는 말합니다. 《천로역정》이 나의 이야기가 아니라고,
형제의 소유를 훔쳐 부자가 된 사람처럼
다른 사람의 이름과 명성을 빌려
내가 빛나기 위해 훔친 것이라고 말합니다.
갈채를 받기 위해 글로 거짓을 말한다고 합니다.
그러나 나는 그런 자를 비웃어 주겠습니다.
하나님이 나를 회심시키신 후로
나는 더 이상 쓰레기 같은 자가 아니기 때문입니다.

나는 그 책으로 나의 순례 여정을 보여 주는 것으로 충분합니다.
그것은 내 머리에서 생겨나
내 손가락으로 흘러나온 것입니다.
그때 나는 내 펜으로 즉시
종이 위로 섬세하게 옮겼습니다.
방식과 내용도 모두 내 것입니다.
어느 누구에게도 알리지 않았습니다.
그 책을 완성할 때까지.
어느 누구도 그 책에 한 줄도, 한 단어도 덧붙이지 않았습니다.
글자 하나하나, 문장 하나하나가 모두 내 것입니다.
당신이 보고 있는 이 글도
내가 쓴 것입니다.
모든 선한 사람이 증인입니다.
온 세상의 어떤 사람도
이것이 내 것이 아니라고 말할 수 없습니다.
나는 이것을 겉치레를 위해 쓴 것이 아닙니다.
사람들의 칭찬을 받기 위해 쓴 것도 아닙니다.
사람들이 다른 사람들을 부추겨 내 이름으로
일부러 악한 소문을 내지 못하게 하려고 이 책을 쓴 것입니다.

SELECTIONS FROM BUNYAN

악인의 삶과 죽음

'현자'와 '주의 깊은 자'가 나눈
친밀한 대화를 통해 세상에 알려진…

현자는 이렇게 말하며 깊은 한숨을 내쉬었다.

주의 깊은 자: "선한 선생님이여, 왜 그렇게 깊은 한숨을 내쉽니까?"

현자: "나도 당신처럼 시대의 악함에 대해 깊이 우려하고 있습니다. 하지만 지금 이 깊은 한숨은 그것 때문에 내쉬는 것이 아닙니다. 어제 우리 도시에서 조종이 울렸던 것을 알고 있지요? 이 한숨은 바로 그 사람의 죽음을 기억하며 내쉬는 한숨입니다."

주의 깊은 자: "선한 이웃 현자여, 그 사람에 대해 말씀해 주십시오."

현자: "그의 이름은 악인(Mr. Badman)입니다. 그는 우리 도시에서 꽤 오랫동안 살았습니다. 그리고 말씀드린 대로 지금은 이 세상을 떠났습니다. 나는 그가 어렸을 때부터 그를 알고 있었습니다. 나는 그가 어린아이 적부터 세상을 떠날 때까지 그를 주의 깊게 살펴본 사람입니다."

주의 깊은 자: "그러니 누구보다도 그에 대해 잘 알고 있겠군요. 그의 삶이 어떠했는지 어서 말씀해 주십시오."

현자: "성심성의껏 답해 드리겠습니다. 우선 그는 어렸을 때부터 아주 악했습니다. 그는 부모에게 배우지 않았는데도 이미 여러 가지 악에 빠져 있었습니다. 악한 아이들과 어울려 놀다가 악을 배우게 될까 봐 그의 부모가 밖에 나가는 것도 허락해 주지 않았는데도 말입니다. 그는 부모의 기대를 저버리고 악한 아이들과 어울려 놀며 스스로 악한 말을 만들어 내거나 악한 행동의 본을 보여 주는 역할을 했습니다. 그는 그야말로 어렸을 때부터 죄인

들의 두목이자 괴수였습니다."

주의 깊은 자: "시작부터 악했군요. 하지만 그것은 다른 사람도 어린 시절에 흔히 겪는 일입니다. 그러니 그가 어린 시절에 지은 죄에 대해 구체적으로 말씀해 주십시오."

현자: "그렇게 하지요. 그는 아주 어린 나이에도 거짓말을 잘 해서 그의 부모조차 그의 말이 진실인지 거짓인지 가려내기가 어려울 정도였다고 합니다. 거짓말을 할 상황이 되면 그는 자신의 말이 틀림없는 사실인 것처럼 보이게 하려고 더 치밀하게 거짓말을 지어내곤 했습니다."

주의 깊은 자: "그런 말을 들으니 매우 안타깝군요. 게다가 그가 단지 거짓말을 하는 죄만 지은 것이 아닐 텐데요. 그런 생각을 하니 두려운 마음까지 듭니다. 거짓말에 능한 자는 보통 다른 악에도 능하게 되어 있으니 말입니다."

현자: "맞습니다. 어린 시절부터 거짓말쟁이였던 이 악인은 탐나는 물건이 있으면 훔치는 일도 예사로 했습니다. 물론 어렸기 때문에 처음에는 크고 값비싼 물건이 아니고 사소한 물건을 훔쳤습니다. 그러나 점점 힘이 세지고 여러 가지 궁리를 할 정도로 자라자 그는 점점 값비싼 물건을 훔치게 되었습니다. 그는 남의 정원과 과수원을 훔치는 것을 매우 좋아했습니다. 커 가면서 그는 이웃집에서 닭이나 칠면조 등을 훔치기도 했습니다."

주의 깊은 자: "당신 말을 들으니 점점 더 놀랍기만 합니다. 얼마나 교활한 도둑이란 말입니까! 또 얼마나 일찍부터 도둑질을 시작했단 말입니까! 하지만 그의 아버지가 선한 사람이라면 아들의

못된 짓을 보며 꾸짖었을 텐데요. 그럴 때마다 악인은 어떻게 했나요?"

현자: "어떻게 했냐고요? 도둑질을 하다 들킨 자가 으레 하는 태도를 보였습니다. 그는 뾰로통한 얼굴로 허공을 응시하며 주머니에 손을 넣은 채 서 있곤 했습니다. 그리고 아버지가 악한 행동에 대해 꾸짖으며 추궁하면 그는 볼멘소리로 투덜대곤 했습니다. 그러고는 아무 일도 없었다는 듯이 다시 도둑질을 했습니다. 그러고는 또 악인들의 소굴에 들어가 자신이 한 일을 이야기하며 웃고 떠들었습니다."

주의 깊은 자: "나는 어떤 사람이 목에 밧줄을 감고 교수대로 올라가며 자신이 어렸을 때 사소한 물건을 훔치기 시작한 것이 결국 이런 최후를 맞이하게 되었다고 말하는 것을 들은 적이 있습니다. 내가 기억하기로 그는 어렸을 때 머리핀이나 옷핀을 훔치는 것부터 시작했습니다."

현자: "당신이 그 이야기를 하니 나도 한 가지 이야기가 생각나는군요. 이 이야기는 한 교활한 노인(Tod)에 대한 이야기입니다. 그는 20년 전 쯤에 하트퍼드에서 도둑질을 한 죄목으로 교수형을 당했습니다. 그 이야기는 다음과 같습니다. 여름 순회 재판이 하트퍼드에서 열린 어느 날, 판사가 판사석에 앉아 있는데 교활한 노인이 법정으로 들어왔습니다. 그는 초록색 옷을 입고 있었는데 손에 가죽 허리띠를 들고 가슴은 풀어 헤친 채 필사적으로 달려온 사람처럼 온몸이 땀에 흠뻑 젖어 있었습니다. 들어오자마자 그는 다음과 같이 큰 소리로 외쳤습니다. '재판장님, 이 세상에서 숨을

쉬고 있는 최고의 악당이 여기 있습니다. 나는 어렸을 때부터 도둑질을 했습니다. 아주 어린 아이였을 때 나는 처음으로 과수원에서 과일을 훔쳤습니다. 그 후부터는 그런 악독한 일을 마음껏 저질렀습니다. 그때부터 계속해서 도둑질을 한 것이죠. 재판장님, 수년 동안 이 근방에는 도둑질을 하는 사람이 없었습니다. 그러나 나는 도둑질을 계속 했습니다."

재판관은 그가 미쳤다고 생각했다. 그러나 다른 재판관들과 이야기를 나눈 후 그들은 그를 기소하기로 했다. 그리고 그를 그의 아내와 함께 교수형에 처하기로 결정했다.

주의 깊은 자: "아주 놀라운 이야기로군요."

현자: "네, 놀라울 뿐만 아니라 지금 우리가 나누고 있는 이야기의 목적에도 잘 어울립니다."

주의 깊은 자: "이 두 가지 죄, 그러니까 거짓말과 도둑질은 악한 결말의 상징 같은 것이군요."

현자: "그렇습니다. 그러나 악인은 교활한 노인과는 다른 결말을 맺었습니다. 당신은 악인이 어렸을 때 지은 죄가 이 두 가지뿐이라고 생각하나요? 아! 전혀 그렇지 않습니다. 그는 죄로 가득 찬 사람이었습니다."

주의 깊은 자: "아, 그가 어렸을 때 두 가지 죄 말고도 다른 죄에 더 빠져 있었단 말입니까?"

현자: "그렇습니다. 우선 그는 주일을 못 견뎌했습니다. 그날의 경건함을 못 견딘 것이죠. 주일의 해가 밝아오면 그는 부모를 벗어나 주일의 거룩한 의무가 끝날 때까지 나쁜 친구들과 어울려 소

굴에 숨어 있곤 했습니다. 그렇게 하지 않으면 꼼짝 없이 감옥에 갇혀 있어야 한다고 생각했기 때문이었죠. 그래서 그의 아버지가 엄격하게 주일을 지키게 하면 그는 온갖 방법을 동원해 그날만 되면 마음이 아주 불편하고 괴롭다며 투덜댔습니다. 그는 주일예배를 드리다 졸기가 일쑤였고 다른 아이들과 헛된 말장난을 치곤 했습니다."

주의 깊은 자: "그런 말을 들으니 정말 안타깝다는 말을 다시 할 수밖에 없군요. 부모나 친척에게 그의 그런 행동은 정말 안타까운 일이었을 겁니다."

현자: "지금까지 당신에게 말한 것은 그가 어렸을 때 지은 죄 가운데 일부일 뿐입니다. 그가 지은 다른 죄들은 당신이 들은 것보다 더 악랄합니다."

주의 깊은 자: "그것이 무엇인데요?"

현자: "그는 극악한 욕설과 저주를 퍼부었습니다. 그것은 그에게 먹고 마시고 잠자는 것처럼 아주 자연스러운 일이었습니다."

주의 깊은 자: "오, 얼마나 어린 악당이란 말입니까! 그것만 들어도 그가 얼마나 입이 험악한 어린 악당이었을지 충분히 짐작이 갑니다."

현자: "그렇습니다. 하지만 그는 이런 자신의 죄를 자랑스러운 훈장처럼 여겼습니다. 그는 대담하게 욕하고 저주하는 것을 배웠을 때 자신이 비로소 다른 사람들의 친구가 되었다고 생각했습니다."

주의 깊은 자: "많은 사람이 욕하는 것을 용감하다고 생각하는

것 같습니다. 그리고 욕설을 잔뜩 섞어 말을 하면 자기 말에 다른 사람을 제압하고 두려움을 주는 힘이 생긴다고 생각하는 것 같습니다."

현자: "당신 말이 맞습니다. 그렇지 않다면 그렇게 신성 모독적인 욕을 내뱉을 수가 없을 것입니다. 그들은 그것을 자랑으로 여깁니다. 그들은 욕하는 것을 신사적인 행동이라고 생각합니다."

주의 깊은 자: "그는 정말 가망 없는 악당인 것 같군요. 그런데 그를 집에서 통제할 수 없다면 그의 아버지가 아들의 버릇을 고칠 수 있는 다른 사람에게 맡겼어야 하지 않나요?"

현자: "아! 그의 아버지도 그렇게 했습니다. 그의 아버지는 일찍이 아들을 자기가 아는 정직한 사람에게 보냈습니다. 그러나 상황은 나아지지 않았습니다. 그는 아버지의 집에서도 비열함과 악에 물들었듯이 스승의 집에서도 마찬가지였습니다."

주의 깊은 자: "그렇군요."

현자: "그에게는 좋은 스승이 있었습니다. 또한 좋은 외모와 좋은 가르침, 좋은 설교, 좋은 본보기, 좋은 친구들이 있었습니다. 그러나 그 모든 것도 그에게는 아무 소용이 없었습니다."

주의 깊은 자: "뭐라고요! 좋은 책과 좋은 가르침, 좋은 설교, 좋은 본보기, 좋은 친구들이 그에게 아무 소용이 없었단 말입니까?"

현자: "네, 그는 그런 것들에 전혀 관심이 없었습니다. 그 모든 것은 그에게는 혐오스러울 뿐이었지요. 첫째, 좋은 책은 스승의 집에 가득했습니다. 그러나 그는 그런 책에 눈길 한 번 주지 않았습니다. 하지만 반대로 연애 소설이나 상스러운 농담으로 가득한

책같이 온갖 해롭고 악한 책은 마구 구해 읽었습니다. 둘째, 좋은 가르침도 그에게는 좋은 책과 마찬가지였습니다. 그는 좋은 가르침을 듣는 일에 관심이 없었습니다. 그리고 설사 좋은 가르침을 들었다고 해도 즉시 잊어버렸습니다. 셋째, 좋은 본보기를 어린 악인은 비웃었습니다. 그리고 그들이 없는 안전한 곳이라고 생각하는 곳에 가면 그들을 마구 헐뜯었습니다. 넷째, 그의 스승은 그를 데리고 설교를 들으러 가곤 했습니다. 그러나 이 불경건한 젊은이는 설교를 듣지 않는 교활한 방법을 생각해 냈습니다. 그는 설교를 듣는 자리에 오면 구석에 앉아 깊은 잠에 빠지곤 했습니다. 때로 자기와 이야기가 통할 것 같은 사람을 만나기라도 하면 그는 구석에 앉아 설교가 끝날 때까지 속삭이고 키득거리며 장난치곤 했습니다."

주의 깊은 자: "아, 그는 나중에 엄청나게 사악한 자로 자랐겠군요! 하지만 그가 어떻게 그렇게 어렸을 때부터 악한 일에 능통할 수 있었는지 놀라울 뿐입니다. 아! 그는 아직 풋내기에 불과한데요. 내 생각에 그는 아직 스무 살도 안 된 것 같은데요."

현자: "그렇습니다. 그때 나이가 열여덟 살이었습니다."

주의 깊은 자: "하지만 그는 사람들이 흔히 말하는 악한 젊은이 정도겠죠?"

현자: "모든 것을 알게 된다면 그렇게 말하지 못할 겁니다."

주의 깊은 자: "모든 것이라고요! 지금도 말할 수 없이 악한데 악한 것이 더 남아 있단 말입니까? 어서 말씀해 주십시오."

현자: "그는 스승과 지낸 지 일 년 반도 되지 않아서 세 명의 젊

은 악당과 어울리게 되었습니다. 그들은 그에게 악당의 두목이 되는 법을 가르쳐 주었습니다."

주의 깊은 자: "그가 어떻게 악당의 두목이 되었는지 자세히 말씀해 주십시오."

현자: "아, 그는 그들과 똑같이 행동했습니다. 우선 그는 술집에 자주 드나들었습니다. 그리고 완전히 취할 때까지 술을 마셨습니다."

주의 깊은 자: "그것은 아주 더러운 죄입니다. 술 취하는 것은 아주 악한 죄입니다."

현자: "그렇습니다. 술에 얽힌 얘기를 또 해 드리지요. 술꾼을 하인으로 둔 한 신사가 있었습니다. 어느 날 밤 하인이 술에 잔뜩 취해 집으로 돌아오는 것을 주인이 보았습니다. 주인은 생각했습니다. '오늘 밤은 그냥 내버려 두지. 하지만 내일 아침에는 네가 얼마나 더럽고 악한 일을 했는지 알려 주겠다.' 다음 날 아침이 되자 그는 하인에게 가서 말에게 물을 먹이라고 명령했습니다. 그러자 그는 명령대로 따랐습니다. 그러나 하인이 돌아오자 주인은 다시 말에게 물을 먹이라고 명령했습니다. 그래서 하인은 두 번째로 말을 타고 가서 말에게 물을 먹이려고 했습니다. 그러나 말은 더 이상 물을 먹으려고 하지 않았습니다. 하인이 돌아와 상황을 이야기하자 주인이 말했습니다. '그래, 너 술주정뱅이야, 너는 이 말보다도 못한 자로구나. 이 말은 갈증을 채울 만큼만 물을 마셨다. 하지만 너는 몸에 넘치도록 술을 마셨다. 말은 주인을 더 잘 섬기기 위해 물을 마셨지만 너는 술을 마신 까닭에 하나님도,

사람도 섬길 수 없게 되어 버렸다. 오, 너는 네가 타고 다니는 이 말보다도 못한 자로구나!"

주의 깊은 자: "그 말이 맞습니다! 주인이 하인에게 아주 적절한 교훈을 주었군요. 하지만 어린 악인이 스승 밑에서 견습공으로 일했다면 적은 급료를 받았을 테고 술을 마시는 값비싼 죄를 짓는다는 것은 엄두도 못 냈을 텐데요."

현자: "그의 스승이 값을 모두 지불한 셈입니다. 세 악당과 어울려 술을 취하도록 마시고는 값을 치를 돈을 스승에게서 훔쳤기 때문입니다. 그리고 때로 그는 주인의 물건을 내다 팔기도 했고 때로는 주인의 현금함에서 돈을 빼돌리기도 했습니다. 그것도 여의치 않을 때는 스승이 알아차릴 수 없게 살짝 창고에서 물건을 빼돌리기도 했습니다."

주의 깊은 자: "전보다 더 악랄해졌군요."

현자: "죄는 꼬리에 꼬리를 물고 이어지는 법이죠. 술꾼은 돈이 필요하고 그 돈을 부모나 스승에게서 훔치거나 길에 나가 강도짓을 해서라도 손에 넣고 말지요."

주의 깊은 자: "하지만 젊은 악인이 그렇게 나쁜 짓을 하고 다니는 것을 스승이 알았다면 자기 집에 계속 있게 하지는 않았을 것 같은데요."

현인: "아! 악인은 한두 번 그에게서 도망친 적이 있었습니다. 다음에 또 그가 도망치자 스승은 그가 가도록 그냥 내버려 두었습니다. 그가 계속 머무를 수 있는 곳이 있다면 교도소가 가장 적합했을 것입니다. 하지만 스승은 그를 그곳에 보내고 싶지 않았습

니다. 그의 아버지에 대한 사랑 때문이었지요. 그를 교도소로 보내는 것이 가장 좋은 방법이었겠지만 스승은 그가 그냥 가게 내버려 두었습니다."

주의 깊은 자: "그는 어디로 도망쳤습니까?"

현인: "그는 자기가 배우던 일을 할 수밖에 없었습니다. 그래서 그것을 업으로 하는 사람을 찾아갔습니다. 그러나 그의 새 스승은 그와 똑같이 악한 사람이었습니다. 결국 악한 무리가 서로 결탁하게 된 것이죠. 그는 그곳에서 많은 세월을 보냈습니다."

주의 깊은 자: "악인과 그의 새 스승은 서로 잘 맞았겠네요? 유유상종이란 말이 있지 않습니까?"

현인: "그렇습니다. 젊은 악인은 그의 스승의 악함을 점점 닮아갔습니다. 그는 스승의 손님들을 욕하거나 거짓말을 하거나 속여서 그들이 가진 것을 갈취했습니다. 그래서 새 스승은 때로 악인 때문에 손해를 입곤 했습니다. 그때마다 둘 사이에 불화가 생기곤 했습니다. 대부분은 스승이 화를 내며 욕을 퍼부었습니다. 그러면 악인은 욕에는 욕으로, 저주에는 저주로 맞섰습니다. 물론 속으로 모르게 말이지요."

주의 깊은 자: "정말 지옥 같은 삶이로군요."

현인: "정말 그렇습니다. 그리고 악인을 보는 사람마다 그가 점점 더 악해져 가고 있다고 말했습니다. 결국 나이가 들어 늙게 되었을 때 그는 철저하게 악에 물든 사람이 되었습니다."

주의 깊은 자: "그는 나이가 들었을 때 어떻게 했나요?"

현인: "아, 그는 아버지의 집으로 돌아왔습니다. 그가 집으로 돌

아온 이유는 자기 몫의 유산을 받기 위해서였습니다."

주의 깊은 자: "그의 아버지는 아들에게 유산을 주었나요?"

현인: "네, 주었습니다. 200파운드 이상의 돈을 주었지요. 하지만 얼마 가지 않아 그는 그 돈을 탕진하고 말았습니다. 방탕하게 돈을 쓰며 여기저기 빚을 많이 지고 다녔기 때문입니다. 게다가 그는 새 친구들을 사귀었습니다. 그들은 그와 같은 부류의 사람들로 만일 같이 헤엄을 치다 누가 물에 빠져도 전혀 상관도 하지 않을 자들이었습니다. 그들은 술집에 가자고 부추기고는 그에게 술값을 전부 내게 했습니다. 또한 그들은 그에게 돈을 꾸고는 한 번도 갚지 않는 자들이었습니다. 그러나 그들은 그의 기질을 잘 파악하고 있었기 때문에 그를 자기들 뜻대로 조종할 수 있었습니다. 그는 알랑거리는 말을 좋아하고 재치나 남자다움, 풍채에 대해 칭찬받기를 좋아했습니다. 그렇게 그들은 거머리같이 그에게 붙어서 그의 아버지가 준 재산을 남김없이 빨아 먹었습니다."

주의 깊은 자: "재산을 모두 써 버렸을 때 그는 어떻게 했습니까?"

현인: "그는 온갖 거짓말과 허풍으로 자신이 아직도 재산이 많은 것처럼 꾸미고 다녔습니다."

주의 깊은 자: "죄를 두 배로 지은 셈이군요. 탕진한 것도 죄인데 허풍까지 떨고 다니니 말입니다."

현자: "그렇습니다. 하지만 그가 저지르지 않는 악이 어디 있겠습니까?"

악인은 계속해서 악한 길을 갔다. 그는 거짓으로 신앙이 있는 척 꾸며 결혼을 하더니 아내의 재산으로 빚을 갚았다. 그러고는 악한 친구들과 어울려 돈을 흥청망청 써 버렸다. 그런 다음 그는 다시 큰 상점을 차리고 장사를 했다. 그는 파렴치하고 부도덕한 장사꾼으로 속임수로 돈을 벌었다. 그는 사기 부도라는 새로운 방법을 고안해 돈을 모았다. 그는 거짓 저울과 잣대를 이용해 물건을 사고팔았다. 사기와 속임수는 그가 주로 사용하는 삶의 기술이었다. 교만하고 화를 잘 내며 시기심이 많은 그의 태도 때문에 아내는 일찍 세상을 떠났다. 그러자 그는 자기만큼이나 악한 여자에게 속아 재혼을 했다. 그들은 매일 매일을 고함치고 서로를 저주하며 살았다. 서로에게 온갖 욕설과 함께 물건을 내던지며 싸우는 그들의 모습은 마치 개와 고양이가 으르렁거리며 싸우는 모습을 연상시켰다. 결국 그는 여러 가지 병에 걸려 자리에 눕고 말았다. 임종을 맞이하는 자리에서도 그는 회개의 말을 전혀 들으려고 하지 않았다. 선한 사람들이 그를 보러 올 때마다 그는 아내에게 자기가 자고 있거나 자려고 하니 아무 소리도 듣고 싶어하지 않는다고 전하게 했다. 그는 마지막 순간까지 악하게 살았으며 눈을 감고 회개하지 못한 가슴을 품은 채 악하게 죽었다. 하나님은 악한 사람들을 심판하신다. 그것이 악인을 기다리고 있는 운명이다.

하나님의 상징

소년 소녀를 위한 책

촛불에 대한 묵상

인간은 기름과 조그만 심지로 이루어진
촛대에 꽂혀 있는 양초와 같다네.
불이 켜지기 전의 초처럼
죄 속에 빠진 인간은 무지몽매하다네.
초가 스스로 불을 발할 수 없듯이
인간도 은혜를 자기 영혼에 불어넣을 수 없다네.

초가 다른 것에서 빛을 받듯이
인간도 처음엔 관심조차 기울이지 않던 분에게 은혜를 받는다네.
불을 켜기 위해 초를 만지듯이
하나님도 은혜를 불어넣어 주실 때 인간을 만지신다네.
가장 큰 초에서 가장 밝은 빛이 나오듯이
은혜도 가장 악한 죄인에게서 가장 밝게 빛난다네.
초가 다른 사람을 위해 빛을 비추듯이
성도도 이웃에게 빛을 비추어야 한다네.
깜박이는 초가 멸시를 받듯이
희미한 빛을 발하는 성도들도 고결하게 보이지 않는다네.

진정한 빛이 초의 끝에서 나오듯이
마음에 이르는 은혜도 귀로 먼저 듣는다네.
그러나 불이 태우는 것이 양초의 심지이듯이
은혜가 작용하는 곳은 마음이라네.
마음과 심지가 몸에 붙어 있기에
생명을 유지할 수 있다네.
심지를 계속 타게 하는 것이 기름이듯이
영혼이 계속 타오르게 하는 것이 은혜라네.

바람이 불면 초가 더 쉽게 타듯이
크리스천도 유혹 속에서 더 쉽게 절망에 빠진다네.
초의 불꽃이 연기와 함께 타오르듯이
우리의 거룩한 삶에도 많은 잘못이 섞여 있다네.

때로 도둑이 촛불을 꺼뜨리려고 하듯이
탐욕이 은혜를 파괴하려고 한다네.
소금기 있는 초가 탁탁 소리를 내며 타듯이
죄도 은혜 속에 거하는 사람의 마음을 무겁게 만든다네.
때로 양초의 타 버린 심지가 빛을 희미하게 하고
때로 입김에 촛불이 완전히 꺼져 버리기도 한다네.
그러나 오직 경계만이 위험으로부터 촛불을 지키듯이
오직 경계만이 악마의 방해 속에서 은혜의 빛을 유지한다네.

타 버린 심지도, 거센 입김도 우리를 의심으로 끌고 가지 못한다네.
입김이 아무리 거셀지라도 촛불이 꺼지지 않게 하라.
촛불은 밤에 가장 환하게 빛을 발한다네.
해도 달도 별도 없을 때 촛불이 빛을 발하듯이
이 땅을 사는 그리스도인도 그와 같다네.
그의 빛은 다른 이들에게 그가 걸어간 길을 보여 준다네.
그리스도인들이 없는 곳으로 사탄은 침략해 들어온다네.
촛불을 지닌 자들은 행복하다네.
촛불이 없는 자는 어둠과 음부 속에 거하고 있기 때문이라네.
촛대 안에서 깜박거리는 초와
언제나 주머니만을 바라보는 성도는 똑같다네.
그런 초는 우리를 어둠 속에서 더듬거리게 만들고
그런 성도들은 선한 사람들과 악한 사람들을 비틀거리게 만든다네.

좋은 촛불은 병든 눈이 아니라면 눈을 아프게 하지 않는다네.
어리석은 파리가 아닌 한 아무도 상하게 하지 않는다네.
초의 끝으로 가까이 가 보라.
불이 기름과 심지를 태우듯이
인간의 삶도 세월이 다하도록 은혜를 사용한다네.
심지가 불에 다 타 버려 꺼지듯이
사람도 세월이 다하면 자리에 눕는다네.
그러나 다 타 버린 초는 꺼져 버리고 말지만
인간은 은혜로, 영광 속으로 올라가 거기서 영원히 산다네.

달걀에 대한 묵상

암탉이 달걀을 낳자마자 병아리가 되지 않듯이
인간도 거듭날 때까지는 그리스도인이 될 수 없다네.
처음에는 달걀이 껍질 안에 담겨 있듯이
인간도 은혜가 임하기 전에는 죄와 어둠 안에 갇혀 있다네.
암탉이 달걀을 낳고 따뜻하게 품어 병아리가 되듯이
그리스도가 죄로 죽은 자를 은혜로 소생시킨다네.
처음에는 병아리가 껍질 안에 갇혀 있듯이
천국의 영혼으로 거듭난 영혼들도 육체 안에 담겨 있다네.
껍질에 금이 가고 깨어져야 병아리가 삐악거리며 나오듯이
육체가 쇠하여야 사람들도 기도하고 눈물을 흘린다네.
껍질이 깨어져야 병아리가 마음대로 돌아다니듯이
육체가 쇠해야 영혼도 높은 곳으로 올라간다네.

장미 덤불에 대한 묵상

"저기 소박한 덤불이 눈에 띄네.
아름답고 붉은 장미 덤불이.
장미는 언제나 고개 숙여 내게 인사하네.
그리곤 '어서 나를 꺾어요. 나는 당신의 장미가 될 거예요.' 라고 말하네.

그러나 장미를 꺾으려고 손을 뻗으면

장미 가시에 찔려 손에서 피가 나고 마네.

덤불이여, 왜 너는 장미꽃을 맺고 있느냐? 아무도 그 꽃을 가질 수 없다면

왜 너는 장미꽃을 한껏 자랑하고 있느냐? 꽃을 탐하는 자를 날카로운 가시로 찌른다면

너는 변덕쟁이인가? 제멋대로 구는 장난꾸러기인가?

아니면 앵돌아진 네 성미 탓인가?

개구리에 대한 묵상

개구리는 축축하고 차갑다네.

입은 크고 배는 불룩하다네.

비스듬한 자세로 앉아

정원에서 개굴개굴 울기를 좋아한다네.

위선자는 이런 개구리와 같다네.

그는 마음이 차가우며 큰 입을 언제나 재잘거린다네.

그리고 진정한 선을 비웃는다네.

사랑을 품는 척하지만

언제나 뻣뻣이 고개를 세운다네.

교회에서 요란하게 울어대지만

예수님도, 그분의 멍에도 결코 구하지 않는다네.

모래시계에 대한 묵상

모래시계는 인간의 작품이라네.
한 시간이 흐르면 모래가 다 채워진다네.
시간이 더 많지도 적지도 않다네.
인간의 삶도 모래시계와 같다네.
그는 정해진 연수를 넘어 살 수 없다네.
그러나 생을 마쳤을 때
수증기처럼 사라지고 만다네.

제비에 대한 묵상

이 어여쁜 새를 보라.
오! 새가 날고 노래하는 모습을 보라!
만일 날개가 없다면 그리 할 수 있을까?
그의 날개는 내 믿음이라네.
그의 노래는 내 평안이라네.
믿음으로 노래할 때 내 모든 의심이 사라진다네.